元華文創

頂尖文庫 EA026

學校兼任行政教師 行政專業能力

指標建構與分析

蔡金田　趙士瑩　著

序言

　　學校組織是教學及行政的組合體，行政支援教學，教學支持行政。學校行政是校務發展中，與教學相連，是不可或缺的重要核心。教學必須要有行政領導及支持，行政也必須有卓越的教學為後盾，兩者相輔相成，方能讓學生得到有效學習。校長是學校的行政領導，居重要之地位。然而學校教師兼任行政之主任、組長是校長政策決策下實際執行的人員，政策是否能有效執行，亦攸關學校整體校務之良窳，所以，兼任行政教師的行政專業能力，是相當重要且值得探討的課題。坊間不乏學校校長議題之教育專書，但以學校兼任行政教師為主題的專書，相對顯得貧乏。本書之撰寫，即以學校兼任行政教師之行政專業能力為核心，探討國內國民中學兼任行政教師行政專業能力指標建構與實證分析，希冀學校兼任行政教師對行政專業能力的認知與能力提升，有所助益；同時，經由對學校兼任行政教師這一領域的探究，略盡棉綿，進而喚起大家對這一教育區塊的關注與探討。

　　本書共分為三個部分，六個章節。第一部分為「理論脈絡」，計有二章，包括「背景脈絡」與「理論研究」。在「背景脈絡」一章，闡述研究背景、動機與研究問題等；而在「理論研究」一章，則是探討兼任行政教師行政專業能力指標系統建構之相關文獻，藉以探討研究問題並作為實證分析的理論基礎。同時，整理國內兼任行政教師專業能力相關實證研究，做為實證分析背景變項之參酌及研究結果討論之參照依據。

　　第二部分為「實證分析」，計二章，分別為「研究設計與實施」與「研究結果分析與討論」。在「研究設計與實施」一章，說明本書之研究架構、研究方法、研究對象、研究工具與資料處理等。研究過程是透過二次德懷術學者專家意見徵詢，輔以預試問卷施測並進行信度、效度分析，確立兼任行政教師行政專業能力指標架構；其次，採用層級分析法，依據指標架構建立指標之相對權重問卷，並請學者專家進行權重體系之評定；再者，依據指標架構建立能力調查問卷，從臺灣地區 725 所公立國民中學中，分層隨機抽樣 79 所共 865 位兼任主任、組長教師

進行施測，並進行描述統計、*t* 檢定與單因子變異數等統計分析。另外，在「研究結果分析與討論」一章，則是就研究統計分析資料，進行分析與討論。

第三部分為「發展趨勢」，計二章，分別為「行政專業能力分析探討」與「行政專業能力發展途徑」。在「行政專業能力分析探討」一章，就研究結果進行深入的分析與探討，提出以下重要的四點結論：確立國民中學兼任行政教師行政專業能力指標架構，為行政歷程、經營管理與行政倫理三個層面、十三個向度與四十九個細目；兼任行政教師行政專業能力指標權重以經營管理層面最重要，行政歷程層面中以領導向度最重要、經營管理層面中以品質管理向度最重要、行政倫理層面中以關懷倫理向度最重要，四十九個細目中有十三個相對權重最高的關鍵行政專業能力細目；兼任行政教師行政專業能力在性別、擔任行政年資、職務別、學校班級數、學校所在區域與學校所在地等變項上，呈現顯著差異；學者專家評家評定最重要的層面、向度或細目，與兼任行政教師行政專業能力具備程度間並非完全一致。在「行政專業能力發展途徑」一章，則是將研究結果轉化，提供教育行政機關、國民中學校長與國民中學兼任行政教師等相關之建議。另外，對後續研究方面，建議可就研究主題、研究工具、研究對象與研究方法等四個方向進行。

本書撰寫過程中，承蒙諸多教育先進的指導與斧正，使本書在專業層次上得以提升；若無元華文創股份有限公司總經理蔡佩玲女士的鼎力支持，本書無法順利出版，謹致上最誠摯衷心的感謝之意。本書的撰寫過程力求嚴謹，但仍不免有疏漏之處，尚祈各方家不吝指正是幸。

蔡金田 趙士瑩 謹誌

2019 年 3 月 1 日

目次

發展趨勢

表目次

圖目次

理論脈絡

第一章　背景脈絡

　　我國的國民教育當前面臨少子化的問題，各學校莫不以發展學校特色、提升學生學習成效、行銷學校等方式，做為招生的策略。而要達成這些策略，則端賴校長的有效領導，及所有教師的支持及投入，位居樞紐的是兼任行政業務的主任與組長，除了個人的教學工作之外，還有校務的執行與連結。為求校務的有效執行，發展兼任行政教師的行政專業能力有其必要性，而行政專業能力指標建構更兼具理論與實務運用之價值。本章共分成四節，第一節為研究背景與動機，第二節為研究目的與待答問題，第三節為名詞釋義，第四節為研究範圍與限制。

第一節　研究背景與動機

　　本節茲就研究背景與研究動機，說明如下：

壹、研究背景

　　近年來學校行政業務繁雜，主任、組長壓力日益增加，加上日前導師費入法後，行政加給更不具吸引力，竟然有找不到教師願意擔任主任，徵調新進教師，但新教師也沒有意願，許多校長還在努力找行政人員，恐將影響校務運作（中央社，2016）。林曉雲（2016）指出全國校長協會曾建議政府首要解決中小學行政荒及校長主任大逃亡問題，行政支援教學理想不該淪為口號，政府教育經費的分配應符合公平正義，為教育永續經營做通盤考量。鄭惠仁（2015）亦指出暑假對許多校長來說是最難熬的時刻，因為新學年度行政職找不到老師接手，尤其是教務、總務主任及教學、生活教育組長，工作量大又吃力不討好，甚至可能惹上官司，行政加給至多4100元，不成誘因。有校長放話，若喬不定就抽籤。有校長表示，輪流或抽籤決定行政職人選，並不樂見；畢竟擔任行政職的老師要有相當經驗，否則如何精進提升，最大受害者將是學生。因此，在行政業務繁雜、工作壓力

及導師費增加而擔任主任、組長職務加給卻並未調升等種種因素，影響教師兼任行政的意願。若採取輪流或抽籤決定行政職人選，又造成行政專業不足及無法累積行政經驗及傳承等問題。細究當前中小學行政問題，可從以下幾方面加以探討：

一、在校園民主化浪潮下，家長會、教師會與學校行政三足鼎立，有時，家長會與教師會的力量更甚於學校行政，若是採取敵意而非合作的態度，可能藉機干預行政決策或刁難兼任行政教師的工作，在在讓兼任行政教師備感壓力。

二、在教育政策上，從九年一貫課程至目前的十二年國民基本教育，教育政策隨時在變動，學校行政必須緊跟著中央及縣市政府的教育政策伺機而動，往往熟悉業務之後，因為政策的轉變，又得重新學習新的業務，例如：因為國中升學制度的改變或微調，註冊組長就必須重新再適應業務內容的調整。

三、教育部每年對地方政府的教育績效考核，多如煩瑣。這些評鑑工作大多數都落在中小學兼任行政教師的身上。即使教育部已提出對地方政府考核或評鑑的內容簡化，為數頗多的教育考核或評鑑，仍讓教師對行政工作敬謝不敏，接任校內行政工作的意願不高。

四、教育部對國中小調高導師的導師費並減授其上課節數，然卻未對兼任行政教師有任何激勵的措施，也是造成教師在權衡利弊之下，除了極少數有教育行政熱忱及抱負，日後有擔任校長的打算，所以會選擇行政之路外，大多數教師寧可選擇擔任導師或專任，不願意兼任行政工作。

五、國民中學的特性與國民小學相較之下，因為多了來自學生升學及家長期待的諸多壓力，所以，兼任行政教師的工作壓力，和國民小學相較之下，顯然來得沉重一些。

六、除了上述五點因素，影響教師兼任行政職務的意願以外，仍有教師是有學校行政熱忱，願意兼任行政職務。但在處理行政業務時，因缺乏相關專業知能，導致工作所形成的角色衝突及工作壓力，容易造成其在工作意願及工作士氣

之低落（賴岳聰，2015），若能積極支持教師強化專業知能的機會與活動，可以降低工作壓力，提升工作滿意度（石宜家、吳和堂與謝季宏，2011），或可減輕教師兼任行政業務的阻力。另外，從行政專業的層面來看，兼任行政教師要順利推動校內行政業務，除了需有工作熱忱外，亦必須具備處理行政工作的相關專業知能。學校行政人員必須藉由專業發展為媒介來提昇專業能力，才可得到學校教師的信服與認同，並以專業能力受人尊敬（蔡明貴，2010）。

　所幸近來教育部已注意到上述問題，為落實中小學行政減量，已提出訪視評鑑減量、職位加給合理化與持續協助兼任行政教師增能並推動行政經驗傳承工作等措施，希望能改善國中小教師兼任行政意願不足的現象（教育部，2018）。本研究旨在探究兼任行政教師行政專業能力指標，增進兼任行政教師對行政專業能力的認知，並能依據研究建立之指標進行能力現況檢核，針對不足能力增能，企圖有助於解決當前兼任行政教師意願不高的問題，同時亦符應教育部當前針對兼任行政議題的教育政策。

貳、研究動機

　學校組織是教學及行政的組合體，行政支援教學，教學支持行政。學校行政旨在支援教師教學，優質的行政才能提供高品質的專業服務，讓師生能快樂有效的教與學（林志成，2016）。觀諸今日中小學學校行政難度日益增加，中小學教師對兼任行政職務意願不高。兼任行政業務的教師，或為校長所請託，或為自願參與，唯有行政人力的穩定，學校行政事務的推動才能順利。兼任行政教師處理行政業務，與其學科教學的性質，實為南轅北轍。教學有教學的專業，行政也有行政的專業，擔任兼任行政教師，在處理行政業務，必須具備哪些專業能力，實值得加以探討。

　學校行政是校務發展中，與教學相連，是不可或缺的重要核心。學校發展需要行政領導，尤如人體的骨肉；教學則是人體的血液，是學校存在的主軸。教學

必須要有行政領導及支持；行政也必須有卓越的教學為後盾，兩者相輔相成，方能讓學生得到有效學習，進而創造學校教學績效。就目前國內外的研究（何高志，2017；邱侶文，2015；蔡安繕，2017；McQuade,2013; Robinson,2015; Swain,2016）來看，學校行政研究的對象，大多數是聚焦在校長身上。無可否認，校長是學校的行政領導，居重要之地位。然主任、組長是校長政策決策下實際執行的人員，政策是否能有效執行，亦攸關學校整體校務之良窳，所以，主任、組長的行政專業能力，是很重要且值得加以探討的一個主題，此為本研究動機之一。

　　吳清山（2005）認為學校行政研究，應該朝向找尋國內特有的學校行政研究素材，並設法解決學校問題為研究依歸。學校行政主要目的之一，在於協助和支援教學工作，進而提升學生學習品質。學校行政人員必須具有專業知能與素養，才能提供師生最有效的服務。學校行政績效高低與否，行政人員的專業化程度，實居於重要的關鍵地位（吳清山，2014）。就學校行政的研究而言，以探討校長的專業能力或領導居多，甚或有針對校長研究之「校長學」，而對學校內承上（校長）啟下（與教師合作），實際執行學校行政業務的兼任行政教師的研究則較顯欠缺，所以，以兼任行政教師為本研究對象是一值得開發的研究領域，此為本研究動機之二。

　　教育部極力倡導教師專業發展，以期提升教師教學能力，增進學生的學習成效，促進學校效能的提升。而兼任行政教師的行政工作主要在支援教師的教學，學校行政人力資源管理效能亦攸關學校行政效能之提升與永續發展（洪子琪，2010）。教師專業發展的研究汗牛充棟，而針對「教師教學專業能力指標的建構」主題，也有許多研究產出。唯獨對兼任行政教師的行政專業能力指標的相關研究付之闕如，仍有相當大的研究空間。況且，林志成（2016）指出學校行政專業標準不清，專業自我的論述待強化，因此，兼任行政教師的行政專業能力指標的研究，更突顯其研究的必要性與價值，此為本研究動機之三。

　　從臺灣博碩士論文知識加值系統平台，以關鍵字「兼任行政教師」，搜尋2006

至2015之國內博碩士論文，總共搜尋到與「兼任行政教師」相關主題之博文論文一篇，碩士論文共有七十三篇。其中，研究對象為國小兼任行政教師的有三十五篇，國中兼任行政教師的有二十四篇，其他十四篇的研究對象為高中、高職、國中小、完全中學、特殊教育學校或大學。研究主題與兼任行政教師專業能力相關的研究僅有四篇，而就「行政專業能力指標」探討的論文，尚付之闕如。因此，不論就博士論文數、研究對象及「行政專業能力」為主題之研究仍然不多，本博士論文研究以國民中學兼任行政教師為對象，就「行政專業能力」予以探究並建構指標，復以此指標探討國民中學兼任行政教師之行政專業能力現況，期望對國內學校行政學術略有貢獻，此為本研究動機之四。

由於研究者現任國民中學校長職務，在擔任校長前，歷練學務處訓育管理組長、輔導室資料組長、教務處註冊及設備組長、總務主任、輔導主任，因此，對於學校行政相關議題的研究領域，充滿探索與研究之興趣。由於擔任兼任行政教師多年，總覺得行政工作就是做一些例行性的行政業務，而對於「行政專業能力」以及「專業成長」的問題始終思考、欲探其究，進入教育行政領域的研究後，發現「行政專業能力」及「專業成長」對從事教育行政或學校行政人員的專業提升，是非常重要的課題，為本研究之研究動機五。

研究者目前就讀國立暨南國際大學教育政策與行政學系博士班，以兼任行政教師行政專業能力為研究方向，並曾在「學校行政雙月刊」發表「國民中學兼任行政教師行政專業成長之探討」（趙士瑩，2014），該研究發現：兼任行政教師認為行政專業成長有助提升自己的行政能力及學校效能，所以，行政專業成長是必要的。然行政專業的實際內涵為何，實有待後續研究，以完成指標之建構並進行實證分析，此為本研究動機之六。

在「研究背景」述及，專任教師願意兼任行政職務已屬不易，倘若因為行政專業知能不足，而導致其工作意願低落，甚至可能因此辭卻行政職務，在行政人力難找的現況下，無異雪上加霜。本研究即著眼於此，希冀經由行政專業能力指

標建構，成為兼任行政教師專業成長之參照指標；透過指標權重體系建構，以瞭解指標層面、向度及細目之重要性排序；而行政專業能力實證分析，得以瞭解兼任行政教師行政專業能力之現況，除了供兼任行政教師自我檢視外，也是決定專業成長面向之依據，此為本研究動機之七。

第二節　研究目的與待答問題

　　基於上述之研究背景與研究動機，擬定本研究之研究目的與待答問題如下：

壹、研究目的

一、建構國民中學兼任行政教師行政專業能力指標。

二、建構國民中學兼任行政教師行政專業能力指標之權重體系。

三、瞭解國民中學兼任行政教師具備行政專業能力的現況。

四、瞭解不同背景變項國民中學兼任行政教師具備行政專業能力的現況差異。

五、瞭解國民中學兼任行政教師具備行政專業能力現況與指標權重體系之關係。

六、根據結論提出建議，供教育行政機關、國民中學、國民中學兼任行政教師及後續研究之參考。

貳、待答問題

一、國民中學兼任行政教師行政專業能力指標為何？

　（一）國民中學兼任行政教師行政專業能力包含哪些層面？

　（二）國民中學兼任行政教師行政專業能力包含哪些向度？

　（三）國民中學兼任行政教師行政專業能力包含哪些細目？

二、國民中學兼任行政教師行政專業能力指標的權重分配與排序為何？

　（一）國民中學兼任行政教師行政專業能力指標層面的權重分配與排序為何？

　（二）國民中學兼任行政教師行政專業能力指標向度的權重分配與排序為何？

（三）國民中學兼任行政教師行政專業能力指標細目的權重分配與排序為何？

三、國民中學兼任行政教師具備行政專業能力的現況為何？

（一）國民中學兼任行政教師在行政專業能力層面的具備現況為何？

（二）國民中學兼任行政教師在行政專業能力向度的具備現況為何？

（三）國民中學兼任行政教師在行政專業能力細目的具備現況為何？

四、不同背景變項下，國民中學兼任行政教師行政專業能力向度的具備現況是否有差異？

五、國民中學兼任行政教師具備行政專業能力現況與指標權重體系之關係為何？

第三節　名詞釋義

為使本研究之名詞釋義明確，及所探討的範圍更加清晰，茲將本研究所涉及之重要名詞「國民中學兼任行政教師」、「兼任行政教師行政專業能力」、「指標建構」加以界定釋義如下：

壹、國民中學兼任行政教師

依據「國民小學與國民中學班級編制及教職員員額編制準則」（教育部，2016），公立國民中學的人事及會計人員為專任人員。各處、室及分校主任置主任一人，除輔導室主任得由教師專任外，其餘由教師兼任。各組置組長一人，得由教師兼任、職員專任或相當職級人員兼任。本研究「國民中學兼任行政教師」係指，除人事及會計室主任外之各處室（教務處、學務處、總務處、輔導室）由專任教師兼任之主任，以及由專任教師兼任之各組組長。

貳、兼任行政教師行政專業能力

　　就概念性定義而言，「兼任行政教師行政專業能力」係指兼任行政教師處理行政業務所應具備之專業能力，排除教務、學務、總務、輔導等處室各自專門業務工作，與其本職之教學能力有別。行政業務有別於教學工作，必須執行上級教育行政端的教育政策，同時，亦須在學校環境、資源的條件限制下，創造學校經營績效。再者，與社區及民意代表關係的維護，均是兼任行政教師所必須面對與處理的工作。此處理行政業務所應具備之專業能力，包含專業知能與專業倫理。本研究所稱「兼任行政教師行政專業能力」，包括行政歷程、經營管理與行政倫理等三個層面；計畫、溝通、領導、評鑑、品質管理、知識管理、E化管理、創新經營、效益倫理、正義倫理、關懷倫理、批判倫理、德行倫理等十三個向度及其所涵蓋之內涵。

參、指標建構

　　指標是觀察現象的指示者，藉由其統計測量的呈現，能作為瞭解、分析、引導、顯示以及判斷此一觀察現象的依據。指標建構乃是透過資料的蒐集與分析後，依發展需要選定指標並加以組合的過程。本研究之指標建構，係指經由文獻探討，透過二回合德懷術分析，達成專家小組成員之一致性意見後，再向實務工作者實施預試問卷以確立指標。而指標系統建構係採「層面－向度－細目」三個層次。

第四節　研究範圍與限制

　　本研究力求周延完整性，但囿於外在及現實因素，仍有若干限制，以下就研究範圍與限制說明如下：

壹、研究範圍

　　本研究係以公立國民中學兼任行政之教師（主任或組長）為對象。經由文獻探討、德懷術及問卷預試，以建構兼任行政教師行政專業能力指標。接著，進行實證分析，以臺灣地區公立國民中學為母群體，分成北、中、南、東四區，採分層

隨機抽樣，各抽取 11%的學校數，各校內之兼任主任或組長之教師共計 865 人為研究樣本，透過調查問卷施測，以瞭解兼任行政教師具備行政專業能力之現況。

貳、研究限制

　　本研究力求周延，但在「研究方法」、「研究變項」及「研究推論」上，仍有其限制，茲說明如下：

一、研究方法之限制

　　本研究採用德懷術、調查研究法及層級分析法，經由問卷編製與實施以進行研究。問卷經郵寄研究對象後，存在有效回收率之限制，為克服此限制，則從以下三方面著手：

（一）增加填答意願：除力求問卷填答說明的清楚性，並致贈問卷填答者小禮物。

（二）增加填答時間：由於填答對象為教育的學者、實務工作者或學校兼任行政教師，考量其工作繁忙的因素，設計三週的餘裕時間填答問卷。

（三）進行催覆工作：問卷發放二週後，針對尚未寄回問卷者，利用電話聯繫問卷填答者（德懷術問卷及權重問卷）或填答學校（預試問卷及調查問卷），催請其填答問卷。

二、研究變項之限制

　　本研究的研究範圍是公立國民中學兼任行政教師行政專業能力，衡諸國內外與本研究範圍相關之研究數量有限，大多是與校長專業能力或教師教學專業能力相關之研究，而與本研究相關之國內實證研究以碩士論文為主；再者，國外學校之組織架構與行政工作人員的任用，與國內現況或有不同。因此，在文獻之引用與蒐集上，有其侷限性，進而限制本研究變項之周延性。為克服此限制，研究者除藉由教育行政與經營管理領域輔助學校行政之不足外；在文獻來源上，除了國內外相關研究外，亦廣從教育行政或學校行政專書、期刊、研討會、國家教育研究院及主任儲訓課程等進行蒐集，以求研究範圍之周延。

三、研究推論之限制

　　因本研究之對象為現職公立國民中學兼任行政教師，故本研究結果僅適用於公立國民中學兼任行政教師，無法直接推論至私立高中國中部之兼任行政教師。

第二章　理論研究

　　本章旨在探討兼任行政教師行政專業能力指標系統建構之相關文獻，藉以探討研究問題並作為實證分析的理論基礎。首先探討學校行政；接著，探討學校行政專業能力與兼任行政教師行政專業能力指標建構；最後，整理國內兼任行政教師專業能力相關實證研究，做為實證分析背景變項之參酌及研究結果討論之參照依據。

第一節　學校行政

　　兼任行政教師的工作除了教學以外，另一主要的工作就是學校行政，因此本節就學校行政的意義、學校行政的內涵及學校行政的議題，予以闡述。

壹、學校行政的意義

　　學校行政與教育行政都是與教育有關的行政。教育行政機關及學校所做的行政都包括訓輔行政、人事行政、教務行政、總務行政與公關行政這五項，其間的主要差別在於：教育行政機關所做的大多屬於政策性的決定，其影響擴及全國或地區；而學校行政所做的則大多屬於執行工作，政策性的決定較少，其影響只及於學校內（謝文全，2010）。因此，教育行政較偏重於教育政策的制訂、視導，而學校行政主要在執行中央及地方主管教育機關的教育政策，比較側重於行政的執行。

　　近年來國內學者對學校行政意義的看法，臚列如下：

　　謝文全（2005）認為學校行政乃是對學校教學以外的事務作系統化的管理，以求有效而經濟的達成教育目標。

　　陳寶山（2005）認為學校行政是處理有關人、事、物等一切學校教育資源的手段，是要整合校內各種寶貴的教學人力、物力資源，以及校外豐富的可開發不可

依賴的社會資源，有計畫、有組織的投注到學習者一連串的學習活動中，達成學校教育目標。

范熾文（2006）認為學校行政乃學校教育之一環，其任務在支援教學。要為教師教學與學生學習，提供最佳服務品質。學校行政目的在結合人力、物力資源，朝向教學效率的提高。

秦夢群（2007）認為學校行政係指依據教育目標與法令，對相關之學校事務，進行經營管理，以達到既定目標與績效的動態歷程。

鄭彩鳳（2008）以為學校行政乃是學校依據教育之原理原則及相關法令規定，運用有效及經濟的方法，對於學校組織相關的人、事、物、財等要素，作系統化的經營管理，藉以促進教育進步，進而達成學校教育目標的一種歷程。

任晟蓀（2010）以為學校行政乃學校依據教育原則，運用各種有效的行政理論與科學的方法，將校內人、事、財、物等，做有效的領導與管理，使校務能順利運轉，從而達成學校的教育目標之歷程。

吳清山（2014）以為學校行政乃是學校機關依據教育原則，運用有效和科學的方法，對於學校內人、事、財、物等業務，做最妥善而適當的處理，以促進教育進步，達成教育目標的一種歷程。

茲將國外學者對於學校行政意義之論述，臚列如下：

Hulpia 與 Devos（2009）認為學校行政的重要性在透過對學校目標的信念、為了學校學生自發性的學習、以學校為榮、不輟學等方面的行為實踐，對學生行為產生影響與改變。

Zahran（2012）認為學校行政在幫助學生全人的發展，以培養良好公民，對自己及其國家善盡職責。

Faulkner（2015）認為學校行政是持續性的追踪學生的議題與問題，隨時監控並提供解決。

　　Bardana 與 Ashour（2016）指出學校行政就社區而言是非常重要的行政，其角色已不再侷限在執行教育政策和目標，而是在變動快速的年代中，教養有品質的下一代。學校行政與社區直接相連，提供養護、教育與適宜的環境，確保學生的學習成就，最終促成整個社區的進步。

　　研究者針對國內外學者對學校行政意義之論述分析整理，如表 2-1。

表 2-1

針對學者對學校行政意義之論述分析整理

學者論述	學者（年代）
教學以外事務的系統化管理。	謝文全（2005）
人、事、物、財之經營管理。	陳寶山（2005）、范熾文（2006）、秦夢群（2007）、鄭彩鳳（2008）、任晟蓀（2010）、吳清山（2014）
達成教育目標	謝文全（2005）、陳寶山（2005）、秦夢群（2007）、鄭彩鳳（2008）、任晟蓀（2010）、吳清山（2014）、Hulpia 與 Devos（2009）
為教師教學與學生學習提供最佳服務品質，提高教學效率。	范熾文（2006）
運用行政理論、有效、科學及經濟的方法。	鄭彩鳳（2008）、任晟蓀（2010）、吳清山（2014）
對學生行為產生影響與改變。	Hulpia 與 Devos（2009）
幫助學生全人的發展，培養良好公民。	Zahran（2012）
持續性的追蹤學生的議題與解決。	Faulkner（2015）
學校行政與社區直接相連，確保學生的學習成就。	Bardana 與 Ashour（2016）

　　綜合上述國內學者之論述得知，學校行政在為教師教學與學生學習，提供最佳服務品質，將校內的人、事、財、物等資源，運用行政理論、科學、有效及經濟的方法予以經營管理，以達成教育目標；這是從比較工具性、微觀的觀點，來闡述學校行政的意義。再者，從國外學者對學校行政的論述得知，學校行政以學生學習為中心，與社區一起合作，幫助學生全人發展，成為良好公民；這是從比較理想性、鉅觀的觀點，來闡述學校行政的意義。研究者認為若單就國內或國外學者之論述，無法完整解釋學校行政之意義，若將兩者併述，較能完善學校行政之意義。爰此，學校行政應是學校行政人員依據教育原理原則、教育目標及相關法令，透過各種行政理論，運用有效及經濟的方法，整合校內各種寶貴的教學人力、物力資源，以及校外的社會資源，對教學以外組織相關的人、事、物、財，做有效的領導與管理，提升學生學習成就，培育良好公民，以促進教育進步，達成教育目標的一種歷程。另外，范熾文認為學校行政要提供最佳服務品質，研究者認為這個觀點與學校行政效能的提升有關，因此，學校行政人員增進自身的行政專業能力是個重要的課題。

貳、學校行政的內涵

　　組織為求經營績效，向來重視管理。企業管理主要有行銷管理、作業管理、財務管理、人力資源管理、研究發展等。學校雖非追求利潤的企業，而是以提升學生的學習成效為教育目的非營利組織。故為達成學校之教育目的，學校行政必須擔當教師教學的堅強後盾。而執行學校行政之兼任行政教師為有效推動學校行政，實有必要了解學校行政具體運作之內涵。謝文全（2002）與Raymond（2005）認為學校行政的重要內涵包括：知識管理—強調重視組織的人力資本，培養組織成員的專業能力，以及提升組織的生產能力及創新能力；E化管理—運用電腦科技協助處理學校行政工作，協助行政決定之正確性；品質管理—強調以辦學品質為中心之全面品質管理（Total Quality Management, TQM） 層面，透過全體師生動員

和參與，致力於PDCA（Plan, Do, Check, Act）循環性的品管系統，建立一個優質的學校品質的體制；績效管理—建立學校與個人對於達成辦學目標的共識機制，並能運用績效管理制度於推動策略上，建立辦學願景和提升教學品質。兼任行政教師如能更加了解學校行政之內涵，並能有效加以執行，便能提升學校行政效能，並間接提升學校整體效能。

茲將國內學者對學校行政內涵之論述，臚列如下：

謝文全（2005）認為學校行政具有四項內涵：

一、學校行政所處理的是學校教學以外的事務

學校教學以外的行政事務可分為五大項，即教務、訓導、總務、人事及公共關係。學校的中心工作在「教學」，教學的實施有賴「教育人員」及「學生」的參與及「經費設備」的支援，且學校又與「社會環境」交互作用，形成相輔相成的關係。這五項的密切配合，才能使學校教育目標的達成成為可能。

二、學校行政是系統化的管理或經營

學校行政是對學校教學以外的事務，作系統化的管理。共分為五項，計畫或決定、組織、溝通或協調、領導或激勵、評鑑與革新。

三、學校行政的目的在達成教育目標

學校行政只是一種手段，它的目的是在達成教育的目標。教育目標在培養學生對健康、品德、及生活等三方面均能知、能行、與能思的人，使其具有良好的生活能力，進而促進社會的發展與福祉。從事學校行政工作的人員應設法去瞭解教育目標。

四、學校行政既求有效亦求經濟

所謂「有效」，即指能完成所欲達成的教育目標；所謂「經濟」，係指能以最少的投入獲取最大的產出。學校行政的運作有賴資源的支援，但資源有限，若不能以較經濟性的方法運用，可能會損及學校的生存和發展。

　　秦夢群（2007）認為學校行政包含四項內涵：

一、學校行政之推動必須稟承教育目標與依法行政之精神。

二、學校行政係將行政與管理之理論運用於學校組織中，有其一定之專業性。

三、學校行政有其一定之既定目標，其績效必須接受評鑑。

四、學校行政並非只是片斷活動的組合，而是動態與連續的歷程。

　　鄭彩鳳（2008）將學校行政的實務面向歸納為「教務行政」、「學務行政」、「總務行政」、「輔導行政」、以及「公共關係行政」。

一、教務行政：是學校教育的核心，掌握全校課程教學、學籍編製、課表編排、學籍管理、成績考查與登錄、教學研究與觀摩、教師專業發展等相關工作。

二、學務行政：是促進學校學習活動順利進行的核心，掌握全校品格培養、生活指導、安全教育、身體保健與社團活動等相關工作。

三、輔導行政：是學校學生行為預防與心智發展的核心，掌握全校學生自我了解、潛能創造與充分發展、個別差異的安置、親職教育與溝通等相關工作。

四、總務行政：是學校後勤支援的核心，掌握全校文書處理、財務管理、出納管理、校園規劃、營繕工程、公物維護等相關工作。

五、公共關係行政：是學校行銷與資源開發的核心，掌握學校形象、特色、精神、校園次文化、公關行銷與社區或家長等其他團體的互動等相關工作。

　　綜上所述，學校行政的內涵，依實務面觀之，可分為：教務行政、學務行政、總務行政、輔導行政、以及公共關係行政；若從學校經營績效層面觀之，可分為：知識管理、E化管理、品質管理、績效管理；而就系統化的管理角度觀之，可分為：計畫或決定、組織、溝通或協調、領導或激勵、評鑑與革新。研究者認為學校行政的內涵就是行政人員在處理教務行政、學務行政、總務行政、輔導行政、以及公共關係行政等行政事務時，經由計畫或決定、組織、溝通或協調、領導或激勵、評鑑與革新等行政歷程，注重知識管理、E化管理、品質管理及績效管理，以達成

學校的教育目標。本研究側著在行政歷程、學校經營績效層面及系統化管理角度
之研討，探求學校行政人員在執行行政工作時應具備之共通性行政能力。

參、學校行政的議題

　　學校行政的良窳攸關學校效能，因此，若學校行政的運作順暢，則能形塑良
好的組織氛圍，並成為教師教學堅強的後盾，搭接起親師溝通的橋樑。處在二十
一世紀求新求變的時代，學校行政也面臨考驗，值得學校行政人員關注、反思，
並產生積極的作為因應。茲將國內外學者有關學校行政議題的論述，說明如下：

　　洪秀熒（2007）認為，學校行政在面對教改訴求、家長教育選擇權、及教師專
業自主權下，面臨三種困境：輸入的困境、過程的困境、及輸出的困境。

一、輸入的困境

　　是指學校行政在道德領導、趨勢領導、專業領導、及整合領導等方面的競值
考量。例如組織外在環境及科技的變化（教改訴求）常常比組織本身的調適能力
還快，為了因應非預期的問題，學校面臨人員與資源整合的困境。

二、過程的困境

　　是指學校行政在行政管理、課程發展、教師教學、學生學習、專業發展、資
源統整、及校園營造等方面的競值考量。例如新台灣之子的教育問題，組織人員
技能、進修與訓練不足，學校面臨教師專業發展、學生學習的困境。

三、輸出的困境

　　是指學校行政在共塑願景、全員參與、團隊合作、和諧溫馨、持續創新、及
永續發展等方面的競值考量。例如少子化、家長教育選擇權的問題，學校面臨裁
併校、永續發展的困境。

　　林明地（2013）認為，由於學校行政工作的性質及其所服務的師生教與學的任
務與目標達成相當複雜，學校行政專業化至今仍不如預期，但持續克服困難、尋
求並提高真確的專業化，對學校行政而言相當重要。影響學校行政專業化的因素

相當多元，不能僅從單一層面加以探討。例如：學校行政人員及教師是否夠積極、依照專業的標準加以努力？學校行政人員從事服務工作時，能否兼顧客觀的科學步驟、數據分析，以及個別的、團體的關懷？學校教育人員所進行的追求專業化努力是否偏頗？家長、社區居民、民意代表、教育行政機構上級長官、大眾媒體等是否認同學校行政的專業性？以及學校行政人員是否設法與家長、社區民眾、民意代表、上級長官、大眾媒體溝通其專業堅持的重要性？諸如此類的問題，都對學校行政專業化的程度具有相當的影響力。

林志成（2016）指出，學校行政專業主要面臨五項潛在的危機：

一、學校行政專業標準不清，學校行政專業課程、教材教法與評量尚待檢討，專業自我的論述待強化，學校行政專業自我待培育；職前專業培育—導入儲訓制度—在職專業增能等階段性、系統性、完整性的學校行政專業發展體制尚待完善。

二、民主與法治、自主與自律、公道與王道、科學與人文、關懷倫理、批判省思、績效責任、創新創價、互動共好、品質確保、正義公平與卓越精進等學校行政專業核心價值、專業主體性仍有待強化。

三、學校行政人員行動智慧待培養，學校行政專業發展歷程及績效尚待檢核精進。

四、優質學校文化生態與健全的法令體制待建立。

五、部分教育法令政策缺乏系統思考、整體規劃及長期計畫，常頭痛醫頭、腳痛醫腳。

Spillane 與 Kenney（2012）指出美國早期學校行政僅專注在行政上，鮮少與教師的教學有交集。然而隨著教育持續改革，現今重視學生的學業成就的背景下，學校行政的角色及功能亦跟著改變，學校行政人員與教師之間的關係產生變化，存在互相依賴卻又矛盾的微妙關係。在「相互依賴」方面，教師依賴學校行政人員的教學資源分配，而學校行政人員則須依賴教師對學生的教學。另外，在「存在矛盾」方面，學校行政人員與教師雖然都認同以學生的最大利益為教育目的，

但教師希望擁有他們的專業自主;而學校行政人員為達成教育政策要求,有時則會限縮教師的專業自主。所以,學校行政人員的角色係居於教育政策要求與教師教學專業自主之間的媒介,其功能在將教育政策專化成學校政策時,應考量教師的興趣、價值、目標及規範,再運用說服的技巧,讓教師與學校行政彼此合作,以達成教育政策的要求。

Tsang 與 Liu(2016)指出香港、英國、美國、澳洲、加拿大、日本、韓國等實施部分鬆綁(centralized decentralization)教育之國家或地區,教師在學校革新過程中,會有士氣低落的問題產生。於是兩位學者以香港中學教師為研究對象,發現教師士氣與學校行政亦有關聯,主要顯現在三方面:視導的目標及強度、溝通模式與信任及體諒,茲分述如下:

一、視導的目標及強度:教師認為學校行政視導,若與教師的教學與學生的學習無關,則會讓他們感到士氣低落。教師們認為他們的工作目標在教學,需要自我精進教學方式,也希望學校行政多重視教師的教學與學生的學習,少一點在學校活動上。

二、溝通模式:學校行政決策若未提供多元溝通的管道及機會,讓教師發聲或對教師解釋決策的價值;抑或僅是在小事上才尋求他們的意見,都會造成教師士氣的低落。

三、信任及體諒:學校行政若不能信任教師的教學及關心他們的教學困難處,會讓教師們感到挫折。教師們希望擁有較多的自主,少一點的視導與工作上的限制。

綜上所述,由於教育環境變化速度很快,學校行政人員的調適度未必能跟得上。再者,行政專業發展機會與課程之不足,未能建立學校行政專業核心價值,以致學校行政專業化至今仍不如預期。最後,學校行政人員與教師間存在互依與矛盾的關係,學校行政人員應瞭解教師教學的需要,給予信任、體諒及多溝通,才能讓教師對學校政策經由瞭解、認同到配合。研究者認為,現今學校行政專業

與教師教學專業相較之下，顯然受到忽略。甚至兼任行政教師或許從未想到其應具備行政專業能力，更遑論自身對行政專業發展的需求及課程內涵的瞭解。因此，本研究致力於兼任行政教師行政專業能力指標建構，並檢視兼任行政教師是否具備行政專業能力。

第二節　學校行政專業能力

兼任行政教師除了教學工作外，大部分時間在處理學校行政工作，所以，兼任行政教師具備行政專業能力，實有其必要性。。本節就「專業」、「專業能力」、「學校行政專業能力」予以探討，茲闡述如下。

壹、專業

茲就專業的意義及特徵，闡述如下。

一、專業的意義

「專業」（profession）為專門職業之簡稱，係一種須運用特定專門知識、 技能與專業精神，才能完成其任務的專門職業。譬如律師職、會計職、醫師職等，皆各為一種專業（謝文全，2010）。茲將國內外學者對專業意義之論述，說明如下：

張德銳（2000）認為專業是指一群人在從事一種需要專門技術之職業，它需要特殊智力來培養和完成的職業，其目的在提供專門性的服務。

葉春櫻（2005）認為專業是指透過專門的長時期訓練而獲得特殊的知能，除能據以獨立勝任其職外，尚須組織專業團體、訂定倫理規範，並具有服務奉獻於該行業之志願，且能不斷自我進修之職業群體。例如：教育專業、醫學專業、法律專業等。

謝文全（2010）以為專業係指須運用特定專門知識、技能與專業精神，使能完成其任務的專門職業。

Carr-Saunders與Willson（1933）認為專業是指一群人在從事一種需要專門技術

的職業。專業是一種需要特殊智力來培養和完成的職業，其目的在於提供專門性的服務。

Corwin（1970）主張一個成熟的專業是指一群有組織的工作團體，他們具備獨特的知識，能自行吸收並管理成員，並運用獨特的知識和技能去解決社會的問題。

Darkenwald與Merriam（1982）提出專業應具有提供專業成長的管道、個體和成員的擁護、協調整合的功能、僅為自身團體行使的特別規則與標準等四種功能。

綜合上述國內外學者對「專業」的觀點，研究者認為專業係指一群人在從事一種需要專門技術的職業，必須具備特定的專門知識、專業能力、專業道德及服務奉獻的精神，並能運用獨特的知識和技能去解決工作上的問題，同時成員會主動追求專業成長、提高專業自主。研究者認為學校行政即符應此專業範疇，爰此，兼任行政教師應該是要具備「行政專業」的學校教育工作者。

二、專業的特徵

透過整理國內外學者對專業特徵之論述，具體歸納出專業的特徵，並據以檢視目前國內兼任行政教師的專業現況。茲將國內外學者對專業特徵之論述，說明如下：

林清江（1986）認為專業工作具有下列特性：

（一）提供獨特而重要的服務。

（二）能運用專業知識。

（三）長期專門訓練。

（四）個別成員與整個團體多享有獨立自主權。

（五）採取行動並負起責任。

（六）提供全面性服務而非重視經濟報酬。

（七）具倫理信條。

（八）具有自治組織。

陳伯璋（1994）認為專業具有下列特徵：

（一）專門的知識與技能。

（二）利他性的公眾服務。

（三）執業者個人與專業團體的專業自主。

（四）長期專業教育與持續的在職進修。

（五）專業組織與倫理規範。

（六）對於證照與文憑的頒發，有完善的管制措施。

　　林海清（2000a）認為行政專業化，在於：

（一）建構完整的專業體系與人才培育系統。

（二）奠定學校行政人員專業知識的基礎。

（三）配合生涯發展提供長期培育制度。

（四）成立自律的專業組織。

（五）養成專業倫理與責任感。

（六）擁有獨立的專業自主權。

（七）建立健全的專業制度。

（八）促進人員之專業成長等。

　　謝文全（2005）認為專業化的標準有七項：

（一）受過長期專業訓練，能運用專門的知識技能。

（二）強調服務重於謀利。

（三）視工作為永久性職業。

（四）享有相當獨立自主性。

（五）建立專業團體。

（六）訂立並遵守專業倫理信條。

（七）須不斷接受在職進修教育。

　　范熾文（2008）歸納出專業的特性如下：

（一）從專業知識與技能而言：

1、專業是指在職前階段經過有系統而明確的長期訓練，以獲得專業的知識及能力，並於工作生涯中能持續的學習、進修與研究。

2、專業是指從業者具有高度專業自主權，能獨立自主執行其職務，具有高度的專門知能提供專門性的服務，並且具有一定地位獲得專業尊重。

（二）從專業態度與專業精神而言：

1、專業具有服務、奉獻、熱忱的精神，樂於從事某項工作，而重視對他人及團體的貢獻。

2、專業具有高度使命感和責任感，有終身從事這項事業的意願，不見異思遷，且與所屬之機構團體有休戚與共的情感。

3、專業具有革新創造的精神，不墨守成規。

（三）從專業組織與專業規範而言：

1、專業須有自律的專業團體。

2、專業須訂定工作倫理規範與明確的倫理信條。

謝富榮（2009）歸納多數學者所認可的專業特徵，包括：

（一）需經專門訓練及具系統性知識。

（二）為社會提供服務。

（三）成立專業組織。

（四）具有專業權威及專業自主。

（五）訂有專業倫理信條。

（六）強調在職進修。

Carr-Saunders與Willson（1933）指出，專業應具備的特徵，包括：

（一）有一段長時間且專門性的學科訓練，以培養專業技術。

（二）使用這套技術為社會提供服務，並收取費用。

（三）技術的運用有其社會責任。

（四）成立專業組織，以評鑑從業人員之專業能力。

（五）要求執業標準。

　　Liberman（1956）主張專業是一種行業，綜合而言，專業應包含以下八項特徵：

（一）提供一種獨特、明確而必要的社會服務。

（二）著重於高度心智技術的運用。

（三）需要長時間的專業訓練。

（四）個別從業者及行業團體均具有廣泛自主權。

（五）在自主範圍內，專業人員對其行為與判斷應負廣義的責任。

（六）服務的表現重於報酬的高低。

（七）有綜合性的同業自治組織。

（八）從業人員遵守明確的倫理信條等。

　　Greenwood（2010）界定專業的基本要素，他強調所謂專業必須具備：

（一）系統的知識。

（二）專業的權威。

（三）同行的認可。

（四）倫理的規範。

（五）專業的文化。

茲彙整國內外學者對專業的特徵的共同看法，如表 2-2。

表 2-2

學者對專業的特徵的共同看法彙整

共同看法	學者（年代）
接受專業的訓練	林清江（1986）、陳伯璋（1994）、林海清（2000a）、謝文全（2005）、范熾文（2008）、謝富榮（2009）、Carr-Saunders 與 Willson（1933）、Liberman（1956）
運用專門的知識技能	林清江（1986）、陳伯璋（1994）、林海清（2000a）、謝文全（2005）、范熾文（2008）、謝富榮（2009）、Carr-Saunders 與 Willson（1933）、Liberman（1956）、Greenwood（2010）
成立專業組織	林清江（1986）、陳伯璋（1994）、林海清（2000a）、謝文全（2005）、范熾文（2008）、謝富榮（2009）、Carr-Saunders 與 Willson（1933）、Liberman（1956）
在職進修	林海清（2000a）、謝文全（2005）、范熾文（2008）、謝富榮（2009）
專業自主	林清江（1986）、陳伯璋（1994）、林海清（2000a）、謝文全（2005）、范熾文（2008）、謝富榮（2009）、Liberman（1956）、Greenwood（2010）
遵守倫理信條	林清江（1986）、陳伯璋（1994）、林海清（2000a）、謝文全（2005）、范熾文（2008）、謝富榮（2009）、Liberman（1956）、Greenwood（2010）

綜合上述國內外學者對「專業特徵」論述的共同點有：接受專業的訓練、運用專門的知識技能、成立專業組織、在職進修、專業自主、遵守倫理信條等六項。

在「成立專業組織」上，國內現僅有「中華民國學校行政研究學會」組織，主要是在從事學校行政之研究，並非學校行政人員集合之組織。姑且不論此點，從其餘五項觀點檢視執行學校行政工作的兼任行政教師，可以發現：經甄選通過的主任需經過六周的專業儲訓課程，但未經甄選之主任及組長，則未受專業訓練，一般是透過師徒制的專業傳承；在處理行政工作時，應該要運用專門知識技能；會參加相關教育研習，但並非全然是有關行政專業之研習；擁有大部分獨立的專業自主權；雖無制式的專業倫理信條，但多能信守自我認同之倫理規範。研究者認為這五點均與行政專業能力有關聯，而行政專業能力指標之建構，益彰顯其重要性。

貳、專業能力

茲就專業能力的意義及內涵，闡述如下。

一、專業能力的意義

專業能力（competence）又稱能力，其概念源自組織學習與發展（Sandberg, 2000）。茲將國內外學者針對專業能力意義之論述，說明如下：

田振榮（2002）認為專業能力是個人能完成指定工作的有效能力。

蔡金田（2006）指出專業能力是個人與組織整體成功的關鍵要素，傑出的能力與工作表現，是個人與組織永續發展的利器。

McClelland（1973）指出為達到高工作績效，專業能力是必要的條件。

Boyatzis（1982）認為專業能力為個人所應具備的基本特質，這些特質能夠導致有效或更良好的工作績效。

Woodruffe（1992）認為專業能力是一套行為模式的組合，以符合該職位應達成的任務與功能之能力。

Spencer 與 Spencer（1993）認為專業能力是個人在一項工作或職務中，可做為工作效能或優異表現有關標準參照的一種潛在特質。

　　Agnes（2005）認為專業能力是個人具備良好的條件及足夠的方法，以完成被分派之任務。

　　Cardy 與 Selvarajan（2006）認為專業能力是員工具備能促使組織成功的任何因素。

　　綜合上述，專業能力是指組織之個人為達成組織賦予之任務，所必須具備良好的條件及足夠的方法，形成的一套行為模式組合。研究者認為要發揮工作效能，則必須具備該項工作之專業能力，而專業能力是可以經由專業成長，予以培養與提升。

二、專業能力的內涵

　　上述專業能力必須具備良好的條件及足夠的方法，即為專業能力的內涵所在。茲將國內外學者針對專業能力內涵之論述，說明如下：

　　陳玉山（1999）將學者們對於能力的詮釋歸納為以下四個概念：

（一）全人觀點：能力的主體，除了個人所擁有的知識、技巧、態度等硬性能力外，尚包涵情感、創造力、動機等後設能力所構成的全人特質。

（二）系絡限制：不同的環境系絡，需要不同的能力；且相同的行為，在不同的環境系絡下，呈現出不同的價值與意義。

（三）績效導向：能力是個人特質的統合，以執行工作的要求，且可能產生卓越的績效，因而特別強調「做」的能力。

（四）行為組合：能力是一組可觀察的行為組合，能夠被周遭的人所感受與評量，因此可作為人力資源管理的基礎。

　　蔡金田（2006）指出能力除了導致工作表現績效外，應兼顧外顯之知識技能與內隱之人格特質；兼顧進入職場前之能力、在職場中所應具備的能力及其日後所需能力之更新與發展。

　　陳姿伶（2011）認為專業能力是每一專業的特屬能力，也是該專業的從業人員得以順利執行其工作任務所應持有的專業相關之認知、功能、行為及倫理等四群

核心能力，以及有助這些核心能力得以充分發揮之「溝通、自我發展、創造力、分析、問題解決」等後設能力。專業能力與實際工作表現具有因果關係，能引發或預測個人的工作行為或工作績效表現。

Chisholm與Ely（1976）提出專業能力應該包括三個因素：

（一）知識（Knowledge）：指專業人員工作所需暸解的事實與資料，透過所獲得之資訊，能有效率促進某一功能的達成。在傳統專業訓練中最強調知識的能力，因為知識是實際表現的必要條件，以及知識層面的能力較容易評量。

（二）技能（Skills）：指專業人員運用知識解決特別問題的能力，其評量方式可從觀察實際表現或某具體表現的成果而加以評定。

（三）態度（Attitude）：指一種情感的趨避作用，由觀察特定人的對話或行為表現評量特定人的態度。不過，態度的評量較不易客觀，但卻不應忽視。

Boyatzis（1982）指出專業能力的特質包括：動機、技巧、自我概念或社會角色及所運用的知識，是創造更好、更有效率的工作績效及成果之基本關鍵因素。

Jarvis（1983）認為專業能力包括：專業知識、專業技能與專業態度三種要素，但其與學者Chisholm與Ely所提之意涵仍有不同：

（一）專業知識：指學術性的理論原則、心理動力的要素（指專業實施與表現所涉入的理論性基礎）、人際關係及道德價值等。

（二）專業技能：指完成專業實施與表現的程序與社交技巧。

（三）專業態度：包含專業認知、專業情感與專業表現三個部份。

Kane、Healy與Hesnon（1992）定義專業能力是在工作場合，運用專業知識與技能的能力。

Woodruffe（1992）認為專業能力之內涵包含三個重要概念：

（一）專業能力是能被觀察的行為。

（二）行為模式是與工作績效相關的。

（三）專業能力的概念除了傳統的知識、技能、態度外，還包括為達到高績效表

　　現的動機及表現慾望等。

　　Parry（1998）認為，專業能力是指個人工作主要的相關知識、態度與技能，這與工作上的績效表現有關，除可用來做為評量的標準，亦可經由訓練和發展來加以提昇。

　　Hoffmann（1999）認為明確訂定專業能力之目的是為了改善工作績效表現。他彙整一些學者的文獻後，將專業能力之內涵分為三類：

（一）可觀察的表現績效（observable performance）。

（二）標準（standard）。

（三）個人潛藏的特質（the underlying attributes of a person）。

　　Birdir 與 Pearson（2000）認為專業能力的構成要素有以下八項：

（一）技能（skills）。

（二）判斷力（judgment）。

（三）態度（attitude）。

（四）價值觀（value）。

（五）初階技能（entry skills）。

（六）知識（knowledge）。

（七）能力（abililty）。

（八）才能（capacity）。

　　Rosemary與James（2000）認為專業能力涉及其所有專業領域及其服務之客戶之中心議題，專業能力不僅包括個人在認知、情意、技能上的具體表現水準，而且會牽涉到個人的工作角色或職務上的需求。

Seezink與Poell（2010）認為專業能力是整合知識、技能和態度去達成自己工作上的需要。

　　綜上所述，專業能力包括專業知識、技能與態度。兼任行政教師的行政專業能力，顯然與教學專業能力有別。教學的專業能力，必須要有教學的專業知識、

專業技能及專業態度。研究者認為行政專業能力中，專業知識與專業技能是融合為一的，可併稱為專業知能。行政專業著重工作的處理，較側重專業技能。專業技能需要專業知識為基礎，但徒有專業知識，未能與專業技能融合，無法單獨運作展現行政工作產出及卓越績效，所以，「做」的能力最為重要。態度是個人對工作的好惡狀況，良好的態度，有助於工作的順利達成；相反的，工作態度不佳，工作品質勢必受到負面的影響。研究者以為態度較偏重個人的狀態，未與他人或他事互動。而倫理是個人與他人互動的關係及結果，而行政也必須與他人互動，因此，研究者認為倫理的重要性不亞於態度。所以，本研究將行政專業能力定義在專業知能及專業倫理。

參、學校行政專業能力

　　依據上述行政專業能力之定義，學校行政專業能力是學校行政人員從事學校行政必須具備之專業知能及專業倫理。以下將從學校行政專業能力探討及學校行政專業能力的內涵兩部分，分別說明如下：

一、學校行政專業能力探討

　　學校組織具有鬆散結合（loosely coupled）和雙重系統（dual system）的特性，雙重系統意指學校組織是在行政和教學兩種彼此分立並行的體系之下運作（秦夢群，1997）。行政支援教學，教學支持行政。學校的運作核心在教師的教學與學生的學習，而支持學校此一運作的重要機制，在於學校行政的功能要正常運作。而目前學校行政的運作，除了人事、主計及部分總務處職員為公務員專職外，行政工作大都是由教師兼任。教師教學必須具備教學專業能力，兼任行政教師處理行政事務，需要與教學不一樣的行政專業能力，應是無庸置疑。兼任行政教師是學校行政的主力，所以，重視並提升兼任行政教師的專業，是提升學校效能的手段之一。謝文全（2010）認為受過學校行政專業培育，擁有該等專業知能與專業倫理，並能有效完成該等工作的人，才足以稱為學校行政專業人員。觀之國內現況有主

任甄選及儲訓的課程，而組長則無。然無論有否受過正式主任儲訓課程，本研究旨在探討主任與組長從事學校行政工作，所應具備的行政專業能力，包含專業知能及專業倫理。以下是國內外學者針對兼任行政教師專業的論述，其對兼任行政教師行政專業的重要性，有很重要的啟示，茲敘述如下：

王淑俐（2005）認為學校行政的重點在行政與教學、家長如何「合作」，以提升教學成效，而非「爭權」。學校行政人員需要自我調適：

（一）由「集權」、少數人做決定，調整為「分權」或「授權」，服從多數人的決議。將學校有關事務，分專業或依法令規定交付老師、家長，並尊重其職權。

（二）積極邀請有能力、有意願的老師及家長共商校務，充分運用校內外人力資源，以收「集思廣益」之效。

（三）學校發展或願景，是大家共同的責任。學校行政人員應開放心胸、放鬆心情，不帶防衛心理，才能鼓勵大家自由的表達與溝通。

（四）善用專家權，以專業領導為主，減少法制權威及傳統權威。主任應加強教學專業素養，參與教學方面的規劃及活動。

（五）學校行政人員的角色已不再是發令者、指揮者、規劃者、執行者，而是激勵者、分享者、發展者。

謝文全（2010）認為學校行政人員的專業化，可以提升工作效果與效率、保障師生與國民的權益及維持本身的專業形象，贏得社會的尊重。

蔡明貴（2010）指出，在學校現場中不難發現，學校行政人員與教師的衝突相當頻繁，已嚴重影響到學校的辦學品質，進而損害到學生的受教權益。學校衝突的原因很多，但主要原因是學校行政人員缺乏專業化的訓練，以致於沒有足夠的領導、溝通、協商、衝突管理等知能，來有效處理其與教師組織的關係。

林素娟、邱靜宜、紀蘿珊、葉佩君與吳俊憲（2014）指出，就目前國中小學行政人員之現況，提出三項困境：缺乏行政專業知能、人際溝通技巧有待提升、行

政人員歷練不足。

　　賴岳聰（2015）認為教師兼任行政人員，往往僅有短暫之研習及簡單的業務交接，便立即上線工作。因肩負教學及行政工作，以致於無法專心學習行政工作。在處理行政業務時，有許多機會接觸到學生、家長、教師及長官等對象，但其往往在溝通時，因技巧不純熟而形成誤解，衍生不必要的問題。在工作所造成的角色衝突及工作壓力，也容易造成其在工作意願及工作士氣之低落。教師兼任行政人員外須承受家長及上級長官的期盼壓力，在校內又得面臨教師同儕對推動業務之各項意見，在缺乏相關專業知能下，疲於應付各方訴求，政策也未能在第一線教師上得到落實。

　　美國州際學校領導人協會（Interstate School Leaders Licensure Consortium, ISLLC）針對學校行政人員（school administrator）提出六項標準（Gorton & Alston, 2009）：

（一）學校行政人員是教育領導人，藉由促進學校社群共享之學習願景的發展、傳遞、執行與監控，以提升全體學生的成就。

（二）學校行政人員是教育領導人，藉由倡導、培植及維持學校文化和教學計畫，以提升全體學生的成就。

（三）學校行政人員是教育領導人，藉由確保組織、運作及資源的管理，形塑安全、有效率及有效能的學習環境，以提升全體學生的成就。

（四）學校行政人員是教育領導人，藉由與家庭及社區成員合作，回應社區多元化的需求及動員社區資源，以提升全體學生的成就。

（五）學校行政人員是教育領導人，藉由行為上具有正直、公平與倫理的態度，以提升全體學生的成就。

（六）學校行政人員是教育領導人，藉由理解、回應及影響大範圍的政治、社會、經濟、法理及文化脈絡，以提升全體學生的成就。

　　ISLLC 非常重視學校行政人員的地位，將其比喻為學校教育的領導人，冀望學校行政人員具有正直、公平與倫理的態度，發展學校願景、倡導學校文化、整合資源等，以提升學校全體學生的成就為目標。

　　綜上所述，學校行政人員的專業化，可以提升工作效果與效率、保障師生與國民的權益及維持本身的專業形象，以贏得社會的尊重。因應兼任行政教師的行政專業，兼任行政教師必須體認學校行政乃是專業化工作，以教育領導人的身分自居，具備愛心、關懷、尊重與專業的核心價值。學校行政人員要有專門知識、專業組織、倫理規範、專業成長，以提升專業水準。從調整自我心態做起，必須發揮「專家權」，以專業領導取待法制權威，多聆聽教師與家長的聲音，能夠發揮激勵者與溝通者的角色。在工作中隨時批判反省，在多元價充斥的挑戰下形塑自身的學校行政倫理。惟有具備行政專業能力的兼任行政教師，才能做好學校行政工作，開展學校效能。透過對自我行政專業能力的檢視後，針對行政專業能力不足之處，適時的進修與提升，方能確保學校行政工作之品質。

二、學校行政專業能力的內涵

　　針對學校行政專業能力的內涵，主要是從學者相關研究或論述、國家教育研究院專案計畫研究及國中儲備主任班之課程規劃等三個部分加以探討，茲依序說明如下：

　　林明地（2000）指出學校行政人員培養課程需針對行政人員專業素養、教育政策課程及各處室行政工作實務程三方面。行政人員專業素養課程包含：規劃行政計畫、領導、溝通、協調、法學素養。

　　林海清（2000b）認為教育行政人員的核心課程包含：培養人際溝通共鳴、能量持久培養、整合經營力培養、情境學習力培養、分析洞察力培養、創意發展力培養。

　　林新發與王秀玲（2003）指出，學校行政專業知能包括：一般行政知能和專業行政知能，具體內涵如下：

（一）一般行政知能

　1、教育法令與公文處理知能。

　2、學校行政計畫知能。

　3、溝通協調知能。

　4、領導執行知能。

　5、考核評鑑知能。

　6、問題解決知能。

　7、團隊學習知能。

　8、整合運用資源知能。

　9、妥善處理危機知能。

　10、終身學習知能。

　11、知識管理知能。

　12、資訊科技知能。

　13、人際關係知能。

（二）專業行政知能

　1、教務行政知能。

　2、訓導行政知能。

　3、輔導行政知能。

　4、總務行政知能。

　5、人事行政知能。

　6、公關行政知能。

　　吳宗立（2003）認為學校的行政主管應具備下列各項行政能力：

（一）建立學校發展的願景。

（二）溝通以建立師生的共識。

（三）發展學校的組織承諾。

（四）建立永續性的學習型組織。

（五）廣泛接納部下的意見。

（六）加強人事服務的績效考核。

（七）執行知識管理。

　　張明輝（2003）認為學校行政人員的訓練課程，宜強化企業經營與管理知能、政策行銷知能、良好公共關係知能、顧客關係管理知能以及應用資訊科技知能。

　　謝文全（2005）認為學校行政人員要能勝任工作，至少須具備四項條件：瞭解學校行政理論與實務知識、熟悉學校行政相關法規、有豐富的學校行政經驗、具有成功領導者的特質。同時指出，學校行政的專業知識有：計畫、組織、溝通、領導、評鑑、教務、訓導、總務、人事、公關等。無論是處理教務、學務、總務、人事或公共關係等工作，都須要按照計畫、組織、溝通、領導、評鑑的歷程進行。學校行政人員必須做好校內公關，與成員建立良好的瞭解與關係，才能贏得他們的支持與信服，領導才能發揮其效能。計畫、組織、溝通、領導及評鑑項下，分別有其工作任務，說明如下：

（一）計畫：計畫方法要科學化、要讓成員及有關人員參與計畫之擬定、應兼作各種必要的計畫、內容要具有一貫性、一致性及可行性、作好的計畫應予書面化、執行前要做好宣導溝通工作。

（二）組織：訂有組織目標、畫分部門實施專業分工、作階層分化實施層級節制、制定法規做為行事的基準、依情境作適度的分權、組織用人應才德兼顧、適當保障成員的任期與安定、建立書面檔案制度、重視組織變革與發展。

（三）溝通：平時建立良好的溝通基礎、創造成員自動協調的條件、兼訴諸組織及收訊者的需要和利益、藉曉之以理等方式使訊息有說服力、媒介多樣化且明確易懂、溝通管道要普及而暢通、善用言辭或技巧維護對方的尊嚴、妥善地處理僵局。

（四）領導：有目標意識並依行政三聯制來達成目標、能知人善任、注意激勵成
　　　員的士氣、在依法行事的基礎上以才德服人、兼顧組織目標達成及成員需
　　　要滿足、瞭解並善用非正式組織、在尊重人性的基礎上酌情權變、善用溝
　　　通以協調成員的看法和行動、發揮成功領導者的特質與行為。

（五）評鑑：方法要科學化、過程要民主化、兼顧歷程與結果評鑑、兼做形成性
　　　與總結性評鑑、內部和外部評鑑兼用、注意評鑑項目的綜合性及整體性、
　　　注意評鑑後的追蹤改進。

　　范熾文（2006）認為以往學校行政工作，常流為習以為常，缺乏創意，誤認行
政工作是一種庶務處理而已，忽略了學校行政乃是專業化工作。學校行政人員要
有專門知識、專業組織、倫理規範、在職進修等制度，以提升專業水準。同時指
出二十一世紀社會中，學校經營與管理的主題包含：目標管理、全面品質管理、
學校人力資源管理、團隊管理、知識管理、策略聯盟、學習型組織、學校本位管
理、組織再造、教師專業評鑑、校長評鑑與校務評鑑。

　　馮丰儀（2006）認為學校行政工作之目的在促進教育目的之實現，學校行政人
員的意識覺醒即確保學校行政倫理實踐的要件。學校行政人員必須能夠對個人之
教育信念、具備之專業知能、現實環境和行動從事批判反省，意識到個人所處的
社會位置及個人與世界的關係，在多元價值充斥的挑戰下形塑自身的學校行政倫
理。

　　顏童文（2006）認為面對知識經濟時代，學校行政專業發展所需優先充實的專
業能力，包括：行政流程能力、問題解決能力、團隊學習能力、知識管理能力、
資訊科技能力、終身與創新學習及溝通協調能力等。

　　洪秀熒（2007）認為學校行政應可參考臺北市「優質學校教育指標」優質教育
的十八項原則性規律，做整體性的目標規劃，在領導作為、行政管理、資源統整、
文化形塑四方面著力。

（一）領導作為：道德領導、趨勢領導、專業領導、整合領導。

（二）行政管理：知識管理，E化管理、品質管理、績效管理。

（三）資源統整：提供家長正向參與、專長家長多元參與、善用社區民間資源、
引導社區營造發展。

（四）文化形塑：共塑優質願景、全員民主參與、團隊同心合作、和諧溫馨共榮、
持續風格創新。

　　秦夢群（2007）認為行政可被視為是達成目的之歷程，其包含計畫、決策、組
織、溝通、領導、評鑑、興革。

　　湯志民（2007）認為打造一所優質學校，需要具有熟稔行政的經驗、創新經營
的理念、變中平衡的思維、持續學習的態度、不卑不亢的精神等能力與特質的學
校行政人員。

（一）熟稔行政的經驗：打造優質學校，首先要有優質的行政人員和團隊，來支
撐和執行學校的理想與願景。優質的行政人員，定有熟稔行政的經驗，方
足以穩定校務，開創新局。

（二）創新經營的理念：打造優質學校，必須培育出有創新能力的學校行政人才，
使學校組織能不斷的開創突破性創新事業。就行政主管而言，鼓勵其發揮
創新思維，並具備突破性創新知能，將有助於學校創新經營的成效。

（三）變中平衡的思維：社會快速變遷，學校行政應體會的環境本質是「變是唯
一的不變」。現今的學校行政因校園民主化，常出現對立的現象和矛盾，
係因許多人易固守於自身的立場，要化解此一對立的現象和矛盾，優質的
學校行政人員要以「變中平衡」來思維，以因應當前混沌局勢的學校行政。

（四）持續學習的態度：學校行政人員要有實力打造優質學校，需有持續學習的
態度，並發展「學習型組織」，力求自我超越，改善心智模式，建立共同
願景，團隊學習和系統思考，以形塑「學習型學校」，使學校能不斷成長、
進步與創新。

（五）不卑不亢的精神：「不卑不亢」是與人相處，既不自卑，也不傲慢。「不
　　　卑不亢」是人的尊嚴與價值，精神和素養的體現。學校行政人員為人處事、
　　　溝通協調、與人互動，應有謙和的態度，無官僚氣息，廣結善緣，方能與
　　　學校同仁，共同協力，打造優質學校。

　　張明輝（2010）認為學校行政人員為學校行政運作的骨幹，其價值理念影響行
政服務品質，因此需具備四項學校行政人員的核心價值：

（一）愛心：學校行政人員具有「愛心」的核心價值，學校則易形塑溫馨、和諧
　　　的學校氣氛。學校行政主管以愛心對待師生、家長；教師以愛心教導學生；
　　　學校行政措施均以愛心出發，則校園一定充滿「教育愛」的氛圍。

（二）關懷：關懷係人性化領導的具體作為，學校行政知能具有關懷的核心價值，
　　　同事間能彼此關懷，則易凝聚大家的共識，增進對學校的向心力，學校行
　　　政運作自然順暢。

（三）尊重：尊重的核心價值，其內涵包括授權（empowerment）和分層負責的理
　　　念。學校行政運作能對同仁充分授權，對不同職位的同仁給予相同的尊重，
　　　強調其工作的重要性，秉持公平公正的態度對待每一位同仁。

（四）專業：學校行政具有專業的特性，亦為其核心價值之一，學校行政的歷程
　　　程，包括計畫、組織、領導、決策、溝通、績效考核等具體內涵，每項內
　　　涵均具有其專業特性。

　　研究者認為此處的愛心、關懷與尊重屬於行政倫理之範疇；專業則側重在行
政歷程。

　　謝文全（2010）認為教育是一種道德事業，學校是一個道德機構，除了教授知
識與技能外，也要教導道德倫理。教育與學校行政人員必須遵守專業倫理規範，
才配從事教育與學校行政工作。其綜合相關文獻（馮丰儀，2005；謝文全，1998；
Nix, 2002；Shaprio & Stefkovich, 2001；Starratt, 1994），歸納出教育行政倫理的四個
面向：專業倫理、正義倫理、關懷倫理及批判倫理。馮丰儀（2007）與黃俊傑（2013a）

認為，學校行政倫理即為學校行政人員應具備之專業倫理，在探討學校行政倫理時，將專業倫理先排除考量，而提出行政倫理包含：效益倫理、正義倫理、關懷倫理、批判倫理及德行倫理。

巫銘昌與陳雅雪（2011）指出高職學校行政主管應具備之職能面向有：敬業精神、專業知識、社群整合、協調領導及管理執行。具備五項行政職能越高者，越適任學校行政主管之資格。

鄭崇趁（2012）指出教育領導人的核心能力有：教育專業、關愛助人、統整判斷、計畫管理、實踐篤行、溝通協調、應變危機、研究發展。雖然是針對學校的校長，但其中亦有很多部分，是兼任行政教師們應具備的核心能力。茲列舉如下：

（一）教育專業：具有完整的教育哲學觀；熟悉教育經營上的原理假說；經營策略及實踐要領；運用教育理念，實踐教育目標與組織願景；擁有優質的教學經歷；具有表達教育理念的能力，能有效結合理論與實務。

（二）關愛助人：喜歡學生，並且能夠有教無類、因材施教；喜歡教育事業的實踐者（教師），並且能夠促成人盡其才、自我實現；熱愛教育事業的發展，自己的生命願景能在教育組織中實踐；具備服務助人的專業態度與能力，能夠直接協助受教者與施教者舒緩挫折與困難；能夠有效整合教育輔導資源，建立任職單位輔導網絡支持系統。

（三）統整判斷：對於教業事業的發展有全面性、完整性與系統性的覺知；針對教育組織的時代需求能夠回應合適的決定；面對複雜的事物能夠迅速找到著力點，避免延宕誤事。

（四）計畫管理：具備擬定主題式教育計畫的能力；能夠協同校內同仁依計畫執行重點工作。

（五）實踐篤行：能夠執行學校計畫或政策之工作；能夠如期完成重點工作目標。

（六）溝通協調：具有清楚表達意見、說明教育原理之能力；善解人意，能夠準確解讀不同意見與立場，善於為不同意見找到共同原則；能掌握關鍵時機與核心人物討論重點事務；重要決策時能促進多元參與，並尊重不同意見。

（七）應變危機：重要事務工作均有配套備案；具備豐富應變危機之能量，迅速決定，在最短時間內恢復常態運作；能夠有效處理申訴案件，保障師生權益。

（八）研究發展：具有規劃任職單位「研究發展」計畫的能力。

歐銘芳（2012）將私立大學學校行人員應具備的專業能力，歸納為專業知識、專業技能、專業態度三個領域：

（一）專業知識

1、教育知識：對高等教育的認識、教育法令的認識。

2、業務知識：對所屬部門及工作內容所需的相關知識。

3、輔助知識：對個案學校歷史脈絡的知識。

（二）專業技能

1、發現及解決問題的能力。

2、公文處理的能力。

3、團隊合作的能力。

4、業務管理的能力。

5、時間管理的能力。

6、領導統御的能力。

7、邏輯思考的能力。

8、企劃與執行計畫的能力。

9、應用辦公室設備的能力。

10、獨立作業的能力。

11、分析判斷的能力。

12、數字觀念的能力。

13、情緒調適的能力。

14、良好的溝通技巧與協調的能力。

15、隨機應變的能力。

（三）專業態度

1、終身學習的態度。

2、誠懇親切的服務態度。

3、主動積極。

4、考慮周到。

5、成熟圓融。

6、謹慎細心。

7、高度責任感。

8、客觀性。

　　林和春（2014）認為面對少子化的衝擊與高度競爭的時代，社會大眾與學生家長對學校教育品質的提升，顯然有極高的期待 故學校若不知創新求變，力求辦學效能，必定會廣受批評與責難，甚至還可能面臨招生不足的窘境。校長為學校的領航者，須評估學校成員的需求，也要運用不同的領導模式，創新經營學校，積極帶領學校行政人員，籌組學習社群、研發創新經營方案。學校行政人員應多運用巧思、親身力行、追求卓越。

　　趙士瑩（2014）指出學校行政人員專業成長是學校行政人員在自我改善專業知識與技巧的意願下，透過動態的學習歷程，在知識、技能方面有良性的改變；專業成長的內容強調多層複合的概念，知識與技能、倫理與品德、理論與實務、人文與科技；專業成長的目的，在增進個人的專業知能，同時滿足組織目標及個人的自我實現。學校行政職能包括：知悉處室工作職掌、了解作業相關流程、應用

資訊科技知能、企業經營與管理理念、創意發展力培養，人際溝通、做決定、處室協調，熟悉當前國家教育政策與法令，身心保健，行政倫理及職業道德等。

　　Fayol（1987）認為主管管理能力應包括：

（一）規劃（plan）－將自己的理念與想法，經由計畫的擬定，具體化告知下屬，使企業發展的進展達到經營者的目標。

（二）組織執行（organize）－運用協調各單位部門的力量，透過合作以解決問題。

（三）人力運用（staff）－經由工作設計、人員訓練與發展等，發揮人力資源管理效能。

（四）領導掌控（direct）－有效傳達組織的使命於全體成員，有效達成組織目標。

　　綜合上述，研究者歸納出學校行政能力的重要內涵有：計畫、領導、溝通、評鑑、品質管理、知識管理、E化管理、創新經營、效益倫理、正義倫理、關懷倫理、批判倫理及德行倫理。針對上述內涵，整理學者之論述，說明如下：

（一）計畫

　　計畫是以審慎的態度和方法，預先籌謀並決定做何事及如何做，以求有效而經濟的達成預定的目標（謝文全，2005）。

　　郭隆興（1998）認為學校經營必須為未來的教育發展訂定實施計畫。此計畫是系統的、科學的、繼續不斷的歷程。在學校經營上有關計畫方面的問題有：只有短期計畫，缺乏中長期計畫；計畫的參與不夠民主；計畫書面化程度不足；計畫之後，缺乏宣導工作。

　　蔡培村與孫國華（1998）認為計畫是一個包括設計、觀察、修正任務、目的與目標活動的循環過程，要估量可能影響組織地位、預算或資源之取得與分配之內外在條件；也要確定、預測和執行計畫之進度，並維持策略之推行。同時也要監督已執行的計畫，並在需要的時候做調整。

　　謝文全（2005）認為學校行政人員作計畫時，應注意下列原則：計畫方法要科學化、要讓成員及有關人員參與計畫之擬定、應作短、中、長程的計畫、計畫內

容要具有一貫性、一致性及可及性、作好的計畫應予書面化、執行前要做好宣導溝通工作。

　　王淑俐（2005）認為學校行政人員需要積極邀請有能力、有意願的老師及家長共商校務，充分運用校內外人力資源，以收「集思廣益」之效。

　　鄭彩鳳（2008）認為依法行政是現代行政的基石，亦是學校行政的重要準則。隨著民主社會發展之同時，法與理相對於學校行政，更形重要。從學校行政的橫斷面上來看，無論是教務、學務、總務、輔導，除了有許多行政規章外，更牽涉很多的法律問題，所以，必需要嫻熟法律及守法；在縱貫面之計畫、執行與考核亦均要合法。而要合法則需要加強學校成員知法的能力，同時除了管理者自身的問題外，亦應注意部屬的行為是否合法。

　　《中庸》所謂：「凡事豫則立，不豫則廢。」計畫是行政的基礎，執行工作的依據，必須考量合法性、實施期程、欲達到的目標及可行性。計畫並非一成不變，必須要依照環境、條件等，適時滾動修正。

（二）領導

　　領導是指引組織及成員的努力方向，並激勵成員的士氣與糾合成員羣體的力量，以共同實現組織目標的一種歷程（謝文全，2005）。

　　郭隆興（1998）認為學校經營上有關領導方面的問題有：未能善用權變領導因應制宜；未能善用專家權威的領導；會議領導技術宜加強；忽視學生的參與權。

　　王淑俐（2005）認為學校行政人員應開放心胸、放鬆心情，不帶防衛心理，才能鼓勵大家自由的表達與溝通。善用專家權，以專業領導為主，減少法制權威及傳統權威。

　　謝文全（2005）就成功的領導提出九項原則：有目標意識並依行政三聯制來達成目標、能知人善任、注意激勵成員的士氣、在依法行事的基礎上以才德服人、兼顧組織目標達成及成員需要滿足、瞭解並善用非正式組織、在尊重人性的基礎上酌情權變、善用溝通以協調成員的看法和行動、發揮成功領導者的特質與行為。

范熾文（2008）從學校人力資源觀點，認為運用領導、溝通與激勵措施，以建立良好氣氛，型塑優質文化，才能確保學校人才，激發工作士氣，做到「人力資源維持」。

優質的領導能營造組織和諧的氣氛，同時能統合及激勵組織人員發揮專才，為組織創造最大的工作效能。領導力雖有與生具來的特質，但是也可經由後天的訓練養成。

（三）溝通

溝通是個人或團體相互間交換訊息的歷程，藉以建立共識協調行動、集思廣益或滿足需求，進而達成預定的目標（謝文全，2005）。鄭彩鳳（2008）認為溝通是學校行政中非常重要的觀念與行動，因為組織行為的管理，強調要集合眾力、糾合眾意。由於現代學校組織的規模與功能，更趨複雜化與專業化，學校及成員需扮演多種的角色，但是目標則要一致，因此必須透過溝通的過程，以策定更佳的行動。王淑俐（2005）指出現代教育行政及學校行政若要兼顧程序與實質協調，調和科層體制與專業控制，使學校組織三個層次的人員相互合作，非得靠「溝通」不可：包括暢通溝通管道及具有圓融的溝通技巧。因應社會趨勢，校園環境迅民主化，學校行政決策權力重新分配。行政的權力緊縮，教師及家長的權力擴張，學校行政人員必須多溝通、協調，否則政策無法推動。

學校行政溝通單指學校組織成員，為達教育目標、促進學校發展，所進行的溝通行為。此成員是指學校行政人員，包括校長及各處室主任、組長等學校事務的管理。以溝通的對象來分，有以下四種溝通：

1、　向上溝通：校長與直屬之上層教育行政機關溝通、校各處室人員與校長之溝通。

2、　平行溝通：校長與他校校長之溝通、校內各處室人員間之溝通、學校行政團隊與教學團隊之溝通。

3、　向下溝通：校長與主任，或主任與組長的溝通。

4、　向外溝通：學校人員（校長、主任及一般教師）向外與家長、社區民眾、媒體等的溝通（王淑俐，2005；吳清山，2014）。

郭隆興（1998）認為學校經營上有關溝通方面的問題有：學校溝通環境不良；學校溝通管道數量不足；學校溝通或申訴管道不暢通；學校溝通媒介不夠多樣化。

吳金香（2008）認為從學校組織行政溝通的觀點而言，兼任行政教師應扮演三種角色：溝通者、溝通的接受者及溝通的尋覓者。

1、兼任行政教師是溝通者：兼任行政教師必須將自身的工作理念、訊息、觀念及態度傳達給學校的同仁及有關單位及人員，以建立大家對工作發展目標的共識，激發同仁們努力達成目標的意願。與溝通具體有關的有：兼任行政教師要審慎考慮其所確立溝通的目的是否合理；必須十分謹慎的選擇與組織溝通訊息的內容；非語言溝通的能力，如臉部的表情、姿勢、衣著及聲調……等。

2、兼任行政教師是溝通的接收者：兼任行政教師為溝通的接收者，所能扮演的最重要角色就是傾聽者。應抱持體諒的心去培養正確有效的傾聽技巧。

3、兼任行政教師是溝通的尋覓者：兼任行政教師不只是送訊人或收訊人，還應積極主動的從他人處尋求回饋。他必須對任何已經表達的訊息，主動去尋求兩個基本層面的回饋，一為訊息是否被正確的瞭解，二為訊息是否已達到所希望的溝通目標。

林偉人（2007）指出人際溝通技巧包括語文溝通技巧、非語文溝通技巧及溝通原則三大部分，三者兼具才能創造有效的人際溝通。語言溝通技巧有：發揮同理心、適時的幽默、語詞宜具體、描述不評價、傾聽及引導、適度的讚美、不顯優越性。非語言溝通技巧有：眼神注視、臉部表情、肢體動作和姿勢、觸摸行為、穿著打扮。溝通原則有：瞭解收訊者特質、兼顧發訊者與收訊者利益、培養聲望並建立信賴度、保持溝通情緒的穩定、兼採語文與非語文構通技巧、傳達訊息要具說服力、重複傳遞重要訊息、控制傳遞的訊息量、掌握溝通的時效與時機、適時提供正確的訊息、運用多種溝通媒介、溝通管道要普及、短捷而暢通。

　　范熾文（2002）認為溝通是要達成理解的共有觀念、態度。有良好的溝通，組織才能運作順暢。為達有效溝通，有下列策略：營造開放民主之溝通氣氛、維護主體尊嚴、採取對話辯證程序、把握真誠性倫理原則、善用反省與思考。

　　陳煜清（2005）提出有效改善組織溝通的策略有：適應知識水平、重視雙向溝通、溝通的追蹤及回饋、培養同理心、積極傾聽、簡化語言並適時重覆、溝通的時效與時機、排出優先順序、塑造理性組織結構、加強交流分析。

　　謝文全（2005）提出行政人員有效溝通的原則：平時建立良好的溝通基礎、創造成員自動協調的條件、兼訴諸組織及收訊者的需要和利益、媒介多樣化且明確易懂、溝通管道要普及而暢通、善用言辭或技巧維護對方的尊嚴、妥善的處理僵局。

　　學校行政工作往往牽涉到人，包括對上的長官、同事之間、對下的部屬及學校外的社區人員、民意機關代表等，所以，與他人的應對進退非常重要。不良的溝通容易形成彼此的誤解，甚至衝突、對立，對組織具有殺傷力。

（四）評鑑

　　任何行政工作在計畫及執行過程及完結之後，宜進行評鑑，以明得失，做為改進的依據（謝文全，2005）。

　　郭隆興（1998）認為學校經營上有關評鑑方面的問題有：缺乏全面性的長期評鑑；缺乏過程評鑑；評鑑之後未予追蹤改進。

　　鄭崇趁（2005）認為學校行政人員除了必須具備對自我評鑑的認識及能力外，尚須瞭解校務評鑑的目的及功能。實施校務評鑑之首要目的，在對於學校中的人、事、　制度、組織結構、環境設施、文化氣氛……等作普遍的瞭解；其次則將瞭解的結果，透過系統檢核與歸納，比較每一學校校務運作的優劣得失，給予相對的評價；最後則根據多數學校評鑑結果，進一步分析每一所學校校務運作上之核心問題與關鍵事務，督責學校策訂校務發展計畫，協助學校落實執行，俾以成長發展。進行校務評鑑六大功能：檢核、診斷、比較、預測、輔導、發展。

　　謝文全（2005）針對做好評鑑，提出七項原則：方法要科學化、過程要民主化、兼顧歷程與結果評鑑、兼做形成性與總結性評鑑、內部和外部評鑑兼用、注意評鑑項目的綜合性及整體性、注意評鑑後的追蹤改進。

　　吳明隆（2006）認為學校工作推行，學校行政人員隨時要提出一套評鑑改進辦法，供教學及行政各方面考評依據，並經考評過程，發現優缺點，提出改進方案與對策。

　　Patton（2003）指出，評鑑人員所應具備之能力，除原應具備之專業領域外，更需要具備統整、溝通、分析、設計之能力。

　　行政工作強調行政三聯制「計畫－執行－考核」之工作循環，其中的「考核」執行須要依賴「評鑑」，行政人員必須具備自我評鑑及評鑑他人的能力，定期評鑑計畫的執行成果，做為計畫滾動修正之依據。

（五）品質管理

　　1980 年代末期，教育界開始注意全面品質管理在教育上的重要性，認為要改進教育品質，應用全面品質管理的理念及技巧（吳清山，2005）。

　　黃淑美（2004）將教務行政品質設定為六個構面：提升課程品質、確保教學品質、營造學校學習氣氛、協助教師專業成長、創造支持的教學環境及塑造和諧合作的人際關係。

　　張明輝（2005）指出，「品質管理」是維持品質與持續提升品質的原理原則與方法，而「全面品質管理」則係以品質為中心，建立一個能在成本、交期、安全、激勵等各方面能充分完成工作品質的體制。其核心理念係強調綜合性管理、顧客至上、持續改善及全員參與。推動優質行政管理經營優質學校的品質管理，有六項指標內涵如下：

1、建構學校全面品質管理的組織文化：學校主管人員親自參與，並身體力行，為品質文化的變革賦予動力的實施情形。

2、規劃建立學校品質管理的願景與圖像：學校對規劃維持品質與持續提升品質的
　　原理原則與方法之願景與圖像的訂定。

3、推動組織運作，執行品質管理的績效：學校對透過組織中全體成員的參與，來
　　改善組織營運或提升產品品質，滿足顧客需求情形。

4、建立過程檢核與品質管理的評估系統：學校以品質為中心，建立一個能在成本、
　　交期、安全、激勵等各方面評估工作品質體制。

5、建立以需求與滿意為導向的服務系統：係指學校強調綜合性管理、顧客至上、
　　持續改善及全員參與，以需求與滿意為導向的服務系統。

6、運用 PDCA（Plan, Do, Check, Act）循環精神為原則的品管：學校運用 PDCA
　　循環精神為原則的品管系統，不斷蒐集、分析整理，作為持續改進的依據。

　　　　吳煥烘（2007）指出全面品質管理對學校效能、學校行政績效有顯著的高正相
關。因此全面品質管理是學校行政人員可以採行的經營方式，經由尊重專業自主、
關懷支持與激勵、授權與賦能、關心整體發展、因應變革、運用團隊合作，以提
升學校效能。

　　　　De Jager 與 Nieuwenhuis（2005）嘗試將全面品質管理（Total Quality
Management, TQM）之概念應用於教育上，並指出關鍵的三大原則分別為：1.領
導（leadership）；2.科學方法與工具（scientific methods and tools）；3.透過團隊
合作解決問題（problem-solving through teamwork），此三大原則彼此相互連結，
組成一個整合系統，並於交集處形成「組織氣氛」、「教育與訓練」以及「意義
化的資料」，核心精神在於為顧客提供服務（customer service）。

　　　　品質是績效的保證，學校各處室的行政人員，應該具備品質至上的觀念，主
動提供最佳的服務，並力求工作品質的提升，支持與支援教師的教與學生的學。

（六）知識管理

　　　　行政部門需有系統管理部門內有形及無形的知識，以合適方式推動知識管理
計畫，達到行政績效提升的目標（謝孟良，2005）。知識管理是將知識加以延伸與

擴大，以滿足組織目標、分享與產生知識之用途 （Nejad & Abbaszadeh, 2010）。

廖春文（2001）提出供學校行政單位參考之七項建議：

1、加強在職進修的教育訓練，培養學校同仁知識管理之技巧。

2、善用現代高新的資訊科技，增進學校同仁知識轉化之能力。

3、建構知識導向的學習組織，提高學校同仁知識的生產能量。

4、建立多元暢通的溝通管道，鼓勵學校同仁進行知識的分享。

5、營造自由開放的組織氣氛，形塑激發創新的學校組織文化。

6、有效發揮知識領導的功能，因應知識經濟時代的變革挑戰。

7、應用全方位知識管理策略，促進學校行政整體效能的提昇。

陳聰文、林素卿與龔心怡(2008)探討知識管理與學校效能的重要內涵與構面，並瞭解國中兼任行政職務教師的知識管理對學校效能之影響。結果發現，國中兼任行政職務教師的知識管理對學校效能具正向影響，當國中兼任行政職務教師知覺知識管理層面越高時，愈有利於學校效能之表現。因此，研究者認為知識管理是兼任行政教師應具備的重要行政能力。陳聰文等將知識管理分為五個構面：知識的取得、知識的儲存、知識的應用、知識的分享及知識的創新。茲分述如下：

1、知識的取得：如何有效利用各種管道得到所需要的資訊與知識的策略。

2、知識的儲存：將獲得的知識有效分類並儲存的一種策略，目的為了便於將來的取用。

3、知識的應用：根據本身經驗將理論知識與務實知識、隱性知識與顯性知識結合的策略。

4、知識的分享：透過一切具體的行為，進行知識的傳遞與共享的策略。

5、知識的創新：透過現有的知識與外部取得知識，勇於探索、創新不斷學習成長的策略。

鄭崇趁（2012）認為在學校組織中，兼任行政教師僅次於校長，其知識管理的完備程度，幾乎決定學校知識管理 80%左右的比重，是學校知識管理成敗的關

鍵。兼任行政教師的知識管理要領有下列五項：

1、教育及學校重要法令彙編。

2、學校校務發展計畫及主管主題式計畫。

3、主管重要業務標準作業程序。

4、學校本位課程教育特色資料管理。

5、核心業務教育理論及核心知識論述知識系統。

　　趙士瑩（2014）認為建立標準作業流程（Standard Operating Procedure, SOP）及知識管理系統需要時間，也可能會遭遇一些瓶頸，但卻是值得投注心力去完成。因為制度及系統建立後，將可以用更經濟的時間、更少的失誤，完成校內的行政工作。兼任行政教師知識的分享，可參採教師專業學習社群模式，成立校內、跨校或跨界的行政專業學習社群。

　　O'Dell與Grayson認為知識管理是適時地將正確的知識給予所需的組織成員，以幫助成員執行正確行動增進組織效能的持續性過程，此過程包含知識的創造、確認、收集、分類儲存、分享與存取、使用與改進，甚至於淘汰等步驟。知識管理的理念運用在學校組織當中，是希望學校內部的教職員工，能分享累積工作經驗，並將其彙整、分析與轉化為清楚而有用的知識，透過這內隱知識外顯化的過程，以提供學校其他同仁彼此分享知識，進而發展成智慧（引自蔡淑敏、廖福能，2004）。

　　凡是能促進學校行政效能提升的知識，在透過知識管理的分類、存取與分享機制後，可讓知識的應用擴大化，以擴展學校行政人員專業知識的廣度與深度。

（七）E化管理

　　E化管理係指運用資訊科技以及網路科技，有效處理學校人力、物力、設備、設施等資源，協助執行計畫、組織、決定、激勵、評鑑等行政事務，以提高行政及教學效能的行政理念與作法（吳清山、林天祐，2010）。

　　顏國樑（2001）指出學校領導者為因應資訊化社會的來臨，必須學習運用網際網路與電腦科技進行學校經營管理，以強化行政決策及規劃能力，有效整合校內外

資源，提升教育行政服務的品質與效率，進而對整個教育行政作業程序、教育人員觀念、方法及制度上，產生一定的影響。

　　楊念湘（2010）認為E化管理是透過E化的人工智慧與電腦應用之相關流程，將知識加以組織、儲存、轉換、分享及運用，支援教學與行政工作，充實網路中的資訊內容，即時更新最新知識，建置行政與教學資料庫，並透過E化管理處理學校人事、學籍、課程、設備、圖書、財務、文書、網站等，以完成學校行政複雜的工作。

　　張明輝（2005）指出隨著資訊科技的進步，電腦已成為學校行政管理所必需的工具，學校行政中的許多事項，均可運用電腦處理，以節省人力。學校行政人員亦可透過終端機的資料顯示，有效掌握校務現況資料，以提供學校行政決定的正確參考資料。推動優質行政管理的E化管理，有如下之六項指標內涵：

1、建立學校E化管理的組織制度：學校的行政電腦化，就是運用電腦協助處理學校行政工作之管理制度的建置情形等。

2、充實優質的E化管理基礎環境：學校對網路上所設置的周邊設備，如有線、無線網路及共享設備的建置情形。

3、建置E化管理的行政與教學資源庫：學校對電腦化資料庫的建置情形，如人事、學籍、課程、設備、財務、圖書、教學資源等。

4、提升人員E化管理的進階資訊素養：學校對校園網路的建置的進階培訓情形，如教師網頁、部落格、教學資料庫製作能力培訓。

5、達成具體的E化管理的層級廣度：學校對利用E化管理增進學校教育人員彼此間的互動與溝通，有效提升行政效率的情形。

6、建立E化管理績效回饋的檢核機制：學校對利用E化管理重要業務及活動之資料的績效，提供改善E化管理的專業成長環境。

　　行政院（1999）為推動各機關強化資訊安全管理，訂定「行政院及所屬各機關資訊安全管理要點」。該要點要求各機關應依有關法令，考量施政目標，進行資訊

安全風險評估,確定各項資訊作業安全需求水準,採行適當及充足之資訊安全措施,確保各機關資訊蒐集、處理、傳送、儲存及流通之安全。機關應依實際業務需求,訂定資訊安全政策,並以書面、電子或其他方式告知所屬員工、連線作業之公私機構及提供資訊服務之廠商共同遵行。

　　「E化能力」汎指資訊、通訊及科技能力。處在科技進步日新月異的時代,學校行政人員的科技能力必須要與時俱進,能夠掌握並能使用最新的科技,有效能的完成行政工作。

（八）創新經營

　　所謂「創新」是一種用來激發或增進某項產品、過程或服務的新概念,包括產品創新、生產技術創新、結構創新及管理系統創新等（Robbins,2001）。二十一世紀知識經濟的發展,創新教育成為人們關注的焦點,學校創新經營有助於展現教育活力與創意、豐富教育內涵與活動、確保學校生存與發展、引領教育革新與進步,以及促進教育品質與卓越（吳清山,2004）。吳清山與林天祐（2003）將創新經營（innovation management）界定為一個組織在產品、過程或服務等方面,力求突破,改變現狀,發展特色,以提升組織績效的策略。學校兼任行政教師在處理校內相關教育事務,以及上級教育機關交辦事項時,應該力求創意的展現,創造工作上的最大效益,同時,也要鼓舞行政同仁、教師對於學校的行政或教學,能有創新的發想及實踐。

　　吳清山（2004）列舉學校創新經營的內涵有八項,其中與行政管理創新有關的有五項,茲分述如下:

1、服務創新:如行政服務、社區服務、家長服務等改變。

2、流程創新:如教師、學生事務、總務、輔導、人事等業務處理程序。

3、活動創新:如開學典禮、畢業、校慶、運動會等活動突破。

4、特色創新:如發展學校特色、形塑學校獨特文化等。

5、觀念創新:如學校人員價值觀念、思考方式、意識形態的改變。

　　張明輝（2009）認為學校創新經營的特性有：新奇性、計畫性、創造性及教育性，茲分述如下：

1、新奇性：學校經營是否有「新」意，係與其他類似組織相較所得的結果，但也有可能是依據組織成員本身主觀感受來決定。

2、計畫性：儘管創新有一小部分來自個人突發的靈感或意外的機會、運氣所造成，多數成功的創新個案是精心計畫的結果。從組織創新的角度而言，學校創新經營無論是以局部或全面的方式來改變管理與技術系統，重要的是，新的觀念或行為採用與實施是經由系統化的知識轉而造成的結果。

3、創造性：學校創新經營不同於學校創意，其不僅重視獨特的、新奇的構想之產生，更強調如何藉由參與者的合作、互動，將創意具體實踐，為組織創造出新的價值。

4、教育性：學校不僅是養護性機構，亦是公共服務機構的一種，學校創新經營並非藉由產品在市場上銷售的成功，即可使相關人員如股東、成員等獲得滿足；學校創新經營必須考慮其他相關的因素，例如：社區、教育目標、政策發展等。

　　林明地（2009）認為學校創新經營的意涵有以下幾個層面：

1、學校創新經營係建立在成員相互信任的基礎上。成員間的信任基礎夠不夠穩固，是影響力能不能發揮的關鍵，特別是從學校成員的角度而言，行政人員若能獲得同仁的信賴，那麼創新的作為就比較容易確切的實施。

2、學校創新經營的動力來自於教育工作者的專業與用心。是學校成員個別或集體的衡酌內外部環境壓力，基於對學校同仁、學生學習等任務的關懷、用心，參酌同仁的建議，以及自己的觀察、觀摩、學習等，採取適切的行動，以發揮真正的影響力。

3、學校創新經營必須使學校的表現與成員的知覺感受相互契合。創意或創新是一種組織表現與成員知覺的契合，其契合程度愈高，成員認為學校創新經營

的程度愈高，影響力愈高，組織表現愈佳。

4、學校創新經營是學校行政與學校成員間雙向影響力發揮之歷程。真實的、雙向的影響力發揮是學校創新經營的關鍵與核心，影響力源自於「永不滿足於現狀」的態度，持續追求較佳行政的過程與理想。

5、學校創新經營的目標是多元的，主要建構滿意且具成就感的行政過程、追求共享價值（目標、理想）之實現，以及建立有利於長期發展的學校文化。

　　知名企管專家彼得‧杜拉克（Peter Drucker）說：「不創新，就滅亡。」創新是企業生存之道。學校雖是養護組織，與企業追求利潤的性質不同，但在面臨少子化趨勢下，已浮現招生壓力的同時，如何透過創新的精神，以營造學校特色，是當前各級學校面對的重要課題，而學校行政的創新更顯重要，因其可以帶動全校教職員的思想與行動的創新，開創學校特色。

（九）行政倫理

　　基於教育的價值性，學校行政人員有義務為公共利益服務，故須立基於審慎的反省與考量個人決定、行動、學校政策與實踐的道德結果來作為（Greenfield, 1991）。一個倫理的領導者必須要能知覺及就衝擊所有利害關係人的議題達成協議，必須能在官僚價值（效率、權宜、中立）及政治價值（正義、平等及民主的德行）中獲致平衡（Hudson, 1997）。

　　謝文全（2010）將教育行政倫理分為四個向度，專業倫理、正義倫理、關懷倫理及批判倫理，茲分述如下：

1、專業倫理：教育行政人員作為，均須服應教育專業的本質。如以學生為主體，把學生福祉作為所有決策與行動的根本價值，兼顧學生五育的均衡發展，確保學生學習權益，維護教師教育專業自主的權益。

2、正義倫理：教育行政人員的作為，均須符合社會與教育上的正義。如遵守法律與道德規範、遵守專業團體的守則、力行誠信原則、以身作則、公正平等對待師生或他人、落實程序與實質正義、善盡專業責任、不貪污或假公濟私等。

3、關懷倫理：教育行政人員的作為，應關照到師生及相關人員的人性與需求。如有獻身教育服務人群的熱誠、包容學校社群的多樣性與價值觀、維持和諧的人際關係、關心師生等相關人員的需求、協助相關人員解決其困難、關懷社會公益事務等。

4、批判倫理：教育行政人員須發揮道德勇氣，對不合理的事加以批判，仗義執言，力促改善。如檢視改善個人及專業價值觀、反省改進自我作為、不斷尋求自我超越、對長官與同仁的錯誤勇於提醒與建言、批判與設法改正不合適的法律與政策等。

馮丰儀（2007）認為學校行政倫理即為學校行政人員應具備之專業倫理，在探討學校行政倫理時，不考慮將專業倫理納入考量，僅考量效益倫理、正義倫理、關懷倫理、批判倫理及德行倫理五個向度。學校行政人員從事效益倫理的行政實踐時，應該謀求學校社群與學生最大福祉為依歸、採取合乎最大利益原則的行動；從事正義倫理的行政實踐時，應該尊重個人權利、履行專業義務、遵循專業律則、重視公平程序；從事關懷倫理的行政實踐時，應該從與人的關係來思考己身之責任、以同理、設身處地的理解他人之需求、營造充滿信任、支持與關懷的學習社群、致力於促進共同成長；從事批判倫理的行政實踐時，應該具有批判意識、關注不合理或不公平的現象且勇於轉化、知覺到學校與廣大社會脈絡間的關係、鼓勵開放真誠的對話；從事德行倫理的行政實踐時，應該認知身為學校行政人員所需之德行、力行實踐以涵養德行、扮演道德楷模。

黃俊傑（2013a）認為行政倫理是基於專業的考量而成的，亦未將專業倫理列入，提出效益倫理、正義倫理、關懷倫理、批判倫理及德行倫理等五個構面，在效益倫理構面下有9個指標、正義倫理構面下有10個指標、關懷倫理構面下有8個指標、批判倫理構面下有8個指標、德性倫理構面下有9個指標。研究者乃參酌黃俊傑之指標架構為基礎，以建構本研究「行政倫理」層面之指標。

專業倫理是個人在工作上對自我的道德規範，除了要求自我的道德操守外，也

能同理他人的需要，關懷社會，具有公平、正義的勇氣。學校行政工作涉及人與事，因此，學校行政人員必須體認專業倫理，奉行專業倫理。

　　陳伯璋、陳木金、林邦傑與李俊湖（2008）進行「國民中小學校長主任儲訓課程內涵之研究」，研究中透過國民中學校長、主任、國內相關研究之學者專家及教育行政機關人員，經由焦點座談，歸納彙集出「國民中學校長主任儲訓課程大綱」，其中「專業培育」部分，內含行政與教學領導相關之課程，茲就與本研究相關之行政專業能力課程，臚列如下：

（一）國民教育政策專題。

（二）國民教育法規專題。

（三）特色學校分析專題。

（四）學校經營管理專題。

（五）學校組織領導專題。

（六）校務發展規劃專題。

（七）校務績效評估專題。

（八）校務評鑑理論與實務。

（九）學校效能理論與實務。

（十）學校知識管理專題。

（十一）學校 E 化管理專題。

（十二）學校品質管理專題。

（十三）學校危機管理與實務專題。

（十四）學校行政溝通實務專題。

（十五）學校優質行政文化形塑專題。

（十六）學校與社區關係建立專題。

（十七）學校與機構關係建立專題。

（十八）學校與媒體關係建立專題。

（十九）學校品牌管理與行銷策略專題。

（二十）公務談判知能與衝突化解專題。

　　吳政達與李俊湖（2010）進行「學校行政領導人才（組長）核心能力指標與培訓課程內涵研究」，經由文獻文析、焦點團體座談、問卷調查等，研究建議提出我國學校行政領導人才（組長）之三大構面、十大核心能力，臚列如下：

（一）人際能力

　1、有效的溝通能力：能夠計畫與做好口頭或是正式文書溝通，並對被溝通者產生預期的影響。

　2、人際知覺能力：能夠留意、了解並預期他人關注的事物與感受，並能以同理心與他人做溝通。

　3、能關注溝通的完成：能確保資訊確實地對相關人員做好溝通。

（二）業務處理能力

　1、遵守紀律：確保個人以及團隊能遵守法規、道德與社會要求之規範。

　2、精熟工作相關技術能力。

　3、科技管理能力：管理學校現有的科技系統，使其發揮最有效的利用，並能適當的時候導入較新的教育科技，使工作更有效率執行。

（三）自我管理能力

　1、 壓力管理：能夠保持有效率地工作狀態，即使是面臨壓力也能有效自我管理。

　2、值得信賴：能展現個人值得信賴的特質。

　3、時間管理以及工作生活平衡原則：有效率地計畫並管理自己的工作與時間。同時，該研究也提出了培養組長核心能力之課程，共計二十四門，臚列如下：

（一）組織行為。

（二）教育設施管理。

（三）科技管理。

（四）危機處理。

（五）計畫與評鑑。

（六）學校效能。

（七）行政決策。

（八）公共關係。

（九）個人與專業發展。

（十）教育法規。

（十一）溝通與協商。

（十二）當前政策和實踐。

（十三）變革管理。

（十四）組織流程再造。

（十五）教師領導。

（十六）壓力管理。

（十七）生涯發展。

（十八）學生輔導。

（十九）行政倫理。

（二十）時間管理。

（二十一）行動研究。

（二十二）公文寫作。

（二十三）專案管理。

（二十四）簡報能力。

　　　林明地、詹盛如與李麗玲（2010）進行「國民中小學校長、主任專業發展課程內涵研究報告」，經由文獻文析、焦點團體座談、問卷調查，以及專家編寫方式，就國民中小學校長、主任的核心能力，提出：政策執行、行政管理、課程與教學

領導、社區與公共關係、辦學態度與精神、專業成長、品質確保與永續發展等七個向度。研究者認為上述七個向度與本研究兼任行政教師之行政專業能力相關的面向有：政策執行、行政管理、社區與公共關係、辦學態度與精神，以及品質確保與永續發展等五個面向。因為此研究對象包含校長及主任兩者，所以，對應指標中有的是校長才能執行的，則不予論述。茲將各面向適用主任之對應指標，臚列如下：

（一）政策執行

1、能了解及遵守教育政策法令。

2、能將教育政策及法令傳達給學校成員及家長。

3、能轉化教育政策使成可行之學校行動方案。

4、能有效執行上級政策達成教育目標，並有效評估成效。

5、政策執行時能兼顧組織目標與不同個體多元價值與需求。

（二）行政管理

1、能規畫及執行校務發展計畫。

2、能有效主持學校會議達成具體決議。

3、能有效預防與處理校園危機事件。

4、能具備知識管理相關知能。

5、能確認問題癥結並做出適切決定。

（三）社區與公共關係

1、能營造社區、家長與同仁之間和諧的互動關係。

2、能與家長及社區重要人士保持良好溝通。

3、能策劃並引導學校參與社區服務活動。

4、能引導社區及家長參與協助學校教育活動。

5、能與政府、民意代表與議會保持良好互動關係。

6、能與大眾媒體良好互動，塑造學校優質形象。

7、能建立校際合作夥伴關係。

（四）辦學態度與精神

1、能具備自信心與幽默感。

2、能傾聽他人意見，展現民主風度。

3、能適時掌控自我的情緒表達。

4、能具有挫折容忍力。

5、能具備誠實正直的良好品德。

6、能具有愛心的情緒表達。

7、能具備正確的教育理念。

8、能具有同理心的情緒表達。

9、能運用心智思考營造創新校園文化。

10、能具備果斷的權變決策能力。

（五）品質確保與永續發展

1、能評估學校發展現況。

2、能比較學校目標與學校實際表現之間的差距。

3、能藉由評估結果，瞭解實際問題，進而安排改善優先順序。

4、能擬定適切的改善措施。

5、訂定改善措施後，能實際執行。

6、能瞭解計畫實施成效與優缺點，評估改善狀況。

　　國家教育研究院辦理 105 年度國民中學主任儲訓班課表（國家教育研究院，2016），實施的課程如下：

（一）公文書處理與製作。

（二）採購法實務與案例分享。

（三）行政溝通與衝突管理（含會議管理）。

（四）標準作業程序。

（五）多元文化教育。

（六）教育風情專題指導。

（七）教師專業發展評鑑。

（八）有效教學。

（九）主任的角色定位與價值。

（十）學習領導。

（十一）性別平等教育議題與事件處理。

（十二）校園危機管理。

（十三）計畫撰寫。

（十四）特色學校參訪。

（十五）教學卓越與創新。

（十六）企業參訪。

（十七）臺灣戶外教育內涵與課程優質化初探。

（十八）臺灣小校困境與出路。

（十九）閱讀教育。

（二十）組織行政管理的新視野。

（二十一）學校行政倫理與法治素養。

（二十二）教育新思維。

（二十三）教師及家長團體的互動協商。

（二十四）十二年國民基本教育課程發展。

（二十五）十二年國民基本教育課程實踐。

（二十六）愛的書庫。

（二十七）媒體素養。

（二十八）學校媒體應對。

　　研究者將國教院主任儲訓課程予以整合歸納，共分為四類課程：教育政策課程、法律課程、行政管理課程及教學精進課程。

　　新北市辦理 105 年度國民中小學候用主任儲訓課程表（新北市政府教育局，2016），其課程規劃有七項：教育局重要政策說明、綜合學習課程、校園法律課程、校務經營課程、教學精進課程、學輔工作課程、環境營造課程，其中與行政專業能力較有直接相關之課程，研究者認為有：教育局重要政策說明、校園法律課程及校務經營課程三項。茲就校園法律課程及校務經營課程，分述如下：

（一）校園法律課程：校園法律實務及案例分享、學生/教師獎懲與申訴案例研析、學校勞動相關法令及實務研習、兒童及少年保護法（含性平事件處理）、廉能與廉政法律實務。

（二）校務經營課程：親師關係經營(含親師衝突管理)、教育計畫撰寫與實務操作(含處室工作計畫擬定)、發展學校特色與創造學校品牌、行政激勵與教育未來、校園危機管理、學校行銷與媒體聯繫、有效率的會議及主持技巧、校務經營與創新發展、校務評鑑、校務評鑑學校分享。

　　研究者認為新北市主任儲訓課程可歸納整併成為四類課程：教育政策課程、法律課程、行政管理課程（校務經營課程、學輔工作課程、環境營造課程）及教學精進課程。

　　臺南市辦理 104 年市立國民中小學主任儲訓班課程計畫(臺南市政府教育局，2015)，課程設計分為三大類：專業力、溝通力、執行力。專業力包含行政管理課程、課程教學課程；溝通力包含溝通協調課程；執行力包含體驗實作課程、博雅課程、綜合活動課程。因本研究聚焦在行政專業能力，所以，課程教學課程將不予討論，惟獨其中的「學校創意經營」是與行政專業能力有關，列入探討。茲就行政管理課程、溝通協調課程、體驗實作課程、博雅課程及綜合活動課程下之課程實施，分述如下：

（一）行政管理課程：採購法與實務、災害防治管理、行政程序法及教育法律實務、校園危機管理、公文書寫作與處理、教育政策與行政執行力、學校建築與規畫(含空間美學、綠建築)、壓力調適與情緒管理、友善校園－學生輔導、友善校園-學務工作(性平教育)。

（二）溝通協調課程：學校與媒體互動(含新聞稿撰寫)、會議管理實務(含主持技巧)、人際關係與行政溝通、學校行政與教師及家長的互動。

（三）體驗實作課程：特色學校參訪、學校行政處室實作研討、即席演講、SOP 標準作業程序規畫成果。

（四）博雅課程：企業經營理念、環境與永續、教學翻轉、領導哲學、美學教育、偏鄉教育、資訊教育。

（五）綜合活動課程：生活禮儀、班會自治活動、期末測驗、相見歡。

　　研究者認為臺南市主任儲訓課程可再歸納整併為為四類課程：教育政策課程教（育政策與行政執行力）、法律課程、行政管理課程（溝通協調課程、體驗實作課程、博雅課程、綜合活動課程）及教學精進課程。

　　綜上所述，將國內三個教育單位的國中主任儲訓課程規劃彙整（如表 2-3），共同開設的課程有：教育政策、校園法律實務、教育計畫／SOP 撰寫、發展學校特色與創造學校品牌、校園危機管理、學校行銷與媒體、有效率的會議、校務經營與創新發展、性別平等教育。其次，分析其中有二個單位皆有開設的課程有：採購法、公文書寫作與處理、人際關係與行政溝通、親師關係經營、學校行政與教師及家長的互動、企業經營。另外，則是各單位個別開設的課程有：學生/教師獎懲與申訴、學校勞動相關法令、兒童及少年保護法、廉能與廉政法律、行政激勵與教育未來、校務評鑑、災害防治管理、學校建築與規畫、壓力調適與情緒管理、學務/輔導、領導、資訊、多元文化教育、主任的角色定位與價值、學校行政

倫理、教育新思維。研究者再次將上述課程，依性質的相關性，再予以最後歸納，
主任儲訓班的開設課程臚列如下：

（一）教育政策。

（二）校園法律實務（採購法、學生/教師獎懲與申訴、學校勞動相關法令、兒童
　　　及少年保護法、廉能與廉政法律）。

（三）教育計畫／SOP 撰寫。

（四）發展學校特色與創造學校品牌（學校建築與規畫）。

（五）校園危機管理（災害防治管理）。

（六）學校行銷與媒體。

（七）有效率的會議。

（八）校務經營與創新發展（行政激勵與教育未來、學務/輔導、教育新思維、企
　　　業經營）。

（九）性別平等與多元文化教育。

（十）公文書寫作與處理。

（十一）人際關係與行政溝通（親師關係經營、學校行政與教師及家長的互動、
　　　　壓力調適與情緒管理）。

（十二）領導。

（十三）資訊。

（十四）學校行政倫理（主任的角色定位與價值）。

（十五）校務評鑑。

　　　上述課程是現行國中甄選主任之培訓課程，理當有專家學者的參與，值得為
本研究建構兼任行政教師行政專業能力指標之參考依據。

表 2-3

國民中學主任儲訓課程彙整

儲訓單位 課程	新北市國民中小學主任儲訓課程	臺南市國民中小學主任儲訓班課程	國教院國民中學主任儲訓班課程
教育政策	◎	◎	◎
校園法律實務	◎	◎	◎
教育計畫/SOP 撰寫	◎	◎	◎
發展學校特色與創造學校品牌	◎	◎	◎
校園危機管理	◎	◎	◎
學校行銷與媒體	◎	◎	◎
有效率的會議	◎	◎	◎
校務經營與創新發展	◎	◎	◎
性別平等教育	◎	◎	◎
採購法		◎	◎
公文書寫作與處理		◎	◎
親師關係經營(含親師衝突管理)	◎		◎
人際關係與行政溝通		◎	◎
學校行政與教師及家長的互動		◎	◎
企業經營		◎	◎

（續下頁）

表 2-3（續）

儲訓單位 課程	新北市國民中小學主任儲訓課程	臺南市國民中小學主任儲訓班課程	國教院國民中學主任儲訓班課程
學生/教師獎懲與申訴	◎		
學校勞動相關法令	◎		
兒童及少年保護法	◎		
廉能與廉政法律	◎		
行政激勵與教育未來	◎		
校務評鑑	◎		
災害防治管理		◎	
學校建築與規畫		◎	
壓力調適與情緒管理		◎	
學務/輔導		◎	
領導		◎	
資訊		◎	
多元文化教育			◎
主任的角色定位與價值			◎
學校行政倫理			◎
教育新思維			◎

第三節　兼任行政教師行政專業能力指標建構

　　本節將探討指標、指標建構及兼任行政教師行政專業能力指標雛型建構，茲說明如下：

壹、指標

一、指標的意義

　　兼任行政教師行政專業能力指標的建構亦屬於指標探討的範疇，一般而言，指標的建構是一種統整化約的歷程，統整必須關照全面與整體，化約則必須能夠指陳核心與價值所在。本研究進行兼任行政教師行政專業能力指標建構的過程中，除了透過文獻分析學校行政專業能力的內涵外，亦從指標的角度進行全面性的瞭解。

　　張春興（1991）認為指標乃是用一件事代表另一件事的狀態或變化，前者即稱為後者的指標。指標可以是數字、符號、文字或顏色等。事實上，概念是實證研究的基礎，而指標則是概念的量數。

　　謝金青（1997）認為指標能夠御繁化簡，清楚表述，因而對概念得以進一步的瞭解，並提供作為價值判斷的參考與依據。

　　吳政達（1999）說明指標是某項決定或判斷的準則、標尺，故評估指標乃指判斷受評對象優點或價值的依據，而此指標的建立將影響評估結果的公信力。

　　呂鍾卿（2000）認為指標是一種評定抽象事物或概念的一套或一組特徵，可具體描述界定清楚，做為判斷此一抽象事物優劣或程度差異之依據。

　　張鈿富（2001）指出指標是表示某種變數隨著時間或地區的不同，相對於基數的變化情形，是一種統計的測量，能反映重要層面的主要現象，並對相關層面進行加總或分化，以達到研究分析的目的。

　　楊思偉（2002）認為指標係一種統計量用來描述不同領域中重要的現象特質，例如：以國民所得作為經濟指標，以選舉投票率作為政治指標，以就學率作為教

育指標。簡言之,指標是指作為達成目的的一種量化數據或質化描述,是一種顯現能力的內容。

劉鎮寧(2003)認為指標意謂著能夠指出在某一段時間或某一地區所存在的現象,以便能提供相關人員做為專業判斷或決策之用。

蔡金田(2006)認為指標是一種統計測量,是一種決定或判斷的準繩或量尺,且可作為不同時間或地區的比較,以瞭解其變化情形或相對地位,並能發出適切聲音作為相關政策之執行成果與檢討。

葉蕙芬(2009)認為指標是以一種簡化的形式代表另一事物或概念,該形式可為符號、文字或數量等,其目的在於能御繁化簡,清楚表述,是一種價值判斷、問題診斷、結果評價的工具,協助吾人用以判斷並描述所要理解之抽象事物或概念的優劣狀況。

Johnstone(1981)定義指標為一種統計的測量,它能反映出吾人感到興趣之現象的重要層面,同時能對相關的層面進行加總或分割,以達成研究分析的目的。

Oakes(1986)認為指標可提供問題導向的資訊以顯示當前問題或潛在困難、顯示政策相關的資訊及其執行情形、彰顯系統表現與實施成效的面貌、描繪問題背景和組成情況資訊、描述主要特徵等相關資訊。

Finn(1987)提出指標能彰顯教育的表現與健康,透過統計量的資料來顯示教育實施內外部情形。

Cuttance(1990)認為指標代表一種指引,藉此瞭解及測量事物的質或量。

Organisation for Economic Co-operation and Development(OECD)(1992a)則指出指標是針對蒐集處理的統計量數,是如何地被使用與被詮釋,並能發出適切的聲音,達成相關政策之效果、成本與效益。

綜合以上國內外學者的論述,指標是觀察現象的指示者,藉由其統計測量的呈現,能作為瞭解、分析、引導、顯示以及判斷此一觀察現象的依據。也因此,指標在不同時空中的作用相當多元,並且能讓問題與現象更加清楚明確,如能妥

善規劃出適當的指標，即可瞭解現況與未來發展方向，並藉由指標所顯示的資訊，作為相關政策之執行成果與檢討。若欲瞭解國內兼任行政教師之行政專業能力，透過指標建構，更能將行政專業能力具體化，利於後續兼任行政教師對自身的行政專業能力具備程度，有更清楚的自評工具進行確切評估，並可做為日後行政能力精進之參酌。

二、指標的特性

　　指標既是一種指引或描述，應該能夠反映出指標衡量面向的重要表現，因此，建構指標時應能就整體研究現象作全盤瞭解，如此才能清楚傳達與描述當下環境之現象。

　　黃政傑、李隆盛與呂建政（1996）歸納指標有六項特性：

（一）指標基本上屬於量化的一種呈現，所處理的是現象中可測量的建構。

（二）指標為一種訊息的摘要，要能反映出現象的重要層面。

（三）指標並非單純統計數字或原始資料的累積，而是能表達與顯示某些資訊，可藉由理論來加以解釋。

（四）指標是一種中性的分析工具，對於現象提供一個實然性的描述或特徵數值的表示。若要進行價值判斷，則需輔以某些效標（criteria）或標準（standard）的設定作為參照。

（五）指標可藉由整合或分割，表現出各變項間的關連性。

（六）指標的選擇反映出教育的思潮與政策的需求。

　　孫志麟（1998）則認為教育指標通常具有下列三項特性：

（一）教育指標為一量化數據：用來代表某一教育現象的狀態。

（二）教育指標為一般性指引：顯示教育系統的特徵，表現或是健康情形。

（三）教育指標是相對而非絕對意義：具有中性的特性。

　　Johnstone（1981）指出指標可分為量化指標（quantitative indicators）與質性指標（qualitative indicators）兩種，其中量化指標可反應出一個可數值化的結果，而質性指標可用來確認數量的相對卓越程度；同時，他認為指標應具有下列五個特性：

（一）能指出普遍的狀態，但未必具有高度的科學精確性。

（二）指標在整合相關變項的概念與意義，以呈現出制度的縮影。

（三）指標是可量化的數字，應依所建構的原則，解釋其意義。

（四）指標是理論發展的起點，經操作型定義轉化形成可測量的變項，藉蒐集的
　　　資料所建構的指標，可為理論研究奠基。

（五）指標數值的適用性是暫時的，會隨時間變遷而有所變動。

　　由上可知，在進行指標建構時，應留意指標有它的限制性，因為指標是相對的概念，它所處理的是可測量的現象，必須能反映出相關現象的重要層面，表現出各變項之間的關聯性，同時指標也會隨時間的變遷而在重要性上有所不同，因此指標必須不斷的予以探討修正。進行指標建構時，為了讓指標的選擇有所依循，指標選取的規準就顯得格外重要。

三、指標的選取規準

　　王保進（1993）探討高等教育表現指標時，提出七項標準作為建構或選擇教育指標之依據，此七項標準為：

（一）測量教育制度重要的中心特徵，具有簡明性。

（二）與政策具有相關性，可指出當前或潛在之問題。

（三）為提高指標之精確性，所測量的應是可觀察之教育現象，使每一指標均能
　　　賦予「數學運算」。

（四）必須具備價值中立（value-free）之特質。

（五）應能加總或分割，俾能進行校際、區域、國家或國際之比較，以及時間系
　　　列之預測。

（六）具有信度。

（七）具有效度。

　　黃政傑、李隆盛與呂建政（1996）綜合有關指標、社會指標及教育指標的研究，提出好的指標應符合以下規準：

（一）理論性：指標的選擇應依據理論。

（二）重要性：指標應能反映現象核心或重要特徵。

（三）理解性：指標應能被大眾瞭解與採用。

（四）操作性：指標應有共通的操作型定義。

（五）運算性：指標應測量可觀察且能賦予數學運算的現象。

（六）中立性：指標應具中性之屬性。

（七）其他：指標的數值應能符合Rossi與Cllmartin在1980年所提出的十七項規準，尤其在效度、信度、可用性、反應性、量表性、分割性、代表性、重合性等方面。

（八）指標的種類眾多，每類指標均有其推論上的可行性與限制，避免只憑使用單一指標去測量某一現象。

　　吳清山、林天祐（1999）亦認為良好的指標須具備以下三點：

（一）有效性：為避免教育決策者的誤判及扭曲社會大眾對教育的認知，指標應可反映出正確的教育事實。

（二）可行性：良好指標應具備蒐集的方便性，方可建構出具體可行的指標。

（三）實用性：指標須具有實用價值並能適時的向教育決策者提出正確的資訊。

　　Oakes（1986）認為良好的教育指標應該包含下列四項規準：

（一）比較性：指標應該可以測量學校獨特的特徵，協助我們在進行比較時提供有意義的資訊；同時指標應可測量系統中持久性特徵，以便進行不同時期的比較分析。

（二）理解性：指標應為使用者或社會大眾所理解。

（三）彈性：指標應該在時間、成本、專業資料蒐集上具有彈性。

（四）信效度：指標應該是一般能接受的、有效的與可信的。

　　OECD（1992b）於1992年提出國際教育指標發展的規準有四：

（一）重要性：教育指標除能反映教育系統的核心概念外，也要滿足實際需求，
　　　　　並具有附加價值，能表達教育的永續發展。

（二）品質要求：教育指標的選擇，應以理論為依據，並考量信、效度。

（三）適切性：教育指標應可進行操作，直接表示概念的本質。

（四）可用性：教育指標應考慮時效和資源可用的程度。

　　綜合以上國內外學者之論述，在進行指標選取時，應考量符應實際與潛在顧
客、使用者的需要與期許、吻合當代社會價值判斷，以多元完整面貌呈現，並且
應符合有效性、理解性、完整性、持久性、操作性、實用性與可行性等七項共同
規準。本研究之指標係採用質性指標，指標選取上力求符應上述七項指標選取之
規準，以彰顯指標之有效性及價值性，對兼任行政教師之行政專業能力有更清晰
的認知。

貳、指標建構

一、指標建構模式

　　指標建構是透過資料的蒐集與分析，在確立指標後，再依發展需要，將指標
適當加以組合的過程。指標的發展與建構，需要概念模式引導，將文獻分析資料
與概念模式結合，以建構指標體系。孫志麟（2000）提出教育指標的五種概念模式：
系統模式、演繹模式、歸納模式、問題模式與目標模式。每一種模式有其強調的
理念與主張，亦有其特性及限制，茲就此五種模式說明如下：

（一）系統模式：主要是以教育生產力理論作為基礎，強調教育背景、輸入、過
　　　　　程及輸出的指標模式，涵蓋整個教育系統，企圖探討各指標間的關聯，以
　　　　　檢證教育生產力理論的適用性。

（二）演繹模式：是採取「由上而下」的分析架構，在發展指標之前，要先確定
　　　　　目標主題，到主要領域，再到指標項目的選擇，逐步形成階層結構，構成
　　　　　完整的教育指標體系。指標構面，聚焦在目標主題之下。

（三）歸納模式：是以現有的統計資料為基礎，將之歸納成接近理論模式的體系，此建構方式是由個別性到概括性的辯證，較強調現有教育統計資料的整合，可稱之為實務取向的概念模式。

（四）問題模式：是以實際的教育問題為考量，所建構出來的指標，可作為教育改革依據。此模式重視教育指標與教育問題的結合，並不企圖指出指標之間的因果關係。

（五）目標模式：是以教育政策為著眼，選取與政策目標有關的指標，以衡量教育結果為重點，並未觸及與教育結果有關的投入資源及運作過程，同時也不強調指標間的因果關係，可用來評估目標達成的程度，作為教育決策依據。

　　比較上述之指標建構模式，本研究之指標建構係採取演繹模式「由上而下之分析架構」的指標概念。首先，尋求國民中學兼任行政教師行政專業能力為主要領域，再到細項的指標細目選擇，形成階層結構，進而構成完整的指標構面。

二、指標系統架構

　　在演繹模式「由上而下之分析架構」概念下，即可確立指標系統架構。潘慧玲等（2004）在其「國民中小學教師教學專業能力指標之發展」研究中，將整體指標系統架構分為「層面－向度－指標」三個層次，共計五個層面、十二個向度及三十五項指標。蔡金田（2006）在其「國民中小學校長能力指標建構與實證分析之研究」採取「層面－向度－指標」三個層次之指標建構系統，共計四個層面、十二個向度及七十二項指標。林耀榮、林國楨與陳佩英（2016）在其「高中優質化輔助方案學校層級政策執行指標建構之研究」中，將指標系統架構分為「構面－項目－指標」三個層次，共計三個構面、六個項目，二十九項指標。蔣東霖（2017）在其「國民中小學校長通識素養指標建構與實證分析之研究」中，採取「層面－向度－指標」以建構指標系統，共計三個層面、十一個向度及五十項指標。

　　綜上研究發現，指標系統架構均分為三個層次，由上至下，第一層為層面（或構面），下一層為向度（或項目），最後一層則為指標。本研究之指標系統架構參酌上述研究，亦採取「層面－向度－指標」三個層次。而在「層面」設計上，則參

採林耀榮、林國楨與陳佩英（2016）與蔣東霖（2017）研究之層面設計，採取三個層面。

參、兼任行政教師行政專業能力指標雛型

　　研究者彙整國內外學校行政專業能力之論述、國家教育研究院專案計畫研究及主任儲訓課程的建構內涵，經由指標之「層面－向度－指標」三個層次加以建構，其構念如圖 2-1。

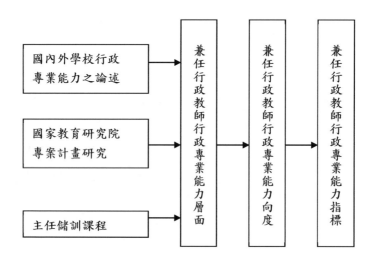

圖 2-1　兼任行政教師行政專業能力指標構念邏輯分析

　　本研究之指標架構分為「層面－向度－指標」三個層次，主要從國內外探討學校行政專業能力之論述、國家教育研究院專案計畫研究及主任儲訓課程歸納而得。茲就層面、向度及指標三部分，說明如下：

一、層面

　　經由文獻探討，並歸納學者論述，將兼任行政教師行政專業能力指標層面確立為行政歷程（謝文全，2005；秦夢群，2007；張明輝，2010）、經營管理（林海清，2000b；范熾文，2006；洪秀熒，2007；張明輝，2010；趙士瑩，2014）與行政倫理（馮丰儀，2006；張明輝，2010；謝文全，2010；趙士瑩，2014；Gorton & Alston, 2009）等三個層面，以符應本研究行政專業能力之定義，行政歷程與經營管理屬於專業知能、行政倫理則是屬於專業倫理。

二、向度

　　經由文獻探討，並彙整學者論述，共整理出十三個向度（如表2-4）。行政歷程層面的向度有：計畫、溝通、領導、評鑑；經營管理層面的向度有：品質管理、知識管理、E化管理、創新經營；行政倫理層面的向度有：效益倫理、正義倫理、關懷倫理、批判倫理、德行倫理。

表 2-4

兼任行政教師行政專業能力向度彙整

研究者	計畫	溝通	領導	評鑑	品質管理	知識管理	E化管理	創新經營	效益倫理	正義倫理	關懷倫理	批判倫理	德行倫理
林明地（2000）	◎	◎	◎										
林海清（2000b）		◎											
林新發、王秀玲（2003）	◎	◎	◎	◎		◎	◎						
吳宗立（2003）		◎					◎						
張明輝（2003）								◎					
謝文全（2005）	◎	◎	◎	◎									
范熾文（2006）			◎		◎	◎							

（續下頁）

表 2-4（續）

研究者	計畫	溝通	領導	評鑑	品質管理	知識管理	E化管理	創新經營	效益倫理	正義倫理	關懷倫理	批判倫理	德行倫理
顏童文（2006）		◎				◎	◎						
吳煥烘（2007）						◎							
洪秀焸（2007）			◎			◎	◎	◎					
秦夢群（2007）	◎	◎	◎	◎									
馮丰儀（2007）									◎	◎	◎	◎	◎
湯志明（2007）			◎					◎					
張明輝（2010）	◎	◎	◎	◎									
謝文全（2010）										◎	◎	◎	
巫銘昌、陳雅雪（2011）				◎									
鄭崇趁（2012）	◎	◎											
歐銘芳（2012）	◎	◎	◎										
林和春（2014）								◎					
黃俊傑（2013a）									◎	◎	◎	◎	◎
Fayol（1987）	◎		◎										

三、指標

　　經由文獻探討，歸納相關論述，本研究初步建構學校行政專業能力共七十八個指標細目，依層面及向度予以分類標示如表 2-5，以建構兼任行政教師行政專業能力指標雛型。

表 2-5

兼任行政教師行政專業能力指標雛型

層面	向度	細目
行政歷程	計畫	1、能讓處室成員及相關人員參與計畫之擬定。【謝文全、郭隆興、王淑俐】
		2、能訂定處室之短、中、長程計畫。【謝文全、鄭崇趁、郭隆興】
		3、能做好計畫執行前的溝通宣導 。【謝文全、鄭崇趁、郭隆興】
		4、能訂定合乎教育法令與政策之計畫。【謝文全、鄭彩鳳、林明地】
		5、能監控計畫之執行。【蔡培村等、林明地】
		6、能在計畫需要調整時予以適時調整。【蔡培村等】
	領導	1、能激勵處室成員的士氣。【謝文全、吳煥烘、國中主任儲訓課程】
		2、能利用專家權威來領導。【謝文全、郭隆興、王淑俐】
		3、能兼顧組織目標達成及處室成員需要滿足。【謝文全】
		4、能善用非正式組織。【謝文全】
		5、能酌情權變，因應制宜。【謝文全、郭隆興】
		6、能善用溝通以協調成員的看法和行動。【謝文全、范熾文、王淑俐】

（續下頁）

表 2-5（續）

層面	向度	細目
行政歷程	溝通	1、能提供暢通的溝通管道。【謝文全、王淑俐、林偉人、郭隆興】 2、能具有圓融的溝通技巧。【謝文全、王淑俐】 3、能謹慎的選擇與組織溝通訊息的內容。【吳金香、吳政達】 4、能專注傾聽對方傳遞的訊息。【吳金香、林偉人、陳煜清、林明地】 5、能運用多種溝通媒介。【謝文全、林偉人、郭隆興】 6、能兼顧組織目標與不同個體多元價值與需求。【林明地等】 7、能以同理心與他人做溝通。【陳煜清、吳政達等】
	評鑑	1、能針對校務計畫做形成性評鑑與總結性評鑑。【謝文全、郭隆興】
		2、能在進行評鑑之後執行追蹤改進。【謝文全、郭隆興、林明地等】
		3、能完全了解校務評鑑的目的及功能。【鄭崇趁】
		4、能針對評鑑提出改進的方法。【吳明隆、林明地等】
		5、能具備統整、溝通、分析、設計之評鑑能力。【Patton】

（續下頁）

表 2-5（續）

層面	向度	細目
經營管理	品質管理	1、能利用PDCA（計畫、執行、考核、行動）檢視自我的工作品質。【張明輝】 2、能致力於建置學校為優質的學習環境。【黃淑美】 3、能不斷的提升自我的專業。【張明輝】 4、能與其他處室的行政人員共同合作。【黃淑美、吳煥烘】 5、能對自己的行政工作提出改善計畫。【張明輝】 6、能認同學校績效是大家的責任。【張明輝】
	知識管理	1、能利用各種管道取得所需要的資訊與知識。【O'Dell與Grayson、陳聰文等】 2、能將獲得的知識有效分類並儲存。【O'Dell與Grayson、陳聰文等】 3、能將理論知識與務實知識、隱性知識與顯性知識結合。【陳聰文等】 4、能參與專業發展社群，進行知識的傳遞與共享。【陳聰文等、廖春文、趙士瑩】 5、能透過現有的知識與外部取得知識，不斷學習成長。【陳聰文等】 6、能發揮知識領導的功能，因應知識經濟時代的變革。【廖春文】 7、能建立業務標準作業程序（SOP）。【鄭崇趁、趙士瑩、國中主任儲訓課程】

（續下頁）

表 2-5（續）

層面	向度	細目
經營管理	E化管理	1、能利用資通訊科技基礎能力做溝通。【張明輝】 2、能建置行政檔案資料庫。【張明輝、楊念湘】 3、能利用資通訊科技做行政決策及規劃。【顏國樑】 4、能自我提升進階資訊的素養。【張明輝】 5、能遵守資訊安全的規範。【行政院】 6、能有效管理學校的科技系統。【吳政達等】
	創新經營	1、能在行政服務上有創新的想法。【吳清山、國中主任儲訓課程】 2、能在行政流程上有創新的想法。【吳清山、林明地、國中主任儲訓課程】 3、能運用心智思考學校特色。【吳清山、林明地等、國中主任儲訓課程】 4、能將創意具體實踐。【張明輝】 5、能具備「永不滿足現狀」的態度。【林明地】 6、能具備激勵同仁創新的熱情。【林明地、趙士瑩】
行政倫理	效益倫理	1、能確保學生學習權益。【黃俊傑、馮丰儀、謝文全】 2、能優先考量學生利益。【黃俊傑、馮丰儀、謝文全】 3、能優先考量學校效益。【黃俊傑、馮丰儀】 4、能考量學校對社會的責任。【黃俊傑】 5、能考量行政決策對學校的衝擊。【黃俊傑】 6、能訂定明確的工作流程與目標。【黃俊傑】

（續下頁）

表 2-5（續）

層面	向度	細目
行政倫理	正義倫理	1、能依法行政。【黃俊傑、馮丰儀】 2、能遵守行政中立原則。【黃俊傑、馮丰儀】 3、能遵守業務機密。【黃俊傑、馮丰儀】 4、能迴避不當關係。【黃俊傑、馮丰儀】 5、能負責執行自身的專業義務。【黃俊傑、馮丰儀】 6、能包容不同的價值觀。【黃俊傑、馮丰儀】
	關懷倫理	1、能適時給予學生協助。【黃俊傑、馮丰儀】 2、能避免對學生的傷害。【黃俊傑、馮丰儀】 3、能照顧弱勢學生。【黃俊傑、馮丰儀】 4、能協助同仁解決問題。【黃俊傑、馮丰儀】 5、能重視同仁間交流。【黃俊傑、馮丰儀】 6、能維持和諧的人際關係。【黃俊傑、馮丰儀】
	批判倫理	1、能反省自己的言行。【黃俊傑、馮丰儀】 2、能勇於承擔錯誤。【黃俊傑】 3、能具備自我批判意識。【黃俊傑、馮丰儀】 4、能因應改變，隨時調整行政作為。【黃俊傑、馮丰儀】 5、能對長官與同仁的錯誤勇於提醒與建言。【謝文全、馮丰儀】 6、能不斷尋求自我超越。【謝文全】

（續下頁）

表 2-5（續）

層面	向度	細目
行政倫理	德行倫理	1、能知覺自己的角色定位，具服務教學的信念。【黃俊傑、馮丰儀、國中主任儲訓課程】 2、能具備良好的品格操守。【黃俊傑、馮丰儀】 3、能力行誠信原則。【黃俊傑、馮丰儀】 4、能維護教師尊嚴，維持專業形象。【黃俊傑】 5、能注意自己的言行，成為學生的楷模與社會的榜樣。【黃俊傑、馮丰儀】

四、指標內涵

　　為闡明各項指標細目之意義，擬針對各項指標細目內涵具體說明，以明確指標之旨意，茲依序分述如下：

（一）「計畫」向度指標內涵

　　計畫是行政歷程之首，「凡事豫則立，不豫則廢」，所以，訂立周全可行之行政計畫，是行政工作有所依循，確保行政效率的準則。「計畫」向度指標建如表 2-6，茲分述各項指標細目內涵如下：

1-1-1 能讓處室成員及相關人員參與計畫之擬定：現代行政管理，講求全員參與，計畫之擬定，應讓利害關係人共同參與，因為是大家共同參與，是有共識的計畫，較利於後續之推動。

1-1-2 能訂定處室之短、中、長程計畫：一個好的計畫，必須考量實施期程的不同，而有不同的對應計畫。先有長程計畫，再設定中程及短程計畫。

1-1-3 能做好計畫執行前的溝通宣導：唯有對計畫周詳的瞭解，才能認同並配合執

行，所以，計畫執行前的溝通與宣導，是很重要且不可或缺的一環。

1-1-4 能訂定合乎教育法令與政策之計畫：學校行政在執行教育政策，所以，計畫的訂定，必須依據教育政策之要求加以規劃，而計畫作為也必須符合教育法令的規範。

1-1-5 能監控計畫之執行：計畫執行後，必須注意其過程及結果，特別是過程的監控，相當重要；防微杜漸，在過程中發生問題，立刻予以處理，可避免日後之麻煩。

1-1-6 能在計畫需要調整時予以適時調整：計畫不是固定不可變的，在執行後，必須適時做「滾動式修正」，以符合環境之需要。

表 2-6

兼任行政教師行政專業能力「計畫」向度指標建構

層面	向度	細目
1.行政歷程	1-1 計畫	1-1-1 能讓處室成員及相關人員參與計畫之擬定。
		1-1-2 能訂定處室之短、中、長程計畫。
		1-1-3 能做好計畫執行前的溝通宣導。
		1-1-4 能訂定合乎教育法令與政策之計畫。
		1-1-5 能監控計畫之執行。
		1-1-6 能在計畫需要調整時予以適時調整。

（二）「領導」向度指標內涵

　　兼任行政教師在領導學校教職員追求學校效能，能利用影響力讓組織成員主動達成組織目標，是領導的準繩。「領導」向度指標建構如表 2-7，茲分述各項指標細目內涵如下：

1-2-1 能激勵處室成員的士氣：組織的凝聚力，端賴成員的士氣激勵，激勵可以是物質，可以是口頭，高關懷的領導，方能安成員的心。

1-2-2 能利用專家權威來領導：領導不再是靠法令權威，而是利用專家權，讓部屬感受到領導者專業的尊重與信服，接受領導。

1-2-3 能兼顧組織目標達成及處室成員需要滿足：領導者不僅要求成員能達到組織的目標，也要能滿足組織成員的需求，所以，對成員的工作要求，有時須有讓成員發揮的彈性。

1-2-4 能善用非正式組織：非正式組織的影響力不小於正式組織，有時甚至是影響正式組織運作的一股力量，不可不慎。

1-2-5 能酌情權變，因應制宜：好的領導者，必須懂得通權達變，視所處環境的變化，適時調整領導作為，與時俱進。

1-2-6 能善用溝通以協調成員的看法和行動：組織成員有其個人的教育信念與價值觀，有時可能與他人或組織目標發生衝突，領導者必須出來協調、折衝。

表 2-7

兼任行政教師行政專業能力「領導」向度指標建構

層面	向度	細目
1.行政歷程	1-2 領導	1-2-1 能激勵處室成員的士氣。
		1-2-2 能利用專家權威來領導。
		1-2-3 能兼顧組織目標達成及處室成員需要滿足。
		1-2-4 能善用非正式組織。
		1-2-5 能酌情權變，因應制宜。
		1-2-6 能善用溝通以協調成員的看法和行動。

（三）「溝通」向度指標內涵

　　兼任行政教師處理行政業務時，一定會與校內教職員同仁接觸，只要是與人有關的事務，難免會產生摩擦或認知衝突，此時就必須藉由溝通來化解衝突。「溝通」向度指標建構如表 2-8，茲分述各項指標細目內涵如下：

1-3-1 能提供暢通的溝通管道：溝通的管道若不暢通，組織成員意見就無法適時表達，日積月累，可能產生對主管甚至對組織的怨懟，不利於組織之正向發展。

1-3-2 能具有圓融的溝通技巧：溝通是高深的學問，畢竟，人心各異，溝通有口頭及書面，必須顧及對方的自尊。

1-3-3 能謹慎的選擇與組織溝通訊息的內容：溝通訊息的內容必須明確且易懂，不可讓對方有模擬兩可的猜測，避免造成「說者無心，聽者有意」的狀況產生。

1-3-4 能專注傾聽對方傳遞的訊息：「傾聽」是溝通的第一步，也是最高的境界。一般人進行口頭溝通時，只想表達意見，卻不願耐心聽對方講話，以致於未能徹底瞭解對方的想法。

1-3-5 能運用多種溝通媒介：溝通應視溝通環境選擇適合的媒介，媒介有口頭、書面、電子郵件、手機、肢體語言……等。

1-3-6 能兼顧組織目標與不同個體多元價值與需求：溝通時，在考量組織目標之餘，也必須要考慮被溝通者的價值觀與需求，尋求「雙贏」的局面。

1-3-7 能以同理心與他人做溝通：溝通者在與他人溝通時，要為被溝通者的處境設想，如果自己是被溝通者，對溝通訊息會有什麼反應，溝通的訊息就較能被對方所接受與理解。

表 2-8

兼任行政教師行政專業能力「溝通」向度指標建構

層面	向度	細目
1.行政歷程	1-3 溝通	1-3-1 能提供暢通的溝通管道。
		1-3-2 能具有圓融的溝通技巧。
		1-3-3 能謹慎的選擇與組織溝通訊息的內容。
		1-3-4 能專注傾聽對方傳遞的訊息。
		1-3-5 能運用多種溝通媒介。
		1-3-6 能兼顧組織目標與不同個體多元價值與需求。
		1-3-7 能以同理心與他人做溝通。

（四）「評鑑」向度指標內涵

　　行政計畫執行完成後，最重要的工作，就是評鑑。評鑑依性質分成形成性評鑑與總結性評鑑，依評鑑人員分成自我評鑑與外人評鑑。透過評鑑，方能得知計畫執行之問題與成效，評鑑結果為改進之依據，及下一次計畫之重要參酌。「評鑑」向度指標建構如表 2-9，茲分述各項指標細目內涵如下：

1-4-1 能針對校務計畫做形成性評鑑與總結性評鑑：兼任行政教師必須針對校務計畫中，有關自身之行政業務部分，平時即能做形成性評鑑，並做滾動式修正；在計畫總結完成時，能做最終之總結性評鑑，以了解計畫之執行成效。

1-4-2 能在進行評鑑之後執行追蹤改進：評鑑最主要功能在於改善，因此，評鑑結果不可束之高閣，應該針對評鑑報告的缺失，擬定改善計畫及行動。

1-4-3 能完全了解校務評鑑的目的及功能：校務評鑑是對學校效能的總體檢。兼任行政教師負責學校行政業務，必須對校務評鑑的目的及功能有完全的認識。

1-4-4 能針對評鑑提出改進的方法：優秀的兼任行政教師，若對評鑑方式及內容指

標有意見，應該勇於提出，以求評鑑能更趨於完善。

1-4-5 能具備統整、溝通、分析、設計之評鑑能力：要做好評鑑，除了對評鑑項目

有專業的瞭解外，尚須具備統整、溝通、分析、設計之評鑑能力。

表2-9

兼任行政教師行政專業能力「評鑑」向度指標建構

層面	向度	細目
1.行政歷程	1-4 評鑑	1-4-1 能針對校務計畫做形成性評鑑與總結性評鑑。
		1-4-2 能在進行評鑑之後執行追蹤改進。
		1-4-3 能完全了解校務評鑑的目的及功能。
		1-4-4 能針對評鑑提出改進的方法。
		1-4-5 能具備統整、溝通、分析、設計之評鑑能力。

（五）「品質管理」向度指標內涵

　　行政業務績效的良窳，端賴平時兼任行政教師對品質的要求。兼任行政教師
必須具備品質至上的工作信念，才能在第一時間將行政工作做到完善。品質信念
是行政績效的保證，行政人員若無品質信念，工作則易流於敷衍。「品質管理」
向度指標建構如表 2-10，茲分述各項指標細目內涵如下：

2-1-1能利用PDCA（計畫、執行、考核、行動）檢視自我的工作品質：品質的要求
　　　是透過計畫、執行、考核、行動的循環過程來完成，兼任行政教師在工作上，
　　　必須熟悉並落實此品質循環圈。

2-1-2能致力於建置學校為優質的學習環境：行政的最大作為在於找尋及整合校內、
　　　外資源，建置學校為優質的校園，讓學生安心、健康、有效的學習。

2-1-3能不斷的提升自我的專業：行政品質的提升，須靠兼任行政教師行政專業能力的提升，而專業能力的提升，則端賴專業的進修。

2-1-4能與其他處室的行政人員共同合作：學校行政業務雖然分為教務、學務、總務、輔導、人事、會計等處室，但就學校行政業務性質而言，是整體不可分割的，所以，行政業務具有跨處室的特性，需要兼任行政教師跨處室合作。

2-1-5 能對自己的行政工作提出改善計畫：追求行政業務的品質是達成學校效能的唯一途徑，「改善」是促速品質提升的必要過程，兼任行政教師平時即應針對自身甚至其他處室的行政業務，思考如何能讓工作績效更佳的方法，如工作流程、活動規劃……等面向的改善。

2-1-6 能認同學校績效是大家的責任：績效是品質追求的最終結果，品質追求是學校所有組織成員的責任，所以，學校績效亦是大家的責任。

表 2-10

兼任行政教師行政專業能力「品質管理」向度指標建構

層面	向度	細目
		2-1-1能利用PDCA（計畫、執行、考核、行動）檢視自我的工作品質。
		2-1-2能致力於建置學校為優質的學習環境。
2.經營管理	2-1 品質管理	2-1-3能不斷的提升自我的專業。
		2-1-4能與其他處室的行政人員共同合作。
		2-1-5能對自己的行政工作提出改善計畫。
		2-1-6能認同學校績效是大家的責任。

（六）「知識管理」向度指標內涵

　　知識管理(knowledge management)是組織有效結合科技、人力及資訊，藉由知識的選取、儲存、整理、分享、應用及創新，促進組織成員共享與創造新知，以增加組織資產和提升組織智慧之歷程。學校是教育機構，有教育績效的要求，藉由知識管理的運用，則可有效提升組織之績效。「知識管理」向度指標建構如表 2-11，茲分述各項指標細目內涵如下：

2-2-1能利用各種管道取得所需要的資訊與知識：行政業務繁雜，需要的資訊與知識相對的也是多元及複雜，兼任行政教師必須具備能適時找到所需要的資訊與知識的能力，有效執行行政業務。

2-2-2能將獲得的知識有效分類並儲存：兼任行政教師找到所需要的資訊與知識，應就其性質，分類並儲存在適當位置，方便日後提取使用。

2-2-3能將理論知識與務實知識、隱性知識與顯性知識結合：空有理論的知識是死的，若無理論基礎的務實知識是空的；個人的隱性知識必須轉化到顯性知識，知識方能分享並擴大。

2-2-4能參與專業發展社群，進行知識的傳遞與共享：兼任行政教師應該成立行政專業發展社群，透過主題式的社群進修，進行知識的傳遞與共享。

2-2-5能透過現有的知識與外部取得知識，不斷學習成長：透過既有知識與外部取得的知識激盪，產生新知識的火化，經由不斷的學習，隨時保持知識的更新。

2-2-6能發揮知識領導的功能，因應知識經濟時代的變革：處在知識經濟的時代，成功的組織必須運用知識做決策。兼任行政教師發揮知識領導功能，成為知識管理典範，促進學校同仁知識分享的氛圍。

2-2-7 能建立業務標準作業程序（SOP）：行政業務應該制定業務標準作業程序（SOP），不僅是行政業務執行的規範，也是業務交接的有利工具。透過知識管理，讓 SOP 不斷的進步革新，減少工作出錯率，並能增進工作效率。

表 2-11

兼任行政教師行政專業能力「知識管理」向度指標建構

層面	向度	細目
2.經營管理	2-2 知識管理	2-2-1能利用各種管道取得所需要的資訊與知識。
		2-2-2能將獲得的知識有效分類並儲存。
		2-2-3能將理論知識與務實知識、隱性知識與顯性知識結合。
		2-2-4能參與專業發展社群，進行知識的傳遞與共享。
		2-2-5能透過現有的知識與外部取得知識，不斷學習成長。
		2-2-6能發揮知識領導的功能，因應知識經濟時代的變革。
		2-2-7能建立業務標準作業程序（SOP）。

（七）「E 化管理」向度指標內涵

　　E 化管理是藉由使用資訊科技及網路科技,有效率的處理學校各項設施、物力、人力等資源,並協助計畫、組織、決定、評鑑等行政事務之執行,以提高行政及教學效能的行政理念與作法。不論是使用電腦處理公務,或者是透過網路科技來進行雙向溝通與交流,最終的目的是為了提高組織以及個人的效能,來達成組織或個人目標。「領導」向度指標建構如表 2-12,茲分述各項指標細目內涵如下：

2-3-1能利用資通訊科技基礎能力做溝通：資通訊科技是與他人快速即時溝通的重要媒介之一,兼任行政教師應善用資通訊科技與他人進行即時溝通,掌握溝通時效性。

2-3-2能建置行政檔案資料庫：因應行政業務傳承及校務評鑑，行政檔案的儲存有
其必要性，兼任行政教師必須建置行政檔案資料庫，做好完善的檔案管理。

2-3-3能利用資通訊科技做行政決策及規劃：行政決策及規劃需要充分的知識及資
訊，資通訊是很重要的取得管道。

2-3-4能自我提升進階資訊的素養：兼任行政教師不僅須具備使用資通訊科技的基
本能力，因應科技的快速進步，仍必須自我提升進階資訊的素養。

2-3-5能遵守資訊安全的規範：資訊安全的規範是所有使用資訊人員都必須遵守的，
兼任行政教師是資訊使用者，當無例外。

2-3-6能有效管理學校的科技系統：每所學校都有建置資訊科技系統，兼任行政教
師必須熟悉並維護個人處室的科技系統，保持其運作的順暢，增進工作效
率。

表 2-12

兼任行政教師行政專業能力「E 化管理」向度指標建構

層面	向度	細目
2.經營管理	2-3E 化管理	2-3-1能利用資通訊科技基礎能力做溝通。
		2-3-2能建置行政檔案資料庫。
		2-3-3能利用資通訊科技做行政決策及規劃。
		2-3-4能自我提升進階資訊的素養。
		2-3-5能遵守資訊安全的規範。
		2-3-6能有效管理學校的科技系統。

（八）「創新經營」向度指標內涵

學校從事創新經營，已是教育的趨勢，是具挑戰性的任務。在傳統與創新衝

接改變的歷程與文化形塑上，兼任行政教師無論在心態或觀念上，都必須具備求新求變的體認。「創新經營」向度指標建構如表2-13，茲分述各項指標細目內涵如下：

2-4-1能在行政服務上有創新的想法：學校行政的最大功能在服務教師、學生、家長、社區，創新的想法，為服務加分，讓被服務者有感受。

2-4-2能在行政流程上有創新的想法：行政流程的創新可以增進工作效率，創新的方式可能是流程的重新組合，或是流程的增刪，抑或是流程的變化等。

2-4-3能運用心智思考學校特色：兼任行政教師是除了校長之外，影響學校發展很重要的力量。在少子化的教育環境下，應該運用心智思考學校特色，發展學校特色，吸引潛在學生來就讀。

2-4-4能將創意具體實踐：能將創意具體實踐，才是創新。兼任行政教師必須有隨時想要改變的創意發想，還要有將其落實的行動力。

2-4-5能具備「永不滿足現狀」的態度：創新的動力來自於改變現狀。因為對現狀永不滿足的態度，才能激發創新的動能。

2-4-6能具備激勵同仁創新的熱情：創新需要激盪，以產生更大更多的創新。兼任行政教師應展現熱情，激勵同仁勇於提出創新的想法。

表 2-13

兼任行政教師行政專業能力「創新經營」向度指標建構

層面	向度	細目
2.經營管理	2-4 創新經營	2-4-1能在行政服務上有創新的想法。 2-4-2能在行政流程上有創新的想法。 2-4-3能運用心智思考學校特色。 2-4-4能將創意具體實踐。 2-4-5能具備「永不滿足現狀」的態度。 2-4-6能具備激勵同仁創新的熱情。

（九）「效益倫理」向度指標內涵

　　效益倫理主張以為最大多數人謀求最大利益的原則來做為決定依據，以效益論為基礎來發展。效益論即主張以對最大多數人產生最大效益來決定行為的道德正當性，其所指之最佳結果，是人類社會，甚至宇宙整體善的最大化（林火旺，2004）。兼任行政教師在做決策時，應該以學生的利益為優先考量。「效益倫理」向度指標建構如表 2-14，茲分述各項指標細目之內涵如下：

3-1-1能確保學生學習權益：教育基本法保障學生的學習權益，任何行政決定應確保學生的學習權益。

3-1-2能優先考量學生利益：學校因為學生而存在，行政決定必須謀求最大多數人的效益，其中須以學生效益為優先考量。

3-1-3能優先考量學校效益：兼任行政教師的行政決定若涉及個人與學校的效益衝突時，應以學校效益為優先考量。

3-1-4能考量學校對社會的責任：行政決定在考量對學校的效益時，也應一併考量避免對社區、社會產生不良的影響。

3-1-5能考量行政決策對學校的衝擊：在做行政決定前，除了考量對學校的效益外，也要顧慮到可能對學校產生負面效益的種類及程度。

3-1-6能訂定明確的工作流程與目標：明確的工作流程與目標是兼任行政教師工作的指引，有了工作目標，工作內容就不致於走向偏誤之途。

表 2-14

兼任行政教師行政專業能力「效益倫理」向度指標建構

層面	向度	細目
3.行政倫理	3-1 效益倫理	3-1-1能確保學生學習權益。
		3-1-2能優先考量學生利益。
		3-1-3能優先考量學校效益。
		3-1-4能考量學校對社會的責任。
		3-1-5能考量行政決策對學校的衝擊。
		3-1-6能訂定明確的工作流程與目標。

（十）「正義倫理」向度指標內涵

正義倫理係主張個人為理性、自由的個體，對於個人的權利應予以平等尊重，而個人也應履行義務，強調個人基於義務，遵守普遍、客觀律則及應用公平程序來做決定之重要性（馮丰儀，2007）。「正義倫理」向度細目指標建構如表 2-15，茲分述各項指標細目之內涵如下：

3-2-1能依法行政：兼任行政教師具有公務員身分，執行教育公務，理應遵守教育法規、行政法規等法律規定。

3-2-2能遵守行政中立原則：行政是為國家、為人民服務，不是為黨派、為個別團體服務，故兼任行政教師處理學校行政，應秉持行政中立原則。

3-2-3能遵守業務機密：學校行政事務涉及校長、教師、學生及家長，在確保個人

　　　隱私權下，不應任意透露有關上述人員訊息給不相干之人員。

3-2-4能迴避不當關係：兼任行政教師遇有利益迴避事項時，應自動請求迴避。

3-2-5能負責執行自身的專業義務：兼任行政教師有負責執行自身職務的專業義務，

　　　應依職務畫分規定，善盡自己的工作義務。

3-2-6能包容不同的價值觀：學校利害關係人各有不同的價值觀，兼任行政教師應

　　　有包容的心態，不對特定人士持特定的偏見。

表 2-15

兼任行政教師行政專業能力「正義倫理」向度指標建構

層面	向度	細目
3.行政倫理	3-2 正義倫理	3-2-1能依法行政。
		3-2-2能遵守行政中立原則。
		3-2-3能遵守業務機密。
		3-2-4能迴避不當關係。
		3-2-5能負責執行自身的專業義務。
		3-2-6能包容不同的價值觀。

（十一）「關懷倫理」向度指標內涵

　　關懷倫理以關懷為核心，主張從關懷的角度去思考自己與他人的關係及責任，透過同理、真誠的理解被關懷者的需求，來給予相對應之關懷（馮丰儀，2007）。「關懷倫理」向度指標建構如表 2-16，茲分述各項指標細目之內涵如下：

3-3-1能適時給予學生協助：對於學生個人生活、學習、生涯上的問題，以及家庭

　　　的突發狀況，應給予適時的協助。

3-3-2能避免對學生的傷害：學生有其人權，行政作為應避免對學生造成言語、肢體或關係上的傷害。

3-3-3能照顧弱勢學生：社經地位的弱勢學生，在立足點上處於不平等的地位，兼任行政教師應該主動協助，為其爭取社經資源。

3-3-4能協助同仁解決問題：兼任行政教師應該主動關懷同仁，對同仁的問題，應協助其解決，展現行政人員的關懷之情。

3-3-5能重視同仁間交流：開放、互動的學校文化有利於學校發展，兼任行政教師應主動重視及推動同仁間的交流，營造溫暖的氛圍。

3-3-6能維持和諧的人際關係：行政的遂行，不單是兼任行政教師個人可以獨自完成，需要校長的支持，同仁的協助才能完成，因此，和諧的人際關係有助行政工作之推動。

表 2-16

兼任行政教師行政專業能力「關懷倫理」向度指標建構

層面	向度	細目
3.行政倫理	3-3 關懷倫理	3-3-1能適時給予學生協助。
		3-3-2能避免對學生的傷害。
		3-3-3能照顧弱勢學生。
		3-3-4能協助同仁解決問題。
		3-3-5能重視同仁間交流。
		3-3-6能維持和諧的人際關係。

（十二）「批判倫理」向度指標內涵

批判倫理主張為了維持社會正義，個人應對現狀加以批判反省，以知覺不

平等、壓迫的權利關係，並能採取行動加以轉化（馮丰儀，2007）。「批判倫理」向度指標建構如表 2-17，茲分述各項指標細目內涵如下：

3-4-1能反省自己的言行：兼任行政教師應該自我反省，自己的言行是否會傷害到他人的自尊，或是有不公平的對待。

3-4-2能勇於承擔錯誤：兼任行政教師若有做錯事情，應該勇於承擔錯誤，展現負責的態度。

3-4-3能具備自我批判意識：兼任行政教師應對自己的行政作為自我批判，評斷是否符合公平、正義。

3-4-4能因應改變，隨時調整行政作為：兼任行政教師因應教育政策改變、人員異動、內外在環境的變化，應該隨時調整行政作為。

3-4-5能對長官與同仁的錯誤勇於提醒與建言：為了學校發展，兼任行政教師必須有勇氣，對長官與同仁的錯誤給予提醒與建言。

3-4-6能不斷尋求自我超越：兼任行政教師必須對自我的專業要求，不斷尋求自我超越。

表 2-17

兼任行政教師行政專業能力「批判倫理」向度指標建構

層面	向度	細目
3.行政倫理	3-4 批判倫理	3-4-1能反省自己的言行。
		3-4-2能勇於承擔錯誤。
		3-4-3能具備自我批判意識。
		3-4-4能因應改變，隨時調整行政作為。
		3-4-5能對長官與同仁的錯誤勇於提醒與建言。
		3-4-6能不斷尋求自我超越。

（十三）「德行倫理」向度指標內涵

　　德行倫理重視個人道德品格之培養與道德實踐，主張個人應依有德行的方式來過美好的生活並行動（馮丰儀，2007）。「德行倫理」向度指標建構如表 2-18，茲分述各項指標細目內涵如下：

3-5-1能知覺自己的角色定位，具服務教學的信念：兼任行政教師能知覺自己的角色，在支持教師的教學及學生的學習，並盡力提供協助。

3-5-2能具備良好的品格操守：兼任行政教師應具有不貪不取的廉潔操守，不接受關說、請託。

3-5-3能力行誠信原則：行政無誠信則不立，兼任行政教師必須以誠信待人處事，贏得他人的信任，樹立風範。

3-5-4能維護教師尊嚴，維持專業形象：兼任行政教師必須隨時檢視個人的言行是否踰矩，並加強個人的專業能力，以維護個人的教師尊嚴及專業形象。

3-5-5能注意自己的言行，以成為學生的楷模與社會的榜樣：兼任行政教師是學生學習的對象之一，應隨時注意自己的言行是否得體適宜，做學生的楷模。

表2-18

兼任行政教師行政專業能力之「德行倫理」向度指標建構

層面	向度	細目
3.行政倫理	3-5 德行倫理	3-5-1能知覺自己的角色定位，具服務教學的信念。
		3-5-2能具備良好的品格操守。
		3-5-3能力行誠信原則。
		3-5-4能維護教師尊嚴，維持專業形象。
		3-5-5能注意自己的言行，成為學生的楷模與社會的榜樣。

第四節　兼任行政教師行政專業能力相關實證研究

　　我國學校行政的運作是透過校長領導處室主任、組長及教師，落實教育政策之實施。主任及組長除了少部分是由專職公務人員擔任外，大多數是由教師所兼任，與國外學校行政人員均為專職人員，存有差異。因此，在探討國外有關兼任行政教師的研究有其限制，研究者僅能從國內研究主題與兼任行政教師行政專業能力相關的研究著手。以下就國內碩博士論文自 2007 年起，研究主題與行政專業能力、專業知識與技能、學校行政倫理相關之論文共十一篇，分別說明如下：

　　李美蓉（2009）「國民中學教師兼行政人員教育專業倫理素養之現況研究-以臺北縣為例」，探討臺北縣國民中學教師兼行政人員教育專業倫理素養之現況，並分析不同背景變項教師之教育專業倫理素養是否有差異。背景變項：性別、年齡、最高學歷、行政職務、服務年資、行政服務年資、任教領域。研究採用問卷調查法。研究發現：

一、臺北縣國民中學教師兼行政人員在通識知能層面與意志層面均呈現平　　　均數在 4 以上的表現，惟在「情緒溝通層面」與「逆境因應層面」，教師自評之現況相較於其它層面而言相對較低。

二、臺北縣教師兼行政人員教育專業倫理素養在不同性別、年齡、學歷、任教年資、任教領域、目前職務、行政年資有顯著差異。

　　林勝聰（2010）「臺北市國民小學兼任行政教師知識管理與工作績效之研究」，探討國民小學知識管理與工作績效之相關情形。研究採用問卷調查法，研項對象為臺北市國民小學兼任行政教師，背景變項：性別、年齡、最高學歷、行政職務、行政服務年資。以臺北市中大型學校兼任行政教師為母群體，依行政區隨機抽取41 所小學、615 位兼任行政教師為研究樣本;回收問卷 501 份，回收率為 81.46%，剔除無效問卷後得到有效問卷 484 份，有效率為 78.70%。研究發現：

一、臺北市中大型國民小學,知識管理普遍表現優良,其中以「知識取得」表現最佳。

二、臺北市中大型國民小學,工作績效普遍表現優良,其中以「工作效率」表現最佳。

三、年齡在 50 歲以上、擔任主任、累積行政服務年資 16 年以上對知識管理的表現優於 40 歲以下、擔任組長、累積行政服務年資 10 年以下者。

四、年齡在 50 歲以上、擔任主任、累積行政服務年資 16 年以上、教育程度研究所(含 40 學分班)以上對工作績效的表現優於 40 歲以下、擔任組長、累積行政服務年資 10 年以下、教育程度為師大及師院者。

五、知識管理各層面與工作績效各層面具有顯著正相關,各層面間具有中高度正相關。

六、知識管理各層面對工作績效各層面具有高度之預測力。

黃夙瑜(2011)「國民小學主任核心職能重要性與表現現況之研究—以臺中市為例」,研究採問卷調查法,探討臺中市國民小學教職員對國民小學主任核心職能重要性的看法,以及臺中市國民小學主任在這些職能項目的表現現況。調查對象為臺中市(升格前)設有教務處、訓導處、總務處、輔導室四處室的國民小學教職員,背景變項:性別、年齡、教學年資、主任服務年資、服務處室、是否具備主任儲訓資格。以立意抽樣共計抽取 580 位教職員為研究樣本,合計回收有效樣本 505 份,回收可用率為 87.07%。研究發現:

一、臺中市國民小學教職員對國民小學主任核心職能重要性的看法,各層面均認為重要,其中以「個人特質」層面得分最高。

二、臺中市國民小學教職員對國民小學主任核心職能表現現況的看法,各層面均認為符合,其中以「個人特質」層面的得分最高,「專業能力」次之,「領導能力」相對較低。

三、臺中市國民小學教職員對國民小學主任整體核心職能重要性與整體表現現況
　　的看法，五個配對層面間有顯著的差異存在，其對國民小學主任整體核心職
　　能表現現況的評價在五個層面均明顯低於對重要性程度的知覺。

四、臺中市國民小學主任於核心職能表現現況上，性別、年齡、服務年資、主任
　　年資與是否具備儲訓資格等變項上沒有顯著差異存在。

五、不同服務處室之國民小學主任於整體核心職能表現現況上具有顯著差異，教
　　務主任優於訓導主任。

　　潘櫻英（2011）「臺北市國民中學教師兼行政人員因應行政倫理兩難困境之
現況及策略探討」，探討臺北市國民中學教師兼行政人員倫理兩難困境現況及其
可能的解決策略。採問卷調查法，以臺北市國民中學教師兼行政人員為研究對
象。背景變項：性別、年齡、最高學歷、行政職務、服務年資、行政服務年資、
學校規模。共計發放 288 份正式問卷，有效問卷 256 份。研究發現：

一、教師兼行政人員時常面臨倫理兩難困境，其中以「角色權責的兩難困境」
　　程度最高。

二、資深與擔任主任之教師兼行政人員容易面臨「人情與法紀的兩難困境」、
　　「理想與現實的兩難困境」。

三、中型學校之學校行政人員容易面臨「目標取捨的兩難困境」。

四、解決策略以正義倫理的解決策略優先，解決困境過程中須兼顧關懷倫理並運
　　用溝通倫理。

　　曾有志（2012）「新北市國民小學兼任行政職務教師資訊素養對學校效能影
響之研究」，探討新北市國民小學兼任行政職務教師資訊素養對學校效能影響之
現況、差異與關係。採問卷調查法，問卷對象為新北市公立國民小學兼任行政職
務教師。背景變項：性別、年齡、最高學歷、行政職務、教學年資、行政服務年

資、學校規模。抽樣調查 98 所學校共 550 位教師，回收樣本 463 位。研究發現：

一、國民小學兼任行政職務教師在資訊素養之現況為中上程度。

二、國民小學兼任行政職務教師對校園環境設備滿意度為中上程度。

三、男性及服務年資低之行政人員資訊素養較佳。

四、行政年資較久的兼任行政職務教師資訊整合能力較佳。

五、高學歷及進修時間較長之兼任行政職務教師資訊素養較佳。

六、主任的資訊素養比組長為佳。

七、不同學校規模之兼任行政職務教師資訊素養無顯著差異。

八、教學年資較久者兼任行政職務教師其知覺學校效能表現較佳。

九、擔任行政職務教師較久者其知覺學校效能表現較佳。

十、學歷較高、研習時數多的兼任行政職務教師其知覺學校效能表現較佳。

十一、主任知覺學校校能表現較組長為佳。

十二、13~24 班學校及 49 班以上學校其學校效能表現較 12 班以下、25~48 班學校
　　　為佳。

十三、國民小學兼任行政職務教師的資訊素養和學校效能有明顯相關。

十四、行政人員的資訊認知和整合能力與學校效能有明顯相關。

　　　張加孟（2012）「國民中學兼任行政職務之教師學校行政倫理困境的認知及其
解決策略之研究」，探究國民中學兼任行政職務之教師於執行其行政工作時，可
能面臨的行政倫理困境及其解決策略。研究採用問卷調查法，以新北市公立國民
中學教師兼行政人員為對象。背景變項：性別、年齡、婚姻狀況、最高學歷、行
政職務、服務年資、行政服務年資、服務處室、學校規模。共計發出 485 份問卷，
回收 422 份，回收率 87%，有效問卷 394 份，有效率 81%。依據所得資料進行描
述統計、獨立樣本 t 檢定、單因子變異數分析及 Pearson 積差相關等方法進行統計
分析。研究發現：

一、兼任行政職務之國民中學教師對自身面臨行政倫理困境的認知程度普遍不高
　　。

二、兼任行政職務之國民中學教師在面對學校行政倫理困境時，最常用「溝通」
　　的策略。

三、女性、單身之兼行政職務教師回答其遭遇較高「價值衝突」的學校行政倫理
　　困境。

四、兼任行政職務之教師在規模不同之學校對「責任衝突」和「利益衝突」向度
　　之倫理困境有差異的認知。

五、來自不同處室之兼任行政職務教師在「利益衝突」和「價值衝突」向度的倫
　　理困境上呈現顯著性的差異認知。

六、兼任行政職務之教師，當其年齡、學歷、服務年資、行政職務服務年資及不
　　同職務等背景不同時，其在解決倫理困境的策略上，具有顯著差異。

七、「依法行政」、「加強溝通」兩策略與各類型行政倫理困境的認知，兩兩呈
　　現負相關。

八、「服從上級」、「延宕」、「離開職位」三策略與各類型行政倫理困境的認
　　知，兩兩呈現正相關。

　　黃晴晴（2012）「臺中市國民小學兼任行政教師專業知識、技能與倫理認知
和實踐之研究」，探討臺中市兼任行政教師專業知識、技能與倫理認知與實踐的
狀況以及兩者相關情形。研究採問卷調查法。研究母群體為臺中市國民小學兼任
行政教師，背景變項：性別、年齡、最高學歷、行政職務、服務處室、行政服務
年資、學校規模。依學校規模分層隨機抽樣，抽取 46 所學校施測，總共發出 412
份問卷，回收問卷 392 份，問卷回收率 95.15%，有效問卷為 378 份，問卷可用率
為 96.43%。研究發現：

一、兼任行政教師對專業知識、技能與倫理屬於高度認知。

二、不同年齡與職務的兼任行政教師對專業知識、技能與倫理認知有所不同。

三、兼任行政教師在專業知識、技能與倫理實踐屬於中上程度。

四、不同年齡、最高學歷、職務、行政年資與學校規模的兼任行政教師在專業知識、技能與倫理實踐有所不同。

五、兼任行政教師專業知識、技能與倫理的認知程度和實踐狀況有所不同。

六、兼任行政教師專業知識、技能與倫理認知程度與實踐狀況呈正相關。

　　劉心君（2013）「臺北市國民小學兼任行政教師專業能力認知與實踐之研究」，探討臺北市國民小學教師兼任行政專業能力認知與實踐之現況及相關情形。採用問卷調查法為主要研究方法。研究母群體為臺北市國民小學兼任行政教師，背景變項：性別、年齡、最高學歷、行政年資、行政職務。總共發出 644 份問卷，回收 577 份，回收率為 89.5%，有效問卷為 527 份。研究發現：

一、兼任行政教師在專業能力上有非常良好的認知程度，對於專業能力的內涵有充分瞭解。

二、兼任行政教師在專業能力的實踐上有良好的具體表現和作為。

三、年齡、行政年資與行政職務是影響兼任行政教師專業能力認知程度的重要因素。

四、年齡、行政年資與行政職務是影響兼任行政教師專業能力實踐程度的重要因素。

五、兼任行政教師在專業能力的認知程度越高，對專業能力實踐程度越積極。

　　黃俊傑（2013b）「國民小學兼任行政教師行政倫理指標建構與實證之研究」，建構我國的「國民小學兼任行政教師行政倫理指標」，再依據所建構的指標，探討當前國小行政倫理的現況，分析不同背景變項（教育人員之性別、服務年資、行政職務、最高學歷、學校地區、學校規模）的國小教育人員，在本指標（研究

變項：效益倫理、正義倫理、關懷倫理、批判倫理、德行倫理）的重要性與現況知覺的差異情形。研究經由分析及歸納所蒐集之文獻，擬定「國小兼任行政教師行政倫理指標」初步架構，接著透過德懷術實施過程，逐步尋求共識之達成。在實證分析階段，主要是以當前國小教育人員為研究對象，採用問卷調查法作為研究方法。總計發出 1,532 份問卷，回收 1,362 份，回收率為 88.90%，其中有效問卷 1,334 份(87.08%)。研究發現：

一、「國小兼任行政教師行政倫理指標」，共分為 5 大層面，包括「效益倫理」、「正義倫理」、「關懷倫理」、「批判倫理」及「德行倫理」，兼具理論與實務。

二、目前國小教育人員知覺行政倫理之重要性屬中高等程度，由高而低依序為：「德行倫理」、「正義倫理」、「批判倫理」、「關懷倫理」及「效益倫理」。

三、目前國小教育人員知覺行政倫理之現況屬中等程度，由高而低依序為：「正義倫理」、「效益倫理」、「德行倫理」、「關懷倫理」及「批判倫理」。

四、目前國小教育人員知覺行政倫理之現況與重要性二者之間有顯著落差：國小教育人員所知覺之行政倫理重要性比現況還高。尤其批判倫理層面之能力現況，比其他四大層面能力為低，更是需要專業成長以改善不足的地方。

五、國小教育人員之背景變項與行政倫理現況知覺之情形：教育人員之職位、學校規模在行政倫理指標現況知覺有顯著差異，而教育人員之性別、服務年資、學歷、學校地區在行政倫理指標現況知覺上則沒有顯著差異。

　　吳慧玲（2014）「高雄市國民中學學校行政倫理與教師工作滿意度之關係研究」，探討國民中學教師知覺學校行政倫理與教師工作滿意度的現況，進一步分析其差異與相關情形，並探討國民中學教師知覺學校行政倫理對教師工作滿意度的預測情形。研究採用問卷調查法，以高雄市國中教師為研究對象，背景變項：

教師的性別、學歷、學校規模，以分層抽樣方式抽取樣本，共計抽取626位教師為施測對象，回收有效問卷587份。研究發現：

一、國民中學教師知覺學校行政倫理的現況屬於中高程度。

二、國民中學教師工作滿意度的現況屬於中高程度。

三、男性、24班以下之教師在學校行政倫理知覺較佳。

四、男性、一般大學、24班以下及49班以上之教師在教師工作滿意度知覺較佳。

五、國民中學學校行政倫理與教師工作滿意度有顯著正相關。

六、國民中學學校行政倫理對教師工作滿意度具有預測力。

鄭進寶（2016）「高雄市國中兼行政職教師人格特質、行政倫理與工作投入關係之研究」，研究採問卷調查法，以高雄市104學年度國中兼行政教師為研究對象，背景變項：性別、年齡、婚姻狀況、最高學歷、擔任職務、服務年資。進行分層抽樣，以學校規模大小決定所應抽取之樣本數量，共發放49所國中614份問卷，回收有效問卷485份，有效回收率為88%。研究結果與「行政倫理」有關之發現：

一、高雄市國中兼行政職教師行政倫理屬於中上程度，以「正義倫理」最高。

二、不同背景變項（擔任職務）在高雄市國中兼行政職教師行政倫理有顯著差異。

三、高雄市國中兼行政職教師偏人格特質、行政倫理與工作投入兩兩之間有顯著正相關。

四、高雄市國中兼行政職教師高、中、低不同分組人格特質及行政倫理對工作投入有顯著正相關。

五、高雄市國中兼行政職教師人格特質、行政倫理對工作投入有顯著的預測力。

　　茲將上述研究，就研究變項等，分項整理如表2-19。

表 2-19

兼任行政教師行政專業能力相關實證研究整理

學者 (年代)	研究變項	研究對象	研究方法	研究發現
李美蓉 （2009）	教育專業倫理素養	國中兼任行政教師	問卷調查法	1、專業倫理素養，在性別、年齡、年資、學歷、職務等背景變項，存在顯著差異。
林勝聰 (2010)	知識管理、工作績效	國小兼任行政教師	問卷調查法	1、年齡愈大者的知識管理表現愈佳。 2、知識管理對工作績效有高度預測力。
黃夙瑜 （2011）	核心職能	國小主任	問卷調查法	1、國小主任的核心職能表在性別、年齡、年資、是否具備儲訓資格等背景變項，無顯著差異。 2、不同處室主任的核心職能表現，存在顯著差異。
潘櫻英 （2011）	行政倫理困境	國中兼任行政教師	問卷調查法	1、兼任行政教師常面臨倫理兩難困境，其中以「角色權責的兩難困境」程度最高。 2、解決策略以正義倫理策略優先，過程兼顧關懷倫理與溝通倫理。
曾有志 （2012）	資訊素養	國小兼任行政教師	問卷調查法	1、資訊素養現況為中上程度。 2、男性、年資低者、高學歷與進修時間較長者之資訊素養較佳。 3、年資較久者之資訊整合能力較佳。 4、主任的資訊素養較組長為佳。 5、資訊素養與學校效能明顯相關。
張加孟 （2012）	行政倫理困境	國中兼任行政教師	問卷調查法	1、解決倫理兩難困境，最常用「溝通」策略。 2、在年齡、學歷、年資、職務等背景變項，解決倫理困境策略存在顯著差異。 3、不同學校規模在倫理困境認知，存在顯著差異。 4、不同處室在倫理困境認知，存在顯著差異。

（續下頁）

表 2-19（續）

學者 (年代)	研究變項	研究對象	研究方法	研究發現
黃晴晴 （2012）	專業知識、技能、倫理	國小兼任行政教師	問卷調查法	1、專業知識、技能與倫理有高度認知。 2、專業知識、技能與倫理的實踐為中上程度。 3、專業知識、技能與倫理的實踐在年齡、學歷、年資、職務、學校規模等背景變項，有所不同。 4、專業知識、技能與倫理的認知與實踐呈正相關。
劉心君 （2013）	專業能力	國小兼任行政教師	問卷調查法	1、專業能力的認知與實踐皆呈現良好。 2、年齡、行政年資與行政職務是影響兼任行政教師專業能力認知與實踐的重要因素。 3、專業能力的認知程度越高，實踐程度越積極。
黃俊傑 （2013b）	行政倫理指標	國小兼任行政教師	德懷術 問卷調查法	1、知覺行政倫理之重要性屬中高等程度，由高而低依序為：「德行倫理」、「正義倫理」、「批判倫理」、「關懷倫理」及「效益倫理」。 2、知覺行政倫理之現況屬中等程度，由高而低依序為：「正義倫理」、「效益倫理」、「德行倫理」、「關懷倫理」及「批判倫理」。 3、「批判倫理」層面之能力現況，比其他四大層面能力為低，更是需要專業成長以改善不足的地方。
吳慧玲 （2014）	行政倫理困境、工作滿意度	國中教師	問卷調查法	1、知覺學校行政倫理的現況屬於中高程度。 2、學校行政倫理與教師工作滿意度呈顯著正相關。 3、學校行政倫理對教師工作滿意度具有預測力。
鄭進寶 （2016）	人格特質、行政倫理、工作投入	國中兼任行政教師	問卷調查法	1、兼行政職教師行政倫理屬於中上程度，以「正義倫理」最高。 2、不同職務對兼任行政教師倫理有顯著差異。

　　經由上述十一篇兼任行政教師專業行政能力相關實證研究之整理，茲就背景變項、研究變項、研究方法與研究發現，析述如下：

一、就背景變項而言，經綜合歸納有：性別、年齡、婚姻狀況、最高學歷、行政職務、服務年資、行政服務年資、服務處室、學校地區、學校規模、任教領域、是否具備主任儲訓資格等；本研究參採這些研究，將背景變項分為性別、行政服務年資、行政職務、最高學歷、學校規模、學校所在區域與學校所在地等七個項目。

二、就研究變項而言，有兼任行政教師專業能力、知識管理、核心職能、資訊素養、專業知識、專業技能、專業倫理、行政倫理困境、行政倫理指標等，與本研究相符應者，專業能力為本研究之主題，行政倫理為本研究採用之層面，知識管理與資訊素養為本研究採用之向度。

三、就研究方法而言，均採取問卷調查法；本研究在實證部分亦採取問卷調查法。

四、就研究發現而言：

（一）國中部分

　1、國中兼任行政教師常面臨倫理兩難困境，其中以「角色權責的兩難困境」程度最高；在面對行政倫理困境時，最常用「溝通」的策略。

　2、國民中學教師知覺學校行政倫理的現況屬於中高程度；兼行政職教師行政倫理屬於中上程度，以「正義倫理」最高；不同職務對兼任行政教師倫理有顯著差異。

（二）國小部分

　1、直轄市小學兼任行政教師，在專業能力的「認知」與「具備程度」，高於一般縣市，特別是偏遠之縣市。直轄市中大型學校，「知識管理」表現優良，年紀愈高、行政服務年資愈久、擔任主任者，優於年紀較輕、行政服務年資較淺、擔任組長者。

2、國小主任對核心職能的表現現況均認為符合且不同背景變項無顯著差異,但低於對重要性程度的知覺。男性及服務年資低之行政人員資訊素養較佳,行政年資較久的兼任行政教師資訊整合能力較佳,主任的資訊素養比組長佳。

3、國小教職員對國民小學主任核心職能表現現況的看法,認為「專業能力」與「領導能力」相對較低。

4、國小兼任行政教師對專業知識、技能與倫理屬於高度認知。年齡、行政年資與行政職務是影響兼任行政教師專業能力認知與實踐的重要因素。專業能力的認知程度越高,實踐程度越積極。兼任行政教師之教育專業倫理素養在不同性別、年齡、學歷、任教年資、任教領域、目前職務、行政年資有顯著差異。

5、國小教育人員知覺行政倫理之現況屬中等程度,由高而低依序為:「正義倫理」、「效益倫理」、「德行倫理」、「關懷倫理」及「批判倫理」。批判倫理層面之能力現況,比其他四大層面能力為低,更是需要專業成長以改善不足的地方。

　　上述之研究發現,國中部分將做為本研究結果討論之主要參照依據,而國小部分則做為輔助參照。

實證分析

第三章　研究設計與實施

本研究旨在進行指標之建構與實證資料分析，首先，藉由國內外相關文獻的整理歸納，建構兼任行政教師行政專業能力指標雛型。接著，編製「國民中學兼任行政教師行政專業能力指標建構問卷」，提供給「德懷術專家小組」進行專家諮詢，透過二次德懷術（The Delphi method）以分析篩選指標，再向實務工作者施測預試問卷，以確立國民中學兼任行政教師行政專業能力指標架構。另外，藉由「層級分析法（Analytic Hierarchy Process, AHP）專家小組」建構國民中學兼任行政教師行政專業能力指標權重體系。同時，透過問卷調查獲得實證資料，以檢視當前國民中學兼任行政教師行政專業能力具備現況。最後，根據層級分析法與問卷調查法所獲得的資料，進行分析與討論，以獲致研究結論並提出建議。本章共分為五節，第一節為研究流程與架構，第二節為研究方法，第三節為研究工具，第四節為研究對象與實施，第五節為資料處理。

第一節　研究流程與架構

關於本研究之研究流程與架構，以下分別就研究流程、指標建構流程與實證分析架構等三部分予以說明：

壹、研究流程

本研究流程如圖3-1（箭頭符號 ➔ 代表研究指涉方向），依循下列十個步驟：

一、決定研究方向，擬定研究計劃，進而與指導教授討論以確立研究重點。

二、進行文獻資料之蒐集。本研究所蒐集之文獻包括：國內外學者對於學校行政之論述、國內外學者對於學校行政專業能力之論述、國家教育研究院對於主任儲訓及組長培訓課程專案計畫之研究、國中主任儲訓課程及兼任行政教師行政專業能力相關之國內博碩士論文。

三、將所蒐集資料進行文獻分析並與指導教授研討，透過文獻之內容分析，形成兼任行政教師行政專業能力指標層面、向度與指標細目之雛型。

四、依據指標雛型，以二次專家德懷術進行國民中學兼任行政教師行政專業能力指標分析。

五、根據二次專家德懷術之指標分析結果，編製「國民中學兼任行政教師行政專業能力指標」預試問卷及施測。

六、由二次專家德懷術及指標預試問卷施測結果，以確立指標建構。

七、進行臺灣地區公立國民中學兼任行政教師行政專業能力指標之實證調查及對德懷術專家之指標相對權重調查。

八、進行實證調查之資料統計分析及權重分析。

九、根據分析結果，進行結果與討論。

十、根據研究結果，提出結論與建議。

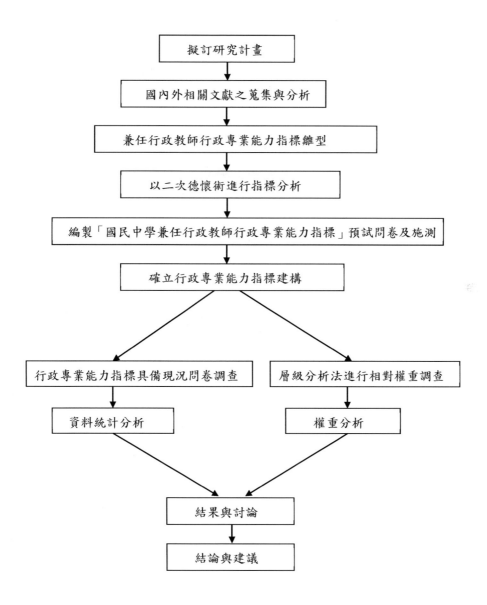

圖 3-1 國民中學兼任行政教師行政專業能力指標建構與實證分析之研究流程

貳、指標建構流程

　　本研究指標建構流程如圖3-2（箭頭符號 ➔ 指涉方向，虛線符號 ┈┈ 指涉德懷術或問卷之實施內涵），依循下列七個步驟：

一、進行國內外相關文獻探討。

二、就學校行政、學校行政能力及指標建構三個方面的文獻，予以分析歸納。

三、建構兼任行政教師行政專業能力指標之雛型。

四、經由第一次德懷術，以確立指標適當程度。

五、經由第二次德懷術，以確立指標重要程度之共識。

六、經由問卷預試，以確立指標架構。

七、完成兼任行政教師行政專業能力指標建構。

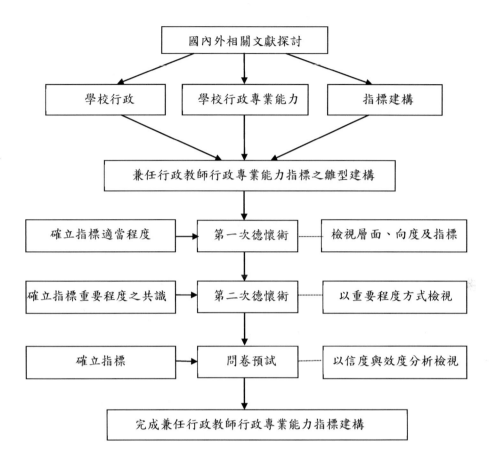

圖 3-2 兼任行政教師行政專業能力指標建構流程

參、實證分析架構

　　兼任行政教師行政專業能力指標之實證分析,是藉由問卷調查以瞭解國民中學兼任行政教師所具備之行政專業能力現況,實證分析架構如圖3-3(箭頭符號　→指涉方向)。

　　本研究之主要變項包括「背景變項」及「行政專業能力變項」,以下分別說明變項及分析途徑:

一、背景變項分成七個項目，具體內容分別為：

（一）性別：男、女。

（二）行政服務年資：3 年以下、4-9 年、10-15 年、16-20 年、21 年以上。

（三）行政職務：主任、組長。

（四）最高學歷：師大（含一般大學教育系）、一般大學、研究所以上（含 40
學分班）。

（五）學校規模：6 班以下、7-12 班、13-24 班、25-48 班、49 班以上。

（六）學校所在區域：北區（臺北市、新北市、基隆市、桃園市、新竹縣市）、
中區（苗栗縣、臺中市、南投縣、彰化縣、雲林縣）、南區（嘉義縣市、
臺南市、高雄市、屏東縣、澎湖縣）、東區（宜蘭縣、花蓮縣、台東縣）。

（七）學校所在地：偏遠地區、一般鄉鎮、都市地區（含省、縣轄市）。

二、行政專業能力變項分為三個層面與十三個向度，具體內容為：

（一）行政歷程：「計畫」、「領導」、「溝通」、「評鑑」。

（二）經營管理：「品質管理」、「知識管理」、「E 化管理」、「創新經營」。

（三）行政倫理：「效益倫理」、「正義倫理」、「關懷倫理」、「批判倫理」、
「德行倫理」。

三、變項間 A、B、C 分析途徑：以 t 檢定及單因子變異數分析，探討不同背景變
項下，兼任行政教師所具備行政專業能力之差異情形。

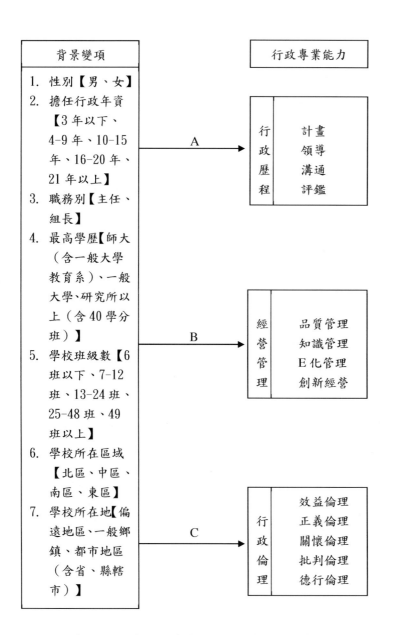

圖 3-3　兼任行政教師行政專業能力指標實證分析架構

第二節　研究方法

本研究首先透過文獻探討分析歸納，以形成兼任行政教師行政專業能力指標雛型建構。接著，採用德懷術、調查研究法及層級分析法進行研究，以達成本研究建構國民中學兼任行政教師行政專業能力指標及實證分析之研究目的。

壹、德懷術

德懷術之應用，係針對某一主題，交由一組專家表達意見，然後予以蒐集、組織，以獲致團體一致的看法。德懷術係針對專家座談法在討論的過程中，可能產生少數人的意見被忽略，或全體參與者無法在同一時間出席等之缺點而設計，其將原來會議面對面溝通的方式，改為匿名式的溝通方式，讓所有參與者都能在無威脅的情境，仔細思考並表達己見，同時還可以參考其他人的意見來決定是否修正自己的意見。因此，進行德懷術時，該組專家毋須面對面對質或辯論，僅需就某一主題編製成多項問題的一系列問卷調查，透過郵件、傳真、或電子郵件來交換資訊。參與者係根據個人的知覺與認知，表達看法或予以判斷，進而達成共識（王文科、王智弘，2010）。因此，藉由德懷術邀請對某一議題具有代表性且背景多元的專家參與，以不同觀點共同討論特定議題，促使結論更客觀、嚴謹且更具有價值（吳雅玲，2001）。而選擇一組適當的專家團隊，是運用德懷術的關鍵要素，這組專家的專業背景以及研究領域，攸關運用德懷術研究結果的完整性與品質（Dalkey, 1969）。

本研究採用德懷術研究法，希冀借助學者專家及實務工作者的專業，針對兼任行政教師行政專業能力指標雛型建構，提供指標建構有關之意見，以篩選出重要指標。

貳、調查研究法

　　當研究者欲探究母群體在特定議題（如心理、教育、政治或經濟）的普遍趨勢或現象時，受限於效益考量，不會對母群體進行普查，僅會從關心的母群體中抽出具代表性的樣本，藉由樣本在問卷或訪談的結果，推論母群體在一個或多個社會、心理或文化等特性上的展現。為使樣本能確切反應母群體的特性，問卷問題的設計、抽樣、資料蒐集與分析，以及解釋與推論的歷程，皆須經系統化的程序，周全考慮並良好執行，才能產生可信的調查研究結果。問卷調查是屬於調查研究法其中的一種形式。是以現成或自編的問卷或量表，進行調查的方式。研究者必須先確定調查目的與對象，並確認是否有現成合適的量表可使用，若無，則必須要自編問卷或量表。在設計問卷的過程中，研究者須深入閱讀相關文獻、參考類似問卷或組合編題小組，藉以擬定適合且重要的問題，並進行初稿預試，問卷信效度分析，增刪修題及正式實施。問卷調查可分為面對面施測和郵寄問卷施測兩種方式（宋曜廷，2011）。

　　本研究在利用德懷術篩選出重要指標後，即採用問卷調查，編製「國民中學兼任行政教師行政專業能力指標預試問卷」並郵寄給預試樣本施測，以確立國民中學兼任行政教師行政專業能力指標架構；再者，編製「國民中學兼任行政教師行政專業能力調查問卷」並郵寄給母群體樣本施測，以了解兼任行政教師行政專業能力之具備現況。

參、層級分析法

　　層級分析法（AHP）是1971年由Thomas L. Saaty所發展出來的一套多目標決策方法，主要是應用在不確定情況下或是具有數個評估準則的決策問題上，後經由不斷的應用、修正以及驗證，1980年後層級分析法的理論已近乎完備（Saaty, 1980）。層級分析法是結合學者專家的主觀看法以及量化分析的客觀技術，將決策的思維模型化與數量化的過程（吳政達，2008；葉連祺，2005）。其執行過程主要透過各

個指標之間以兩兩比較的方式，找出不同指標的權重數值，並根據這些權重數值的高低，進行決策的判斷。

　　本研究採用層級分析法，以建構層面、向度及指標間之權重體系，據以分析層面、向度及指標間之相對重要性。

第三節　研究對象與實施

　　本節就研究對象與研究實施兩部分予以探討，茲說明如下：

壹、研究對象

　　本研究在國民中學兼任行政教師行政專業能力指標建構部分，其中「兼任行政教師」係指國民中學除人事及會計室主任外之各處室（教務處、學務處、總務處、輔導室）由教師兼任之主任，以及由教師兼任之各組組長。在指標實證分析的研究對象則是臺灣地區公立國民中學教師兼任之主任及組長。

貳、研究實施

一、德懷術之實施

　　Webb（1996）認為德懷術使用上分為三次，首先由研究者提出初步問卷，請專家小組自由發揮；第二次德懷術問卷則以第一次問卷反應之簡單統計結果，並請專家小組再次排序；第三次德懷術問卷之製定則以第二次結果進一步統計而成，請專家小組做最後裁定並簡述原因，達成共識。本研究採行修正德懷術，以結構化問卷進行二次德懷術調查，依據文獻分析歸納建構指標雛型，編製「國民中學兼任行政教師行政專業能力指標建構問卷（第一次德懷術）」，再請學者專家及實務工作者以適切性進行評定，透過諮詢意見之增刪與修訂，再次編製「國民中學兼任行政教師行政專業能力指標建構問卷（第二次德懷術）」，以確認重要指標，作為後續編製預試問卷之依據。

　　關於德懷術的實施，為使獲得結果具有效度，德懷術參與者應為其代表性的專家，Delbecq（1975）認為參與者應具備之特質包括對問題的瞭解程度、擁有豐富資訊與人分享、參與熱忱及兼顧理論實務工作等。Issac 與 Michael（1984）認為選擇參與成員時最好包含不同理念或地位的成員，以加強德懷術的過程。至於樣本部分則宜採小樣本，一般而言，當德懷術專家小組成員同質性高時，成員數量以 15 至 30 人為宜；當為異質性小組時，成員數量約 5 至 10 人即可，若德懷術專家小組在 10 人以上時，此時群體的誤差可降至最低，而群體的可信度最高（Dallkey, 1969; Delbecq, 1975）。

　　本研究在規劃德懷術專家小組時，即考量理論與實務的結合，並兼顧代表性，共計邀請兩類 12 位小組成員，其成員組成如表 3-1。小組成員中，學者專家部分計 5 位，係以曾發表與學校行政相關文章、指導相關碩博士論文或具有教育（學校）行政實務經驗之大學教授為主。實務工作者計 7 位，包括教育行政人員、現職國民中學校長與家長會成員，這些人員具有多年學校行政實務經驗，且均具備博士學位。本研究之德懷術專家小組成員為異質性組成，成員人數亦符合上述學者之建議，具有代表性。藉由兩類人員提供的意見，透過二次德懷術分析彙整學者專家與實務工作者之意見，以篩選出兼任行政教師行政專業能力之重要指標。

表 3-1

德懷術專家小組名單

類別	姓名	職稱	服務單位
學者專家	張ＯＯ	教授	ＯＯ大學教育行政與管理學系
	林ＯＯ	教授	ＯＯ大學教育與學習科技學系
	葉ＯＯ	教授	ＯＯ大學教育行政與政策發展所

（續下頁）

表 3-1（續）

類別	姓名	職稱	服務單位
學者專家	蔡〇〇	研究員	〇〇〇教育制度及政策研究中心
	陳〇〇	助理教授	〇〇大學教育政策與行政學系
實務工作者	鄧〇〇	處長	〇〇〇政府教育處（博士）
	曹〇〇	校長	〇〇國中（博士）
	賴〇〇	校長	〇〇國中（博士）
	鍾〇〇	校長	〇〇國中（博士）
	吳〇〇	校長	〇〇國中（博士）
	蔡〇〇	校長	〇〇國中（博士）
	柯〇〇	理事長	〇〇〇家長協會（博士）

二、預試問卷之抽樣與實施

　　本研究實施預試問卷之主要目的，在於決定經二次德懷術後指標之堪用程度。預試問卷內容，係彙整二次德懷術指標建構問卷之專家意見而成。吳明隆與涂金堂(2009)認為前測樣本數取該研究問卷最多題項之分量表的 3 倍人數，來做為研究之預試樣本。本預試問卷三個層面分量表中，以「行政倫理」的題數 22 題最多，所以，預試樣本不宜少於 66 人。考量問卷回收率，本預試問卷之實施方式採取立意抽樣，選取中區五縣市（苗栗縣、臺中市、南投縣、彰化縣、雲林縣）之教師兼任主任、組長職務者，共計 159 人參與「國民中學兼任行政教師行政專業能力指標預試問卷」之施測。施測時採 Likert 五點量表來填答與計分，由研究對象依據其看法與感受程度來填答，就「非常重要」、「重要」、「普通」、「不重要」、「非常不重要」等五個語意，選擇其中一個語意，分別給予 5 至 1 分，得分愈高者，表示

其重要程度愈高；反之，得分愈低者，則表示其重要程度愈低，據此以確立本研究之指標。

三、層級分析法之實施

　　指標權重體系之建構，必須考量參與填答者之專業性，因此，本研究在實施層級分析法時，另行邀請 5 位學者專家及 7 位實務工作者（與德懷術小組成員相異），共 12 人組成層級分析法專家小組，其成員組成如表 3-2。其中，學者專家部分計 5 位，係以曾發表與學校行政相關文章、指導相關碩博士論文或具有教育（學校）行政實務經驗之大學教授為主。實務工作者計 7 位，包括教育行政人員、現職國民中學校長與家長會成員，這些人員具有多年學校行政實務經驗，除了家長會成員外，其餘成員均具備博士學位。藉由專家小組成員的協助，進行「國民中學兼任行政教師行政專業能力指標相對權重問卷」之填答，再將問卷蒐集之資料以層級分析法進行分析，以建構兼任行政教師行政專業能力指標之權重體系。

表 3-2

層級分析法專家小組名單

類別	姓名	職稱	服務單位
	詹〇〇	教授	〇〇大學教育學研究所
	林〇〇	副教授	〇〇大學教育研究所
學者專家	高〇〇	副教授	〇〇大學教育政策與行政學系
	賴〇〇	副教授	〇〇大學教育學系
	江〇〇	助理教授	〇〇大學教育學系（具有國中校長經歷）

（續下頁）

表 3-2（續）

類別	姓名	職稱	服務單位
	張〇〇	科長	〇〇〇政府教育處（博士）
	連〇〇	校長	〇〇國中（博士）
	賴〇〇	校長	〇〇國中（博士）
實務工作者	蔡〇〇	校長	〇〇國中（博士）
	蕭〇〇	校長	〇〇國中（博士）
	陳〇〇	校長	〇〇國中（博士）
	施〇〇	秘書長	〇〇〇家長會聯合會

四、實證研究之抽樣與實施

　　抽樣方式採取分層隨機抽樣，資料來源則參考教育部統計處（2017）「各級學校縣市別校數統計（105 學年度）」資料做為抽樣依據。

（一）調查問卷之抽樣

　　本研究之母群體為臺灣地區公立國民中學之兼任行政教師，為兼顧服務學校區域之不同，以及各區域間人文、社經環境之差異，本研究以區域為單位，將臺灣地區分為北、中、南、東四區，此四區涵括縣市如下：北區（臺北市、新北市、基隆市、桃園市、新竹縣市）、中區（苗栗縣、臺中市、南投縣、彰化縣、雲林縣）、南區（嘉義縣市、臺南市、高雄市、屏東縣、澎湖縣）、東區（宜蘭縣、花蓮縣、台東縣）四區，各區學校數分布情形如表 3-3。

表 3-3

臺灣地區公立國民中學校數區域分配

區域	校數
北區	234（32%）
中區	203（28%）
南區	220（30%）
東區	68（10%）
合計	725（100%）

資料來源：教育部統計處（2017）「各級學校縣市別校數統計（105 學年度）」。

取自 http://depart.moe.edu.tw/ED4500/cp.aspx?n=1B58E0B736635285&s= 04C74553

DB60CAD

　　由表 3-3 可以看出，北、中、南、東四區國民中學學校所佔之校數百分比，分別是 32% 、28% 、30% 、10% 。為求研究結果之真實性，各區應有一定比例的抽樣學校，以實際反映當前國民中學兼任行政教師行政專業能力之現況，因此，本研究採分層隨機抽樣方式，以臺灣區所有公立國民中為母群體（共計 725 所），並將臺灣地區分為北、 中、南、東四區，抽樣之母群數為臺灣地區所有公立國民中學兼任行政教師，依一般規模學校教師兼任行政編制，每校計有教務主任、學務主任、輔導主任、總務主任、教學組長、註冊組長、資訊組長、訓育組長、生教組長、體衛組長、輔導組長、資料組長，而小規模學校之教師兼任行政編制數，會比一般規模學校為少。經由教育部統計處（https://stats.moe.gov.tw/ qframe.aspx? qno=OQAwAA2）查詢，本研究之母群數為 7,864 名兼任行政教師。

　　樣本數目大小的決定，依據 Ghiselli, Campbell 與 Zedeck（1981）建議牽涉到量表的使用時，樣本人數不宜少於 300 人；Lodico、Spaulding 與 Voegtle 指出調查研究的樣本，若母群體數少於 200 人，則應將整個母群體當做調查樣本；若母群體在

400 人左右，適當的樣本數應佔 40%；若母群體超過 1000 人，適當樣本數須有 20%；5000 人或以上的大母群體，樣本數在 350 至 500 人即可（引自王文科、王智弘，2010）。依據上述，本實證研究問卷母群數為 7,864 名，所以，有效樣本數須達 350 至 500 人，本研究擬以 500 人為有效樣本的下限數，因考量全國性問卷回收率的困難度，本研究計抽取母群體 11% 數量的學校 79 所，共 865 人，各區域抽取校數如表 3-4。

表 3-4

抽取公立國民中學校數及教師人數分配

區域	國中校數	教師人數
北區（N）	25	276
中區（C）	22	242
南區（S）	24	263
東區（E）	8	84
合計	79	865

（二）問卷編碼說明

　　依學校所在區域加以編碼表示。北區以 N 表示、中區以 C 表示、南區以 S 表示、東區以 E 表示。各學校個別問卷則以阿拉伯數字依序表示，例如：北區某所國民中學，其編碼為 N-1。

（三）調查問卷之計分方式

　　國民中學兼任行政教師行政專業能力調查問卷，施測時採 Likert 五點量表來填答與計分，由研究對象就「完全具備」到「完全不具備」，依據其感受程度來填答，分別給予 5 至 1 分，得分愈高者，表示其具備程度愈高；反之，得分愈低者，則表示其具備程度愈低，藉此確認研究對象在指標內容的具備程度。

第四節　研究工具

本研究研究工具共有五項，分別為二次德懷術使用之「國民中學兼任行政教師行政專業能力指標建構問卷（第一次德懷術）」、「國民中學兼任行政教師行政專業能力指標建構問卷（第二次德懷術）」、預試問卷使用之「國民中學兼任行政教師行政專業能力指標預試問卷」、層級分析法使用之「國民中學兼任行政教師行政專業能力指標相對權重問卷」及實證分析使用之「國民中學兼任行政教師行政專業能力調查問卷」。茲就各項研究工具之實施內容，說明如下：

一、第一次德懷術問卷

問卷目的主要就兼任行政教師行政專業能力指標之適切性進行評估，以「適當程度」作為區分，採用1至5分之評分方式，數值為連續變項；另有設計「修正意見」及「新增指標細目」欄位以供填答；透過學者專家意見獲得共識，以進行指標細目之修正、增刪或合併。

問卷實施期間為106年5月13日至106年5月26日。第一次德懷術問卷（如附錄一）於106年5月13日發送給12位學者專家進行意見諮詢，於5月26日回收全部問卷，回收率100%。

針對回收之第一次德懷術問卷進行資料整理，計算各指標細目之平均數（M）、眾數（Mo）及標準差（SD），以平均數≧4.00且標準差<1.00為篩選標準，將不符合標準之指標細目予以刪除。另外，針對專家小組成員就開放性問卷欄位所填之意見彙整，以進行指標細目文字修正或新增指標細目。

以下依指標三個層面的順序，列出問卷的統計結果與學者專家的意見，針對修正（修正部分以粗體字表示）、刪除與新增項目進行說明（如附錄二）。

（一）「行政歷程」層面各向度之細目統計結果與意見分析

細目「1-2-2能利用專家權威來領導」之平均數<4.00且標準差≧1.00；「1-1-2能訂定處室之短、中、長程計畫」、「1-2-6能善用溝通以協調成員的看法和行動」、

「1-4-1能針對校務計畫做形成性評鑑與總結性評鑑」與「1-4-3能完全了解校務評鑑的目的及功能」四個細目之平均數≥4.00但標準差均≥1.00，上述細目皆不符合篩選標準，顯示出專家小組成員對上述五個細目的意見分歧未達共識，因此將這些細目予以刪除。其餘細目之平均數均≥4.00且標準差<1.00，符合篩選標準，擬予以保留。

　　在問卷的開放性問題中，專家小組成員除語意修正意見外，有專家小組成員認為「1-3-3能謹慎的選擇與組織溝通訊息的內容」與「1-3-5能運用多種溝通媒介」的位置應對調，考量語意的邏輯性，先有媒介再有溝通內容之順序，這兩個細目位置對調。再者，有專家小組成員對「1-2-3 能兼顧組織目標達成及處室成員需要滿足」、「1-2-4 能善用非正式組織」、「1-4-2 能在進行評鑑之後執行追蹤改進」與「1-4-5 能具備統整、溝通、分析、設計之評鑑能力」等細目適當性的質疑，因其皆符合篩選標準，所以將細目文字做適當修正減少疑慮，仍予以保留在原向度。而 「1-3-6能兼顧組織目標與不同個體多元價值與需求」雖然符合指標篩選標準，因有專家小組成員認為與「1-2-3能兼顧組織目標達成及處室成員需要滿足」類似，爰同意專家小組成員意見，為避免語意重覆，維護指標內容精準性，乃予以刪除。另外有專家小組成員建議新增指標細目「1-1-7 能訂定合於學校需求之可行性計畫」，考量其與細目「1-1-4 能訂定合乎教育法令與政策之計畫」性質相近，予以合併；「1-2-7能善用溝通技巧，形塑良好組織氣氛」不適宜放在「領導」向度，且與「溝通」向度細目重覆，研究者經與指導教授討論後，決定不增加此細目。

（二）「經營管理」層面各向度之細目統計結果與意見分析

　　細目「2-1-2能致力於建置學校為優質的學習環境」、「2-2-6能發揮知識領導的功能，因應知識經濟時代的變革」、「2-3-4能自我提升進階資訊的素養」與「2-4-3能運用心智思考學校特色」四個細目之平均數<4.00且標準差≥1.00；「2-1-3能不斷的提升自我的專業」、「2-1-6能認同學校績效是大家的責任」、「2-2-5能透過現有的知識與外部取得知識，不斷學習成長」與「2-4-1能在行政服務上有創新的想

法」四個細目之平均數≧4.00但標準差均≧1.00;「2-3-3能利用資通訊科技做行政決策及規劃」之標準差<1.00但平均數<4.00,上述細目均不符合篩選標準,顯示出專家小組成員對上述九個細目的意見分歧未達共識,因此將這些細目予以刪除。其餘細目之平均數均≧4.00且標準差<1.00,符合篩選標準,擬予以保留。

在問卷的開放性問題中,專家小組成員除語意修正意見外,有專家小組成員認為「2-2-7能建立業務標準作業程序(SOP)」與「2-1品質管理」向度區隔之質疑,考量該細目之精神在知識管理,故仍保留在原向度。另外有專家小組成員建議新增指標細目「2-1-7 能訂定學校教育品質發展願景與目標」、「2-1-8 能不斷自我要求,達成組織目標」、「2-2-8 能與同仁分享知識,提升專業」與「2-4-7 能鼓勵同仁創新,不怕患錯的精神」,其中,2-2-8 與 2-2-4、2-4-7 與 2-4-6 語意類似,研究者經與指導教授討論後,決定不予增列,其餘二個專家小組成員建議之細目,決定予以增列。

(三)「行政倫理」層面各向度之細目統計結果與意見分析

細目「3-1-5 能考量行政決策對學校的衝擊」、「3-1-6 能訂定明確的工作流程與目標」、「3-2-5 能負責執行自身的專業義務」、「3-3-2 能避免對學生的傷害」與「3-4-6 能不斷尋求自我超越」五個細目之平均數≧4.00 但標準差均≧1.00,不符合篩選標準,因此將這些細目予以刪除。其餘細目之平均數均≧4.00且標準差<1.00,符合篩選標準,擬予以保留。

在問卷的開放性問題中,專家小組成員除語意修正意見外,有小組成員認為「3-1-3 能優先考量學校效益」是否要考量教師利益,研究者以為學校行政以學生為主體,以整體利益來考量,經與指導教授討論後,未將教師納入本指標。另有小組成員認為要新增「3-2-7 做決策時能衡量弱勢團體的情境,爭取最大福祉」,研究者經與指導教授討論後,認為與「關懷倫理」向度較有關聯,且與向度內原有細目重複性高,決定不予增列。

綜合第一次德懷術之學者專家諮詢結果,學者專家對層面及指標部分並無重

大異議，所以，維持指標的三個層面及十三個向度。而在原七十八個指標細目方面，共有十九個細目（原1-1-2、1-2-2、1-2-6、1-4-1、1-4-3、2-1-2、2-1-3、2-1-6、2-2-5、2-2-6、2-3-3、2-3-4、2-4-1、2-4-3、3-1-5、3-1-6、3-2-5、3-3-2、3-4-6）不符合篩選標準，則予以刪除。另外，學者專家針對指標細目所提出之修正，修正部分以粗體表示。針對學者專家提出之刪除與新增意見，共計刪除一個細目（原1-3-6）；新增細目1-1-7併入原細目1-1-4；新增細目1-2-7、2-2-8、2-4-7與3-2-7，經研究者多方考量未予新增；僅新增細目2-1-7與2-1-8，增刪後之指標細目共計六十個細目，經重新編碼後製成第二次德懷術問卷（如附錄三）。

二、第二次德懷術問卷

　　由第一次德懷術資料進行指標修正、增刪或合併後，編製第二次德懷術問卷（如附錄三）。問卷目的在進行指標重要性之界定，依「不重要」、「普通」、「重要」之區分，以1至3分之方式加以評分。

　　問卷實施期間為106年6月5日至106年6月27日。第二次德懷術問卷於106年6月5日發送給12位學者專家進行意見諮詢，於6月27日回收全部問卷，回收率100%。

　　就第二次德懷術問卷進行資料整理，計算各指標細目之平均數（M）、眾數（Mo）及標準差（SD），以至少有一位專家認為不重要或全體專家填答其重要程度低於58%者，做為指標細目篩選標準（如附錄四）。

　　一位專家小組成員針對細目2-4-3：能具備「好上求好」的經營態度，提出修改「好上求好」為「好再更好」的建議；3-3-3：能協助同仁解決問題（如教學需求…）提出將「…」刪除，針對上述之二項建議，研究者經與指導教授討論後，認為有無改變對題意並不會產生重大影響，所以仍維持原來之細目。問卷的統計結果與分析，將就指標的三個層面分述如下：

（一）「行政歷程」層面之統計結果分析

　　向度「1-3-3能運用多種溝通媒介，順利推動計畫」，全體專家填答其重要程度比率低於58%，予以刪除，其餘細目均符合篩選標準，則予以保留。

（二）「經營管理」層面之統計結果分析

　　向度「2-1-5 能不斷自我要求，達成組織目標」，全體專家填答其重要程度比率低於 58%，予以刪除；「2-2-3 能將理論知識與實務知識結合於實務工作」，全體專家填答其重要程度比率雖超過 58%，但有一位專家小組成員認為「不重要」，予以刪除；「2-1-1 能利用 PDCA（計畫、執行、考核、行動）檢視自我的工作品質」與「2-3-1 能利用資通訊科技（ICT）基礎能力做好溝通」，全體專家填答其重要程度比率皆低於 58%，且皆有一位專家小組成員認為「不重要」，予以刪除；其餘細目皆符合篩選標準，則予以保留。

（三）「行政倫理」層面之統計結果分析

　　向度「3-1-4 能考量學校對社會的責任」，全體專家填答其重要程度比率低於 58%，予以刪除；「3-4-5 能對長官與同仁的錯誤勇於提醒與建言」，全體專家填答其重要程度比率低於 58%，且有一位專家小組成員認為「不重要」，予以刪除；其餘細目皆符合篩選標準，則予以保留。

　　經過篩選後之指標細目從 60 個刪減成為 53 個。

三、預試問卷

　　預試問卷內容，係彙整二次德懷術指標建構問卷之專家意見而成。採 Likert 五點量表來填答與計分，由研究對象依據其看法與感受程度來填答，就「非常重要」、「重要」、「普通」、「不重要」、「非常不重要」等五個語意，選擇其中一個語意，分別給予 5 至 1 分，得分愈高者，表示其重要程度愈高；反之，得分愈低者，則表示其重要程度愈低。

　　問卷實施期間為106年8月30日至106年9月12日。預試問卷（如附錄五）於8月30日發放159份（取樣中區公立國中總校數5%的學校），於9月12日回收問卷123份，經檢視剔除填答不全之無效問卷3份，合計取得有效樣本120人，問卷總回收率77.4%，有效率75.5%。

　　預試問卷調查回收後，即針對有效問卷進行編碼，並以 SPSS22 與 Amos20 套裝統計軟體進行信度與效度分析。

（一）預試樣本分析

　　預試問卷之有效樣本共 120 人，組成如表 3-5，其中男性 54 人（45%）、女性 66 人（55%）；擔任行政年資 3 年以下有 32 人（26.7%）、4-9 年有 34 人（28.3%）、10-15 年有 29 人（24.2%）、16-20 年有 16 人（13.3%）、21 年以上有 9 人（7.5%）；擔任主任職務有 36 人（30%）、組長職務有 84 人（70%）；在最高學歷方面，師大 23 人（19.2%）、一般大學 22 人（18.3%）、研究所 75 人（62.5%）；至於學校班級數，6 班以下 5 人（4.2%）、7-12 班 0 人（0%）、13-24 班 44 人（36.7%）、25-48 班 32 人（26.6%）、49 班以上 39 人（32.5%）；學校所在地屬於偏遠 18 人（15%）、一般鄉鎮 34 人（28.3%）、都市地區 68 人（56.7%）。

表 3-5

預試問卷之樣本組成

縣市	性別		擔任行政年資（年）					職務別		最高學歷		
	男	女	≦3	4-9	10-15	16-20	≧21	主任	組長	師大	一般大學	研究所
苗栗縣	6	9	3	7	3	2	0	7	8	1	7	7
臺中市	7	12	8	4	1	5	1	4	15	3	4	12
南投縣	13	10	7	2	8	4	2	6	17	5	3	15
彰化縣	23	24	12	15	11	3	6	14	33	12	4	31
雲林縣	5	11	2	6	6	2	0	5	11	2	4	10
合計	54	66	32	34	29	16	9	36	84	23	22	75
百分比	45%	55%	26.7%	28.3%	24.2%	13.3%	7.5%	30%	70%	19.2%	18.3%	62.5%

表 3-5（續）

縣市	學校班級數					學校所在地		
	≦6	7-12	13-24	25-48	≧49	偏遠	一般	都市
苗栗縣	5	0	10	0	0	5	0	10
臺中市	0	0	0	9	10	0	0	19
南投縣	0	0	0	23	0	0	13	10
彰化縣	0	0	26	0	21	13	13	21
雲林縣	0	0	8	0	8	0	8	8
合計	5	0	44	32	39	18	34	68
百分比	4.2%	0%	36.7%	26.6%	32.5%	15%	28.3%	56.7%

（二）偏態與峰度常態分配考驗

由於驗證性因素分析中以內定之最大概數估計法（Maximum Likehood Estimation, ML）估計參數，利用ML時資料必須符合多變量常態分配的假定（Ding, Velicer & Harlow, 1995）。爰此，本預試問卷就偏態與峰度常態分配進行考驗，再以此結果為依據，進行後續之驗證性因素分析。關於偏態與峰度考驗，一般而言，偏態的絕對值若大於2.0視為極端偏態；峰度絕對值大於7.0，表示峰度有問題（Curran, West & Finch, 1996）。因此，檢定結果，若細目之偏態絕對值大於2.0或峰度絕對值大於7.0，則視為鑑別力較低之細目，予以刪除。

由表3-6可知，平均數介於4.08～4.63，表示受測者對指標細目重要性的認同度頗高。偏態係數介於-1.75～-.27，峰度係數則介於-.92～4.27，皆在正常範圍內，因此，可確定所有指標細目之偏態與峰度並未違反常態分配，所有細目皆予以保留。

表 3-6

預試問卷樣本偏態與峰度係數摘要

層面	向度	細目	N	M	SD	偏態係數	峰度係數	保留與否
1.行政歷程	1-1計畫	1-1-1 能讓處室成員及相關人員參與計畫之擬定及相關會議。	120	4.41	.65	-.84	.47	保留
		1-1-2 能做好計畫執行前的宣導。	120	4.42	.62	-.55	-.59	保留
		1-1-3 能訂定合乎教育法令與政策及學校需求之可行性計畫。	120	4.38	.64	-.54	-.62	保留
		1-1-4 能管控計畫之執行成效與問題。	120	4.36	.68	-.76	.11	保留
		1-1-5 能在計畫需要改變時，適時調整。	120	4.43	.63	-.63	-.54	保留

（續下頁）

表 3-6（續）

層面	向度	細目	N	M	SD	偏態係數	峰度係數	保留與否
1.行政歷程	1-2 領導	1-2-1 執行計畫時，能激勵處室成員的士氣。	120	4.34	.63	-.41	-.65	保留
		1-2-2 能兼顧組織目標達成及處室成員需要滿足。	120	4.39	.69	-.70	-.66	保留
		1-2-3 能善用非正式組織，有利於計畫的執行。	120	4.30	.73	-.67	-.35	保留
		1-2-4 能根據事情的輕重緩急，通權達變、因應制宜。	120	4.56	.58	-.90	-.17	保留
	1-3 溝通	1-3-1 能提供暢通多元的正式與非正式溝通管道。	120	4.54	.61	-.97	-.06	保留
		1-3-2 能具有圓融的溝通技巧。	120	4.58	.56	-.92	-.16	保留
		1-3-3 能專注傾聽對方傳遞的訊息。	120	4.63	.54	-1.02	-.02	保留
		1-3-4 能謹慎的選擇與組織溝通訊息的內容。	120	4.51	.59	-.77	-.37	保留
		1-3-5 能以同理心與他人做溝通，以利任務的達成。	120	4.51	.67	-1.37	1.95	保留
	1-4 評鑑	1-4-1 能在接受評鑑後，進行追蹤的工作。	120	4.08	.82	-1.01	1.99	保留
		1-4-2 能針對該處室的評鑑缺失提出改進的方法。	120	4.36	.67	-.74	.20	保留
		1-4-3 能針對評鑑內容資料，統整分析。	120	4.18	.77	-.87	1.32	保留

（續下頁）

表 3-6（續）

層面	向度	細目	N	M	SD	偏態係數	峰度係數	保留與否
2.經營管理	2-1 品質管理	2-1-1 能與其他處室的行政人員共同合作，提升該處室的品質。	120	4.47	.58	-.53	-.66	保留
		2-1-2 能對自己的行政工作提出改善計畫。	120	4.36	.68	-.76	.11	保留
		2-1-3 能訂定學校教育品質發展願景與目標。	120	4.26	.67	-.35	-.77	保留
	2-2 知識管理	2-2-1 能利用各種管道取得行政所需要的資訊與知識。	120	4.27	.66	-.34	-.73	保留
		2-2-2 能將獲得的知識做有效分類並儲存。	120	4.30	.64	-.37	-.68	保留
		2-2-3 能參與專業發展社群，進行知識的傳遞與共享。	120	4.18	.70	-.27	-.92	保留
		2-2-4 能建立業務標準作業程序（SOP）供成員參考。	120	4.26	.68	-.54	-.06	保留
	2-3 E 化管理	2-3-1 能妥善建置行政檔案分類資料庫。	120	4.40	.60	-.44	-.65	保留
		2-3-2 能遵守資訊安全的規範。	120	4.44	.65	-.92	.67	保留
		2-3-3 能善用資訊科技提升行政效能。	120	4.43	.66	-.92	.56	保留
	2-4 創新經營	2-4-1 能在行政流程上有創新的想法。	120	4.24	.76	-.67	-.16	保留
		2-4-2 能將創意具體寫成計畫並執行。	120	4.28	.83	-1.00	.86	保留
		2-4-3 能具備「好上求好」的經營態度。	120	4.32	.74	-.84	.15	保留
		2-4-4 能具備激勵同仁創新的熱情，經常鼓勵同仁在行政上創新作法。	120	4.28	.80	-1.14	1.72	保留

（續下頁）

表 3-6（續）

層面	向度	細目	N	M	SD	偏態係數	峰度係數	保留與否
3.行政倫理	3-1 效益倫理	3-1-1 能確保學生學習權益。	120	4.61	.60	-1.75	4.27	保留
		3-1-2 能優先考量學生利益。	120	4.56	.62	-1.52	3.21	保留
		3-1-3 能優先考量學校效益。	120	4.35	.72	-.91	.54	保留
	3-2 正義倫理	3-2-1 能依法行政。	120	4.58	.57	-.97	-.03	保留
		3-2-2 能遵守行政中立原則。	120	4.60	.57	-1.09	.22	保留
		3-2-3 能遵守業務機密。	120	4.66	.56	-1.40	.22	保留
		3-2-4 能迴避不當關係。	120	4.68	.52	-1.29	.68	保留
		3-2-5 能包容他人不同的價值觀。	120	4.55	.58	-.86	-.23	保留
	3-3 關懷倫理	3-3-1能適時給予學生關懷協助。	120	4.62	.55	-1.08	.19	保留
		3-3-2 能照顧弱勢學生。	120	4.61	.52	-.80	-.60	保留
		3-3-3 能協助同仁解決問題（如教學需求…）。	120	4.51	.58	-.69	-.49	保留
		3-3-4 能重視同仁間交流。	120	4.51	.59	-.77	-.37	保留
		3-3-5 能維持和諧的人際關係。	120	4.58	.59	-1.05	.12	保留
	3-4 批判倫理	3-4-1 能反省自己的言行。	120	4.58	.56	-.89	-.23	保留
		3-4-2 能勇於承擔錯誤。	120	4.59	.54	-.86	-.36	保留
		3-4-3 能對自我的缺失進行批判。	120	4.57	.55	-.74	-.56	保留
		3-4-4 能因應改變，適時調整行政作為。	120	4.62	.55	-1.08	.19	保留

（續下頁）

表 3-6（續）

層面	向度	細目	N	M	SD	偏態係數	峰度係數	保留與否
3.行政倫理	3-5 德行倫理	3-5-1 能知覺自己的角色定位，具有服務教學的信念。	120	4.61	.54	-.93	-.20	保留
		3-5-2 能具備良好的品格操守。	120	4.58	.57	-1.01	.05	保留
		3-5-3 能力行誠信原則。	120	4.58	.56	-.92	-.16	保留
		3-5-4 能維護教師尊嚴，維持專業形象。	120	4.56	.56	-.81	-.36	保留
		3-5-5 能注意自己的言行，成為學生的楷模與社會的榜樣。	120	4.59	.59	-1.38	2.24	保留

（三）信度分析

　　為考驗本預試問卷各量表之內部一致性，以 Cronbach's α 值做為信度評量標準，Cronbach's α 值愈高，則表示該量表之內部性質愈趨於一致性。Nunnally (1978) 指出 Cronbach's α 值值低於 0.5 者，屬低信度應予拒絕，介於 0.5 與 0.7 之間者為尚可接受，高於 0.7 為信度良好。從表 3-7 之預試問卷信度分析摘要表可知，整體問卷之 Cronbach's α 值為.98，顯示整體問卷之指標細目具有相當的同質性；而各層面之 Cronbach's α 值分別為「行政歷程」.92、「經營管理」.94、「行政倫理」.97；各向度的 Cronbach's α 值介於.79～.93，分別為「計畫」.89、「領導」.79、「溝通」.88、「評鑑」.90、「品質管理」.81、「知識管理」.86、「E 化管理」.85、「創新經營」.92、「效益倫理」.87、「正義倫理」.87、「關懷倫理」.91、「批判倫理」.92、「德行倫理」.93。整體而言，就預試問卷的 Cronbach's α 值可以發現，不論從問卷的整體、各層面或各向度的 α 值來看，皆有.79 以上的水準，反映出問卷的內部一致性頗佳。

表 3-7

預試問卷信度分析摘要

層面	向度	指標細目數	Cronbach's α 值
1、行政歷程		17	.92
	1-1 計畫	5	.89
	1-2 領導	4	.79
	1-3 溝通	5	.88
	1-4 評鑑	3	.90
2、經營管理		14	.94
	2-1 品質管理	3	.81
	2-2 知識管理	4	.86
	2-3 E 化管理	3	.85
	2-4 創新經營	4	.92
3、行政倫理		22	.97
	3-1 效益倫理	3	.87
	3-2 正義倫理	5	.87
	3-3 關懷倫理	5	.91
	3-4 批判倫理	4	.92
	3-5 德行倫理	5	.93
	整體問卷	53	.98

（四）驗證性因素分析（confirmatory factor analysis, CFA）

　　在假設因素結構已知或已有假設性的先驗理論下，經由驗證性因素分析以證實或確認這樣的因素結構吻合手上蒐集的資料。Bagozzi 與 Yi（1988）認為理論模

式與實際資料是否契合，必須同考慮到基本配適度指標（perliminary fit criteria）、整體模式配適度指標（overall model fit）與模式內在結構配適度指標（fit of internal structural model）等三方面。整體模式配適度指標在檢核整個模式與觀察資料的配適度，可以說是模式外在品質的考驗；而模式內在結構配適度指標則在檢核模式內估計參數的顯著程度以及各指標及潛在變項的信度等，屬於模式的內在品質。以下先說明配適度各項檢核指標，以做為評估時的依據；接著針對每個向度進行一階驗證性因素分析，讓每個向度的項目得以確立；最後則就每個層面執行二階驗證性因素分析，以確保每個層面解構成各該向度是合理且必須的。

1.模式配適度檢核指標

(1)基本配適度指標

　　基本配適度檢核之目的乃在確認有無違反估計，亦即在進行模式檢核前，需先確立所估計參數並未違反統計所能接受的範圍，若是違反估計時即表示模式有問題。基本配適度的指標如下：

a.估計參數中不能有負的誤差變異。

b.所有誤差變異須達到顯著水準。

c.因素負荷量介於 .5~ .95之間。

d.參數間相關的絕對值不能太接近1。

（2）整體模式配適度指標

　　屬於模式外在品質的考驗，透過整體模式配適度的檢核，表示模式整體上具有效度，進行整體模式配適度檢核的指標包括：

a. χ^2值比率小於3。

b.配適度指標（Goodness of Fit Index, GFI）.9以上。

c.調整之配適度指標（adjusted-goodness-of-fit index, AGFI）.9以上。

d.均方根殘差值（Root Mean square Residual, RMR）.05以下。

e.標準化均方根殘差值（Standardized Root Mean Square Residual, SRMR）.05以下。

f.近似均方根誤差（Root Mean square Residual of Approximation, RMSEA）.08以下。

g.精簡配適度指標（Parsimonious Goodness-Fit Index, PGFI）.5以上。

h.精簡規範配適度指標（Parsimonious Normed Fit Index, PNFI）.5以上。

i.標準配適度指標（NormED- Fit Index, NFI）大於 .9以上。

j.非規範配適度指標（Tuchker-Lewis Index, TLI）.9以上。

k.成長配適度指標（Incremental Fit Index, IFI）.9以上。

l.比較性配適度指標（Comparative Fit Index, CFI）.9以上。

（3）模式內在結構配適度指標

　　關於模式內在結構配適度指標，包括：

a.個別項目信度 .5以上。

b.組合信度（composite reliability, CR） .7以上。

c.平均變異數萃取量（average of variance extracted, AVE） .5以上。

　　上述關於驗證性因素分析模式配適度檢核指標彙整如下表 3-8 所示。

表 3-8

驗證性因素分析模式配適度檢核指標彙整

	檢核項目	建議值
基本配適度指標	誤差變異	沒有負值
	誤差變異	達顯著水準
	因素負荷量	介於.5~.95 之間
整體模式配適度指標	χ^2值比率	≤ 3
	配適度指標（GFI）	$\geq .9$

（續下頁）

表 3-8（續）

檢核項目	建議值
整體模式配適度指標	
調整之配適度指標（AGFI）	≧ .9
均方根殘差值（RMR）	≦ .05
標準化均方根殘差值（SRMR）	≦ .05
近似均方根誤差（RMSEA）	≦ .08
精簡配適度指標（PGFI）	≧ .5
精簡規範配適度指標（PNFI）	≧ .5
標準配適度指標（NFI）	≧ .9
非規範配適度指標（TLI）	≧ .9
成長配適度指標（IFI）	≧ .9
比較性配適度指標（CFI）	≧ .9
模式內在結構配適度指標	
個別項目信度	≧ .5
組合信度（CR）	≧ .7
平均變異數萃取量（AVE）	≧ .5

2.行政歷程層面之驗證性因素分析

(1)計畫向度之驗證性因素分析

　　計畫向度共有五個項目，自由度為5×6/2=15df，共估計5個殘差加上1個變異數及4個因素負荷量，自由度大於估計參數，模型屬於過度辨識，符合理論上模型正定的要求。執行CFA後，由圖3-4可知，GFI≧ .9、AGFI≧ .9、normed chi-square≦3、rmsea .09 （介於.08~.10，為中度配適），配適度理想。而所有細目因素負荷量介於.75~.89，合於建議值，殘差皆為正數且顯著，顯見無違犯估計。組合信度為 .89，超過 .7的標準；平均變異數萃取量為 .63，超過 .5的標準，配適度在可接受的範

圍（Fornell & Larcker, 1981），因此，如表3-9所示，將該五個細目全部予以保留至下一階段進行分析。

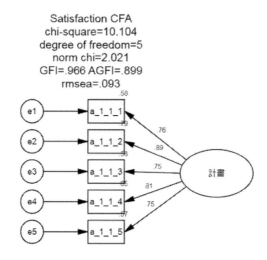

圖 3-4 計畫向度一階驗證性因素分析

表 3-9

計畫向度一階驗證性因素分析

向度	細目	進入二階分析保留與否
	1-1-1 能讓處室成員及相關人員參與計畫之擬定及相關會議。	保留
	1-1-2 能做好計畫執行前的宣導。	保留
1-1 計畫	1-1-3 能訂定合乎教育法令與政策及學校需求之可行性計畫。	保留
	1-1-4 能管控計畫之執行成效與問題。	保留
	1-1-5 能在計畫需要改變時，適時調整。	保留

(2)領導向度之驗證性因素分析

　　領導向度共有四個項目，自由度為 4×5/2=10df，共估計 4 個殘差加上 1 個變異數及 3 個因素負荷量，自由度大於估計參數，模型屬於過度辨識，符合理論上模型正定的要求。執行 CFA 後，由圖 3-5 可知，GFI≧ .9、AGFI≧ .9、normed chi-square ≦3、rmsea≦.08，配適度頗為理想。而所有細目因素負荷量介於.64~.80，合於建議值，殘差皆為正數且顯著，顯見無違犯估計。組合信度為 .79，超過 .7 的標準；平均變異數萃取量為 .49，接近 .5 的標準，配適度在可接受的範圍，因此，如表 3-10 所示，將該四個細目全部予以保留至下一階段進行分析。

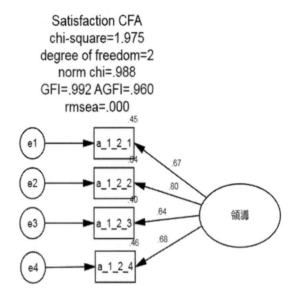

圖 3-5 領導向度一階驗證性因素分析

表 3-10

領導向度一階驗證性因素分析

向度	細目	進入二階分析保留與否
1-2 領導	1-2-1 執行計畫時，能激勵處室成員的士氣。	保留
	1-2-2 能兼顧組織目標達成及處室成員需要滿足。	保留
	1-2-3 能善用非正式組織，有利於計畫的執行。	保留
	1-2-4 能根據事情的輕重緩急，通權達變、因應制宜。	保留

(3)溝通向度之驗證性因素分析

　　溝通向度共有五個項目，自由度為 5x6/2=15df，共估計 5 個殘差加上 1 個變異數及 4 個因素負荷量，自由度大於估計參數，模型屬於過度辨識，符合理論上模型正定的要求。執行 CFA 後，由圖 3-6 可知，GFI≧ .9，而 AGFI< .9、normed chi-square >3、rmsea >.08，超過標準值。而所有細目因素負荷量介於.71~.83，合於建議值，殘差皆為正數且顯著，顯見無違犯估計。組合信度為 .89，超過 .7 的標準；平均變異數萃取量為 .61，超過 .5 的標準，整體來看，配適度並不理想，造成配適度不佳的原因應該是殘差不獨立的問題 。

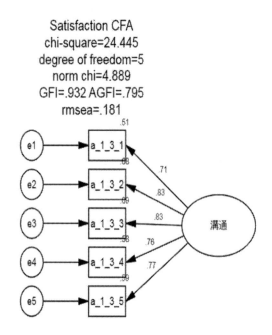

圖 3-6 溝通向度一階驗證性因素分析

　　從殘差卡方值來看，報表中的修正指標（modification indices）可以發現
e4和其他變數的卡方值比較大，所以先將「1-3-4」（e4）予以刪除，並重新進行
估計，重新估計結果如圖3-7，由圖中可以看出，GFI≧ .9、AGFI≧ .9、normed
chi-square≦3、rmsea≦.08，配適度甚為理想。而所有細目因素負荷量介於.66~.88，
合於建議值，殘差皆為正數且顯著，顯見無違犯估計。組合信度為 .86，超過 .7
的標準；平均變異數萃取量為 .61，超過 .5的標準，可見刪除「1-3-4」後重新估計，
配適度在可接受的範圍，因此，如表3-11所示，將刪除後的四個項目予以保留至下
一階段進行分析。

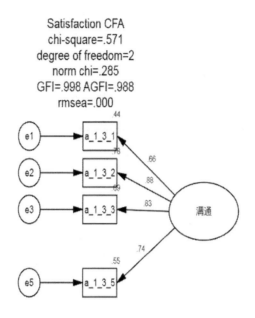

圖 3-7 溝通向度一階驗證性因素分析重新估計

表 3-11

溝通向度一階驗證性因素分析

向度	細目	進入二階分析保留與否
	1-3-1 能提供暢通多元的正式與非正式溝通管道。	保留
	1-3-2 能具有圓融的溝通技巧。	保留
1-3 溝通	1-3-3 能專注傾聽對方傳遞的訊息。	保留
	1-3-4 能謹慎的選擇與組織溝通訊息的內容。	**刪除**
	1-3-5 能以同理心與他人做溝通，以利任務的達成。	保留

(4)評鑑向度之驗證性因素分析

　　評鑑向度共有三個項目,自由度為 3×4/2=6df,共估計 3 個殘差加上 1 個變異
數及 2 個因素負荷量,自由度等於估計參數,模型屬於恰好辨識,符合理論上模
型正定的要求。執行 CFA 後,由圖 3-8 可知,所有細目因素負荷量介於.82~.91,
合於建議值,殘差皆為正數且顯著,顯見無違犯估計。組合信度為 .90,超過 .7
的標準;平均變異數萃取量為 .75,超過 .5 的標準,配適度在可接受的範圍,因
此,如表 3-12 所示,將該三個細目全部予以保留至下一階段進行分析。

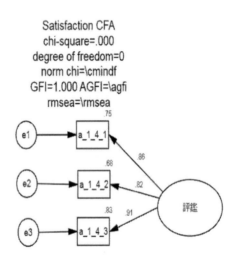

圖 3-8 評鑑向度一階驗證性因素分析

表 3-12

評鑑向度一階驗證性因素分析

向度	細目	進入二階分析保留與否
	1-4-1 能在接受評鑑後,進行追蹤的工作。	保留
1-4 評鑑	1-4-2 能針對該處室的評鑑缺失提出改進的方法。	保留
	1-4-3 能針對評鑑內容資料,統整分析。	保留

(5)「行政歷程」層面之二階驗證性因素分析

　　「行政歷程」層面包括計畫、領導、溝通與評鑑等四個向度，在進行二階驗證性因素分析後，結果如圖 3-9 所示。

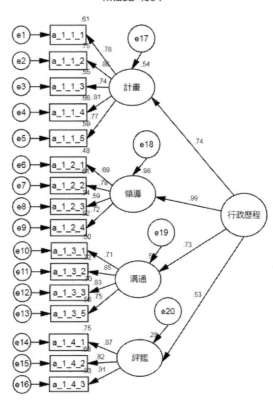

圖 3-9 行政歷程層面二階驗證性因素分析

　　以下分別就基本配適度指標、整體模式配適度指標及模式內在結構配適度指標加以分析。首先，就基本配適度指標而言，如表3-13所示，誤差變異並沒有出現負值，符合建議值；因素負荷量介於 .53~ .95，皆符合建議值，誤差變異亦都達顯著水準，皆小於 .01。因此就基本適配指數而言，模式並未發生違反估計情形。

表 3-13

行政歷程層面各變項間之參數估計摘要

變項			非標準化因素負荷	標準誤	C.R.	P	標準化因素負荷	誤差參數	標準化參數值	標準誤	P
計畫	<---	行政歷程	1.00				.74	e17	.12	.03	***
領導	<---	行政歷程	1.15	.21	5.46	***	.95	e18	.03	.02	**
溝通	<---	行政歷程	.83	.16	5.20	***	.73	e19	.09	.02	***
評鑑	<---	行政歷程	1.01	.00	4.57	***	.53	e20	.35	.07	***
1-1-1	<---	計畫	1.00				.78	e1	.17	.03	***
1-1-2	<---	計畫	1.04	.10	10.09	***	.86	e2	.10	.02	***
1-1-3	<---	計畫	.93	.11	8.47	***	.75	e3	.18	.03	***
1-1-4	<---	計畫	1.09	.12	9.36	***	.81	e4	.16	.03	***
1-1-5	<---	計畫	.95	.11	8.82	***	.77	e5	.16	.02	***
1-2-1	<---	領導	1.00				.69	e6	.20	.03	***
1-2-2	<---	領導	1.24	.17	7.39	***	.78	e7	.18	.03	***
1-2-3	<---	領導	.98	.17	5.74	***	.59	e8	.35	.05	***
1-2-4	<---	領導	.95	.14	6.90	***	.72	e9	.16	.03	***
1-3-1	<---	溝通	1.00				.71	e10	.18	.03	***
1-3-2	<---	溝通	1.11	.13	8.36	***	.85	e11	.09	.02	***
1-3-3	<---	溝通	1.05	.13	8.26	***	.84	e12	.09	.02	***
1-3-5	<---	溝通	1.17	.16	7.47	***	.75	e13	.20	.03	***
1-4-1	<---	評鑑	1.00				.87	e14	.17	.03	***
1-4-2	<---	評鑑	.78	.07	11.13	***	.82	e15	.14	.02	***
1-4-3	<---	評鑑	1.00	.08	12.52	***	.91	e16	.10	.03	***

**P<.01. ***P<.001.

　　其次，就整體模式配適度指標而言，由表 3-14 可知，$\chi 2$ 值比率 ≤ 3、RMR $\leq$ .05、PGFI $\geq$ .5、PNFI $\geq$ .5、TLI $\geq$ .9、IFI $\geq$ .9、CFI $\geq$ .9 配適度良好。而 GFI 為.83、AGFI 為 .77、NFI 為 .84，三者雖未達 .9 的建議值，但已接近建議值；rmsea 為 .09（介於.08~.10，為中度配適）；SRMR 為 .06，雖未小於 .05 的建議值，但一般小於 .08 仍在可接受的範圍內（張偉豪，2013），配適度尚可。因此，就整體模式配適度而言，本模式具有良好的配適度。

表 3-14

行政歷程層面整體模式配適度檢核摘要

	檢核項目	建議值	檢核結果	配適度判斷
整體模式配適度指標	χ^2 值比率	≤ 3	2.05	配適度良好
	配適度指標（GFI）	$\geq$ .9	.83	配適度尚可
	調整之配適度指標（AGFI）	$\geq$ .9	.77	配適度尚可
	均方根殘差值（RMR）	$\leq$ .05	.03	配適度良好
	標準化均方根殘差值（SRMR）	$\leq$ .05	.06	配適度尚可
	近似均方根誤差（RMSEA）	$\leq$ .08	.09	配適度尚可
	精簡配適度指標（PGFI）	$\geq$ .5	.61	配適度良好
	精簡規範配適度指標（PNFI）	$\geq$ .5	.70	配適度良好
	標準配適度指標（NFI）	$\geq$ .9	.84	配適度尚可
	非規範配適度指標（TLI）	$\geq$ .9	.90	配適度良好
	成長配適度指標（IFI）	$\geq$ .9	.91	配適度良好
	比較性配適度指標（CFI）	$\geq$ .9	.91	配適度良好

　　最後，就模式內在結構配適度指標而言，由表3-15可知，個別項目的信度介於 .28~ .90，除了「1-2-1」、「1-2-3」、「1-4」外，大部分值皆 $\geq$ .5；組合信度介於 .80~ .92，全部符合建議值 $\geq$ .7；平均變異數萃取量介於 .49~ .74，除「1-2」值為.49接近建議值 .5外，其餘皆 $\geq$ .5。因此，就模式內在結構配適度來看，除少數數值接近建議值，其餘皆符合配適程度，表示模式內在結構配適度良好。

表 3-15

行政歷程層面各變項之個別項目信度、組合信度與平均變異數萃取量

變項	因素負荷量	個別項目信度	組合信度	平均變異數萃取量
1.行政歷程			.92	.74
1-1 計畫	.74	.55		
1-1-1	.78	.61		
1-1-2	.86	.74	.90	.63
1-1-3	.75	.56		
1-1-4	.81	.66		
1-1-5	.77	.59		
1-2 領導	.95	.90		
1-2-1	.69	.48		
1-2-2	.78	.61	.80	.49
1-2-3	.59	.35		
1-2-4	.72	.52		
1-3 溝通	.73	.53		
1-3-1	.71	.50		
1-3-2	.85	.72	.87	.62
1-3-3	.84	.71		
1-3-5	.75	.56		
1-4 評鑑	.53	.28		
1-4-1	.87	.76		
1-4-2	.82	.67	.87	.63
1-4-3	.91	.83		

3.經營管理層面之驗證性因素分析

(1)品質管理向度之驗證性因素分析

　　品質管理向度共有三個項目,自由度為3×4/2=6df,共估計3個殘差加上1個變異

數及2個因素負荷量,自由度等於估計參數,模型屬於恰好辨識,符合理論上模型

正定的要求。執行CFA後,由圖3-10可知,所有細目因素負荷量介於.64~.89,合於

建議值,殘差皆為正數且顯著,顯見無違犯估計。組合信度為 .81,超過 .7的標準;

平均變異數萃取量為 .59，超過 .5的標準，配適度在可接受的範圍，因此，如表3-16
所示，將該三個細目全部予以保留至下一階段進行分析。

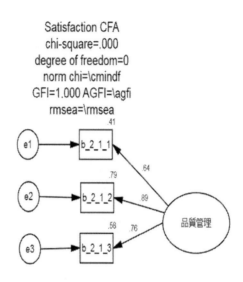

圖 3-10 品質管理向度一階驗證性因素分析

表 3-16

品質管理向度一階驗證性因素分析

向度	細目	進入二階分析保留與否
2-1 品質 管理	2-1-1 能與其他處室的行政人員共同合作，提升該處室的品質。	保留
	2-1-2 能對自己的行政工作提出改善計畫。	保留
	2-1-3 能訂定學校教育品質發展願景與目標。	保留

(2)知識管理向度之驗證性因素分析

　　知識管理向度共有四個項目，自由度為 4×5/2=10df，共估計 4 個殘差加上 1 個變異數及 3 個因素負荷量，自由度大於估計參數，模型屬於過度辨識，符合理論上模型正定的要求。執行 CFA 後，由圖 3-11 可知，GFI≧ .9、AGFI≧ .9、normed chi-square≦3、rmsea＝ .10（中度適配），配適度理想。而所有細目因素負荷量介於.65~.83，合於建議值，殘差皆為正數且顯著，顯見無違犯估計。組合信度為 .86，超過 .7 的標準；平均變異數萃取量為 .60，超過 .5 的標準，配適度在可接受的範圍，因此，如表 3-17 所示，將該四個細目全部予以保留至下一階段進行分析。

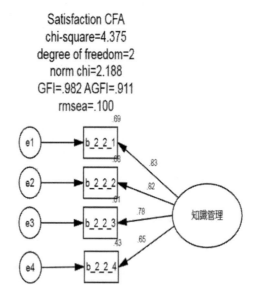

圖 3-11 知識管理向度一階驗證性因素分析

表 3-17

知識管理向度一階驗證性因素分析

向度	細目	進入二階分析保留與否
2-2 知識 管理	2-2-1 能利用各種管道取得行政所需要的資訊與知識。	保留
	2-2-2 能將獲得的知識做有效分類並儲存。	保留
	2-2-3 能參與專業發展社群，進行知識的傳遞與共享。	保留
	2-2-4 能建立業務標準作業程序（SOP）供成員參考。	保留

(3)E 化管理向度之驗證性因素分析

　　E 化管理向度共有三個項目，自由度為 3×4/2=6df，共估計 3 個殘差加上 1 個變異數及 2 個因素負荷量，自由度等於估計參數，模型屬於恰好辨識，符合理論上模型正定的要求。執行 CFA 後，由圖 3-12 可知，所有細目因素負荷量介於.69~.87，合於建議值，殘差皆為正數且顯著，顯見無違犯估計。組合信度為 .85，超過 .7 的標準；平均變異數萃取量為 .66，超過 .5 的標準，配適度在可接受的範圍，因此，如表 3-18 所示，將該三個細目全部予以保留至下一階段進行分析。

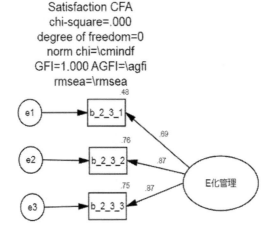

圖 3-12 E 化管理向度一階驗證性因素分析

表 3-18

E 化管理向度一階驗證性因素分析

向度	細目	進入二階分析保留與否
2-3E 化 管理	2-3-1 能妥善建置行政檔案分類資料庫。	保留
	2-3-2 能遵守資訊安全的規範。	保留
	2-3-3 能善用資訊科技提升行政效能。	保留

(4)創新經營向度之驗證性因素分析

　　創新經營向度共有四個項目，自由度為 4×5/2=10df，共估計 4 個殘差加上 1 個變異數及 3 個因素負荷量，自由度大於估計參數，模型屬於過度辨識，符合理論上模型正定的要求。執行 CFA 後，由圖 3-13 可知，GFI≥ .9、AGFI≥ .9、normed chi-square≤3、rmsea≤.08，配適度頗為理想。而所有細目因素負荷量介於.83~.88，合於建議值，殘差皆為正數且顯著，顯見無違犯估計。組合信度為 .92，超過 .7 的標準；平均變異數萃取量為 .74，超過 .5 的標準，配適度在可接受的範圍，因此，如表 3-19 所示，將該四個細目全部予以保留至下一階段進行分析。

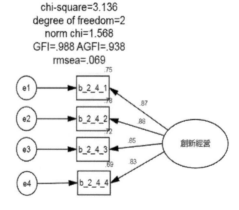

圖 3-13 創新經營向度一階驗證性因素分析

表 3-19

創新經營向度一階驗證性因素分析

向度	細目	進入二階分析保留與否
2-4 創新 經營	2-4-1 能在行政流程上有創新的想法。	保留
	2-4-2 能將創意具體寫成計畫並執行。	保留
	2-4-3 能具備「好上求好」的經營態度。	保留
	2-4-4 能具備激勵同仁創新的熱情，經常鼓勵同仁在行政上創新 作法。	保留

(5)「經營管理」層面之二階驗證性因素分析

　　「經營管理」層面包括品質管理、知識管理、E 化管理與創新經營等四個向度，

在進行二階驗證性因素分析後，結果如圖 3-14 所示。

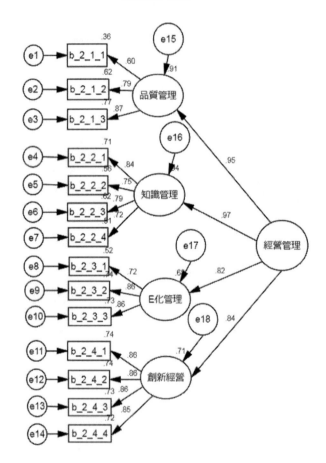

Satisfaction CFA
chi-square=152.129 degree of freedom=73
norm chi=2.084
gfi=.853 agfi=.789
rmaea=.095

圖 3-14 經營管理層面二階驗證性因素分析

　　以下分別就基本配適度指標、整體模式配適度指標及模式內在結構配適度指標加以分析。首先，就基本配適度指標而言，如表3-20所示，誤差變異並沒有出現負值，符合建議值；因素負荷量介於 .60~ .97，皆符合建議值，誤差變異亦都達顯

著水準，皆小於 .01。因此就基本適配指數而言，模式並未發生違反估計情形。

表 3-20

經營管理層面各變項間之參數估計摘要

變項		非標準化因素負荷	標準誤	C.R.	P	標準化因素負荷	誤差參數	標準化參數值	標準誤	P
品質管理	<--- 經營管理	1.00				.95	e15	.02	.01	**
知識管理	<--- 經營管理	1.62	.25	6.54	***	.97	e16	.02	.01	**
E 化管理	<--- 經營管理	1.07	.19	5.54	***	.82	e17	.06	.02	***
創新經營	<--- 經營管理	1.66	.27	6.23	***	.84	e18	.12	.03	***
2-1-1	<--- 品質管理	1.00				.60	e1	.21	.03	***
2-1-2	<--- 品質管理	1.55	.23	6.64	***	.79	e2	.18	.03	***
2-1-3	<--- 品質管理	1.68	.24	7.06	***	.88	e3	.10	.02	***
2-2-1	<--- 知識管理	1.00				.84	e4	.13	.02	***
2-2-2	<--- 知識管理	.87	.09	9.38	***	.75	e5	.18	.03	***
2-2-3	<--- 知識管理	.99	.10	10.03	***	.79	e6	.19	.03	***
2-2-4	<--- 知識管理	.88	.10	8.80	***	.72	e7	.22	.03	***
2-3-1	<--- E 化管理	1.00				.72	e8	.17	.03	***
2-3-2	<--- E 化管理	1.29	.15	8.75	***	.86	e9	.11	.02	***
2-3-3	<--- E 化管理	1.31	.15	8.71	***	.86	e10	.11	.02	***
2-4-1	<--- 創新經營	1.00				.86	e11	.15	.03	***
2-4-2	<--- 創新經營	1.10	.09	12.30	***	.86	e12	.18	.03	***
2-4-3	<--- 創新經營	.98	.08	12.15	***	.86	e13	.15	.02	***
2-4-4	<--- 創新經營	1.04	.09	11.96	***	.85	e14	.18	.03	***

**$P<.01.$ ***$P<.001.$

　　其次，就整體模式配適度指標而言，由表3-21可知，χ^2值比率≤3、RMR≤ .05、SRMR≤ .05、PGFI≥ .5、PNFI≥ .5、TLI≥ .9、IFI≥ .9、CFI≥ .9配適度良好。而GFI為.85、AGFI為 .79、NFI為 .88，三者雖未達 .9的建議值，但已接近建議值；rmsea為 .09 （介於.08~.10，為中度配適）。因此，就整體模式配適度而言，本模式具有良好的配適度。

表 3-21

經營管理層面整體模式配適度檢核摘要

	檢核項目	建議值	檢核結果	配適度判斷
整體模式配適度指標	χ^2值比率	≤ 3	2.08	配適度良好
	配適度指標（GFI）	≥ .9	.85	配適度尚可
	調整之配適度指標（AGFI）	≥ .9	.79	配適度尚可
	均方根殘差值（RMR）	≤ .05	.02	配適度良好
	標準化均方根殘差值（SRMR）	≤ .05	.05	配適度良好
	近似均方根誤差（RMSEA）	≤ .08	.09	配適度尚可
	精簡配適度指標（PGFI）	≥ .5	.59	配適度良好
	精簡規範配適度指標（PNFI）	≥ .5	.71	配適度良好
	標準配適度指標（NFI）	≥ .9	.88	配適度尚可
	非規範配適度指標（TLI）	≥ .9	.92	配適度良好
	成長配適度指標（IFI）	≥ .9	.94	配適度良好
	比較性配適度指標（CFI）	≥ .9	.93	配適度良好

最後，就模式內在結構配適度指標而言，由表3-22可知，個別項目的信度介於 .36~ .94，除了「2-2」外，大部分值皆≥ .5；組合信度介於 .81~ .92，全部符合建議值≥ .7；平均變異數萃取量介於 .59~ .74，全部符合建議值≥ .5。因此，就模式內在結構配適度來看，除1個數值接近建議值，其餘皆符合配適程度，表示模式內在結構配適度良好。

表 3-22

經營管理層面各變項之個別項目信度、組合信度與平均變異數萃取量

變項	因素負荷量	個別項目信度	組合信度	平均變異數萃取量
2.經營管理			.92	.74
2-1 品質管理	.95	.90		
2-1-1	.97	.94	.82	.61
2-1-2	.82	.67		
2-1-3	.84	.71		
2-2 知識管理	.60	.36		
2-2-1	.79	.62		
2-2-2	.88	.77	.89	.67
2-2-3	.84	.71		
2-2-4	.75	.56		
2-3E 化管理	.79	.62		
2-3-1	.72	.52		
2-3-2	.72	.52	.81	.59
2-3-3	.86	.74		
2-4 創新經營	.86	.74		
2-4-1	.86	.74		
2-4-2	.86	.74	.92	.74
2-4-3	.86	.74		
2-4-4	.85	.72		

4.行政倫理層面之驗證性因素分析

(1)效益倫理向度之驗證性因素分析

　　效益倫理向度共有三個項目，自由度為3×4/2=6df，共估計3個殘差加上1個變異數及2個因素負荷量，自由度等於估計參數，模型屬於恰好辨識，符合理論上模型正定的要求。執行CFA後，由圖3-15可知，所有細目因素負荷量介於.72~.99，合於建議值，殘差皆為正數且顯著，顯見無違犯估計。組合信度為 .89，超過 .7的標準；平均變異數萃取量為 .73，超過 .5的標準，配適度在可接受的範圍，因此，如表3-23所示，將該三個細目全部予以保留至下一階段進行分析。

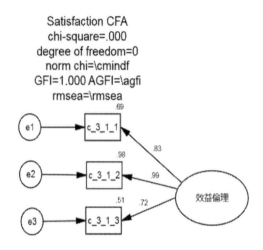

圖 3-15 效益倫理向度一階驗證性因素分析

表 3-23

效益倫理向度一階驗證性因素分析

向度	細目	進入二階分析保留與否
3-1 效益 倫理	3-1-1 能確保學生學習權益。	保留
	3-1-2 能優先考量學生利益。	保留
	3-1-3 能優先考量學校效益。	保留

(2)正義倫理向度之驗證性因素分析

　　正義倫理向度共有五個項目,自由度為 5×6/2=15df,共估計 5 個殘差加上 1 個變異數及 4 個因素負荷量,自由度大於估計參數,模型屬於過度辨識,符合理論上模型正定的要求。執行 CFA 後,由圖 3-16 可知,GFI≧ .9、AGFI≧ .9、normed chi-square≦3、rmsea ≦ .08,配適度理想。而所有細目因素負荷量介於.66~.83,合於建議值,殘差皆為正數且顯著,顯見無違犯估計。組合信度為 .87,超過 .7 的

標準；平均變異數萃取量為 .57，超過 .5 的標準，配適度在可接受的範圍，因此，

如表 3-24 所示，將該五個細目全部予以保留至下一階段進行分析。

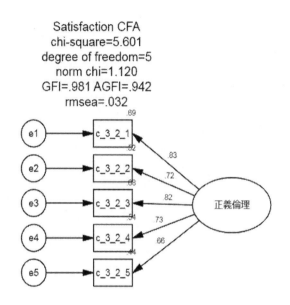

圖 3-16 正義倫理向度一階驗證性因素分析

表 3-24

正義倫理向度一階驗證性因素分析

向度	細目	進入二階分析保留與否
3-2 正義倫理	3-2-1 能依法行政。	保留
	3-2-2 能遵守行政中立原則。	保留
	3-2-3 能遵守業務機密。	保留
	3-2-4 能迴避不當關係。	保留
	3-2-5 能包容他人不同的價值觀。	保留

(3)關懷倫理向度之驗證性因素分析

關懷倫理共有五個項目,自由度為 5×6/2=15df,共估計 5 個殘差加上 1 個變異數及 4 個因素負荷量,自由度大於估計參數,模型屬於過度辨識,符合理論上模型正定的要求。執行 CFA 後,由圖 3-17 可知,GFI≧ .9,而 AGFI< .9、normed chi-square＞3、rmsea ＞.08,超過標準值。而所有細目因素負荷量介於.77~.87,合於建議值,殘差皆為正數且顯著,顯見無違犯估計。組合信度為 .92,超過 .7 的標準;平均變異數萃取量為 .68,超過 .5 的標準,整體來看,配適度並不理想,造成配適度不佳的原因應該是殘差不獨立的問題 。

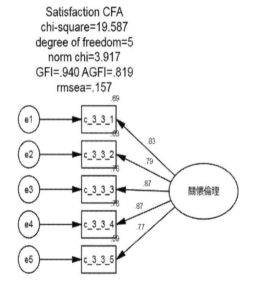

圖 3-17 關懷倫理向度一階驗證性因素分析

從殘差卡方值來看,報表中的修正指標(modification indices)可以發現 e2和其他變數的卡方值比較大,所以先將「3-3-2」(e2)予以刪除,並重新進行估計,重新估計結果如圖3-18,由圖中可以看出,GFI≧ .9、AGFI≧ .9、normed chi-square≦3、rmsea≦.08,配適度甚為理想。而所有細目因素負荷量介於.79~.90,合於建議值,殘差皆為正數且顯著,顯見無違犯估計。組合信度為 .90,超過 .7

的標準；平均變異數萃取量為 .70，超過 .5的標準，可見刪除「3-3-2」後重新估計，配適度在可接受的範圍，因此，如表3-25所示，將刪除後的四個項目予以保留至下一階段進行分析。

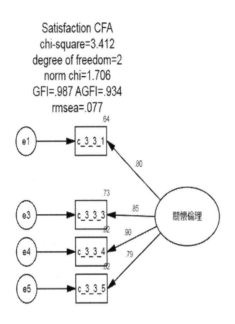

圖 3-18 關懷倫理向度一階驗證性因素分析重新估計

表 3-25

關懷倫理向度一階驗證性因素分析

向度	細目	進入二階分析保留與否
3-3 關懷倫理	3-3-1能適時給予學生關懷協助。	保留
	3-3-2能照顧弱勢學生。	**刪除**
	3-3-3 能協助同仁解決問題（如教學需求…）。	保留
	3-3-4 能重視同仁間交流。	保留
	3-3-5 能維持和諧的人際關係。	保留

(4)批判倫理向度之驗證性因素分析

　　批判倫理向度共有四個項目，自由度為 4×5/2=10df，共估計 4 個殘差加上 1 個變異數及 3 個因素負荷量，自由度大於估計參數，模型屬於過度辨識，符合理論上模型正定的要求。執行 CFA 後，由圖 3-19 可知，GFI≧ .9、AGFI≧ .9、normed chi-square≦3、rmsea≦.08，配適度頗為理想。而所有細目因素負荷量介於.79~.95，合於建議值，殘差皆為正數且顯著，顯見無違犯估計。組合信度為 .92，超過 .7 的標準；平均變異數萃取量為 .75，超過 .5 的標準，配適度在可接受的範圍，因此，如表 3-26 所示，將該四個細目全部予以保留至下一階段進行分析。

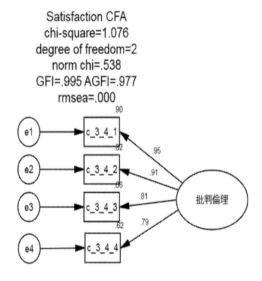

圖 3-19 批判倫理向度一階驗證性因素分析

表 3-26

批判倫理向度一階驗證性因素分析

向度	細目	進入二階分析保留與否
	3-4-1 能反省自己的言行。	保留
3-4 批判	3-4-2 能勇於承擔錯誤。	保留
倫理	3-4-3 能對自我的缺失進行批判。	保留
	3-4-4 能因應改變，適時調整行政作為。	保留

(5)德行倫理向度之驗證性因素分析

　　德行倫理共有五個項目，自由度為 5x6/2=15df，共估計 5 個殘差加上 1 個變異數及 4 個因素負荷量，自由度大於估計參數，模型屬於過度辨識，符合理論上模型正定的要求。執行 CFA 後，由圖 3-20 可知，GFI＜ .9，而 AGFI＜ .9、normed chi-square＞3、rmsea ＞.08，超過標準值。而所有細目因素負荷量介於.81~.88，合於建議值，殘差皆為正數且顯著，顯見無違犯估計。組合信度為 .93，超過 .7 的標準；平均變異數萃取量為 .72，超過 .5 的標準，整體來看，配適度並不理想，造成配適度不佳的原因應該是殘差不獨立的問題 。

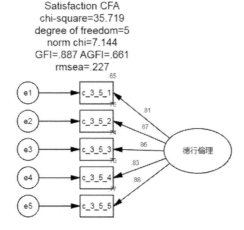

圖 3-20 德行倫理向度一階驗證性因素分析

　　從殘差卡方值來看，報表中的修正指標（modification indices）可以發現 e3、e4和其他變數的卡方值比較大，所以先將「3-5-3」（e3）與「3-5-4」（e4）予以刪除，並重新進行估計，重新估計結果如圖3-21，由圖中可以看出，五個變數減為三個變數，自由度為3×4/2=6df，共估計3個殘差加上1個變異數及2個因素負荷量，自由度等於估計參數，模型屬於恰好辨識。而所有細目因素負荷量皆介於.82~.87，合於建議值，殘差皆為正數且顯著，顯見無違犯估計。組合信度為 .88，超過 .7 的標準；平均變異數萃取量為 .72，超過 .5的標準，可見刪除「3-5-3」與「3-5-4」後重新估計，配適度在可接受的範圍，因此，如表3-27所示，將刪除後的三個項目予以保留至下一階段進行分析。

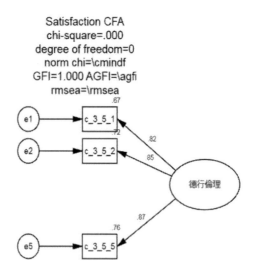

圖 3-21 德行倫理一階驗證性因素分析重新估計

表 3-27

德行倫理向度一階驗證性因素分析

向度	細目	進入二階分析保留與否
3-5 德性 倫理	3-5-1 能知覺自己的角色定位，具有服務教學的信念。	保留
	3-5-2 能具備良好的品格操守。	保留
	3-5-3 能力行誠信原則。	**刪除**
	3-5-4 能維護教師尊嚴，維持專業形象。	**刪除**
	3-5-5 能注意自己的言行，成為學生的楷模與社會的榜樣。	保留

(6)「行政倫理」層面之二階驗證性因素分析

　　「行政倫理」層面包括效益倫理、正義倫理、關懷倫理、批判倫理與德行倫理等五個向度，在進行二階驗證性因素分析後，結果如圖 3-22 所示。

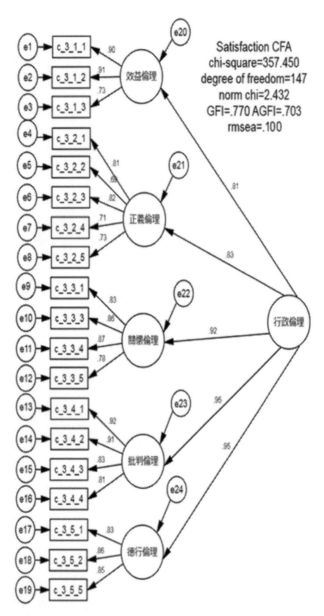

圖 3-22 行政倫理層面二階驗證性因素分析

　　以下分別就基本配適度指標、整體模式配適度指標及模式內在結構配適度指
標加以分析。首先，就基本配適度指標而言，如表3-28所示，誤差變異並沒有出現

負值，符合建議值；因素負荷量介於 .69~ .95，皆符合建議值，誤差變異亦都達顯
著水準，皆小於 .01。因此就基本適配指數而言，模式並未發生違反估計情形。

表 3-28

行政倫理層面各變項間之參數估計摘要

變項		非標準化因素負荷	標準誤	C.R.	P	標準化因素負荷	誤差參數	標準化參數值	標準誤	P
效益倫理	<--- 行政倫理	1.00				.81	e20	.10	.02	***
正義倫理	<--- 行政倫理	.89	.12	7.64	***	.83	e21	.07	.02	***
關懷倫理	<--- 行政倫理	.97	.11	8.58	***	.92	e22	.03	.01	**
批判倫理	<--- 行政倫理	1.12	.12	9.80	***	.95	e23	.03	.01	**
德行倫理	<--- 行政倫理	.97	.11	8.74	***	.95	e24	.02	.01	**
3-1-1	<--- 效益倫理	1.00				.90	e1	.07	.02	***
3-1-2	<--- 效益倫理	1.04	.74	14.08	***	.91	e2	.07	.02	***
3-1-3	<--- 效益倫理	.96	.10	9.64	***	.73	e3	.24	.04	***
3-2-1	<--- 正義倫理	1.00				.81	e4	.11	.02	***
3-2-2	<--- 正義倫理	.85	.11	8.03	***	.69	e5	.17	.02	***
3-2-3	<--- 正義倫理	.97	.10	9.93	***	.82	e6	.10	.02	***
3-2-4	<--- 正義倫理	.80	.10	8.35	***	.72	e7	.13	.02	***
3-2-5	<--- 正義倫理	.90	.11	8.61	***	.73	e8	.15	.02	***
3-3-1	<--- 關懷倫理	1.00				.83	e9	.09	.02	***
3-3-3	<--- 關懷倫理	1.08	.09	11.54	***	.86	e10	.09	.01	***
3-3-4	<--- 關懷倫理	1.13	.10	11.80	***	.87	e11	.08	.01	***
3-3-5	<--- 關懷倫理	1.00	.10	10.01	***	.78	e12	.13	.02	***
3-4-1	<--- 批判倫理	1.00				.92	e13	.05	.01	***
3-4-2	<--- 批判倫理	.96	.06	16.70	***	.91	e14	.05	.01	***
3-4-3	<--- 批判倫理	.88	.07	13.17	***	.83	e15	.09	.01	***
3-4-4	<--- 批判倫理	.87	.07	12.60	***	.81	e16	.10	.02	***
3-5-1	<--- 德行倫理	1.00				.83	e17	.09	.01	***
3-5-2	<--- 德行倫理	1.10	.10	11.28	***	.86	e18	.09	.02	***
3-5-5	<--- 德行倫理	1.12	.10	11.22	***	.85	e19	.09	.02	***

**P< .01. ***P< .001.

　　其次，就整體模式配適度指標而言，由表3-29可知，χ2值比率≦3、RMR≦ .05、PGFI≧ .5、PNFI≧ .5、IFI≧ .9、CFI≧ .9配適度良好；而SRMR為 .06，接近建議值。GFI為.77、AGFI為 .70、NFI為 .84 、TLI為 .88，四者雖未達 .9的建議值，但已接近建議值；rmsea為 .10 （介於.08~.10，為中度配適）。因此，就整體模式配適度而言，本模式具有良好的配適度。

表 3-29

行政倫理層面整體模式配適度檢核摘要

	檢核項目	建議值	檢核結果	配適度判斷
整體模式配適度指標	χ^2值比率	≦3	2.43	配適度良好
	配適度指標（GFI）	≧ .9	.77	配適度尚可
	調整之配適指標（AGFI）	≧ .9	.70	配適度尚可
	均方根殘差值（RMR）	≦ .05	.02	配適度良好
	標準化均方根殘差值（SRMR）	≦ .05	.06	配適度尚可
	近似均方根誤差（RMSEA）	≦ .08	.10	配適度尚可
	精簡配適度指標（PGFI）	≧ .5	.60	配適度良好
	精簡規範配適度指標（PNFI）	≧ .5	.72	配適度良好
	標準配適度指標（NFI）	≧ .9	.84	配適度尚可
	非規範配適度指標（TLI）	≧ .9	.88	配適度尚可
	成長配適度指標（IFI）	≧ .9	.90	配適度良好
	比較性配適度指標（CFI）	≧ .9	.90	配適度良好

　　最後，就模式內在結構配適度指標而言，由表3-30可知，個別項目的信度介於 .48~ .90，除了「3-2-2」外，大部分值皆≧ .5；組合信度介於 .87~ .95，全部符合建議值≧ .7；平均變異數萃取量介於 .57~ .80，全部符合建議值≧ .5。因此，就模式內在結構配適度來看，除1個數值接近建議值，其餘皆符合配適程度，表示模式內在結構配適度良好。

表 3-30

行政倫理層面各變項之個別項目信度、組合信度與平均變異數萃取量

變項	因素負荷量	個別項目信度	組合信度	平均變異數萃取量
3.行政倫理			.95	.80
3-1 效益倫理	.81	.66		
3-1-1	.90	.81	.89	.72
3-1-2	.91	.83		
3-1-3	.73	.53		
3-2 正義倫理	.83	.69		
3-2-1	.81	.66		
3-2-2	.69	.48	.87	.57
3-2-3	.82	.67		
3-2-4	.72	.52		
3-2-5	.73	.53		
3-3 關懷倫理	.92	.85		
3-3-1	.83	.69		
3-3-3	.86	.74	.90	.70
3-3-4	.87	.76		
3-3-5	.78	.61		
3-4 批判倫理	.95	.90		
3-4-1	.92	.85		
3-4-2	.91	.83	.92	.75
3-4-3	.83	.69		
3-4-4	.81	.66		
3-5 德行倫理	.95	.90		
3-5-1	.83	.69		
3-5-2	.86	.74	.88	.72
3-5-5	.85	.72		

　　經驗證性分析後之指標細目，由 53 個刪減成為 49 個。

四、相對權重問卷

　　相對權重問卷係根據二次德懷術及預試問卷之調查結果編製，由層級分析法專家小組成員填寫問卷，並透過問卷蒐集資料之分析，進而建立國民中小學兼任

行政教師行政專業能力指標之權重體系。問卷之設計採用層級分析法之理論概念設計，以成對比較方式評估指標的重要性，並以九點量表形式進行指標間之兩兩成對比較，其評定尺度劃分為「同等重要」、「稍微重要」、「重要」、「相當重要」、「絕對重要」等五個尺度，並賦予1、3、5、7、9的衡量值，另有四項介於五個基本尺度之間，則賦予2、4、6、8的衡量值，代表相鄰尺度之中間值。

　　問卷實施期間為106年10月16日至106年11月3日。相對權重問卷（如附錄六）於106年10月16日發送給12位學者專家進行意見諮詢，於11月3日回收全部問卷，回收率100%。

五、調查問卷

　　調查問卷係根據預試問卷之調查結果編製，其目的在探討當前國民中學兼任行政教師具備本研究所建構行政專業能力指標之現況。調查問卷採Likert五點量表填答與計分，由研究對象就「完全具備」、到「完全不具備」之間的五等第加以圈選，分別給予計分，得分愈高者，表示其具備程度愈高；反之，則表示其具備程度愈低。

　　問卷實施期間為106年10月13日至106年11月6日。調查問卷（如附錄七）於106年10月13日發放865份，於11月6日回收問卷753份，經檢視剔除填答不全之無效問卷38份，合計取得有效樣本715人，問卷總回收率87.1%，有效率82.7%。

第五節　資料處理

　　本節就第四節研究工具實施所得資料，進行資料處理與統計分析，茲就統計處理方式說明如下：

一、第一次德懷術問卷

　　針對回收之第一次德懷術問卷進行資料整理，計算各指標細目之平均數（M）、

眾數（Mo）及標準差（SD），以平均數≥4.00且標準差<1.00為篩選標準，將不符合標準之指標細目予以刪除。另外，針對專家小組成員就開放性問卷欄位所填之意見彙整，以進行指標細目文字修正或新增指標細目。

二、第二次德懷術問卷

就第二次德懷術問卷進行資料整理，計算各指標細目之平均數（M）、眾數（Mo）及標準差（SD），以至少有一位專家認為不重要或全體專家填答其重要程度<58%者，做為指標細目篩選標準。

三、相對權重問卷

問卷回收後，以 Expert Choice2000 軟體進行統計分析。由於進行指標成對比較時，若專家對於評定指標無法完全一致時會影響分析的正確性，因此必須檢定誤差大小，視其是否在可忍受的誤差範圍內，才不會影響評定之結果。因此，本研究使用一致性比率 C.R.（Consistency Ratio of Hierarchy）值進行檢定，若 C.R.≤ .1 時，表示架構的一致性達到滿足程度，若超過此水準，則應重新修正評估（鄧振源、曾國雄，1989a；1989b）。

四、調查問卷

調查問卷調查回收後，即針對有效問卷進行編碼，並以SPSS22套裝統計軟體進行統計分析。

（一）描述性統計：主要目的在取得國民中學兼任行政教師行政專業能力各指標之平均數、標準差，以瞭解兼任行政教師行政專業能力之現況，並加以解釋。

（二）t檢定：旨在了解兼任行政教師「性別」及「行政職務」背景變項在行政專業能力之間，是否存在顯著差異情形。

（三）單因子變異數分析（ANOVA）與事後比較：以單因子變異數分析進行三個以上之類別變項比較，包括行政服務年資、最高學歷、學校規模、學校所在區域與學校所在地等背景變項差異性進行變異數分析，若達顯著水準，

　　再利用Scheff'e法進一步進行事後比較，以了解各變項間顯著差異情形。

第四章　研究結果分析與討論

本章共分四節，第一節為兼任行政教師行政專業能力指標建構；第二節為指標相對權重研究結果與討論；第三節為兼任行政教師行政專業能力調查結果分析與討論；第四節為指標權重體系與實證調查結果綜合討論。

第一節　兼任行政教師行政專業能力指標建構

本研究之指標建構問卷初稿，係經由國內外相關文獻之分析與整理，歸納出行政歷程層面（計畫向度6個細目、領導向度6個細目、溝通向度7個細目、評鑑向度5個細目）、經營管理層面（品質管理向度6個細目、知識管理向度7個細目、E化管理向度6個細目、創新經營向度6個細目）與行政倫理層面（效益倫理向度6個細目、正義倫理向度6個細目、關懷倫理向度6個細目、批判倫理向度6個細目、德行倫理5個細目），總共是三個層面、十三個向度與七十八個細目。為求指標建構過程之嚴謹性與指標內涵之重要性，乃藉由二次德懷術專家諮詢，以進行指標細目之修正與增刪。

第一次德懷術以「適當程度」作為區分，採用1至5分之評分方式，指標項目之評估以平均數≧4.00與標準差＜1.00為篩選標準，同時依據學者專家提出的意見進行指標項目意涵之內容修正與增刪，共計刪除二十個細目（包括計畫向度1項、領導向度2項、溝通向度1項、評鑑向度2項、品質管理向度3項、知識管理向度2項、E化管理向度2項、創新經營向度2項、效益倫理向度2項、正義倫理向度1項、關懷倫理向度1項與批判倫理向度1項），並新增二個細目（品質管理向度2項），故修正為行政歷程層面（計畫向度5個細目、領導向度4個細目、溝通向度6個細目、評鑑向度3個細目）、經營管理層面（品質管理向度5個細目、知識管理向度5個細目、E化管理向度4個細目、創新經營向度4個細目）與行政倫理層面（效益倫理向度4個細目、正義倫理向度5個細目、關懷倫理向度5個細目、批判倫理向度5個細目、

德行倫理5個細目），總共是三個層面、十三個向度與六十個細目。

　　第二次德懷術透過專家對指標項目的「重要程度」看法，分數以1至3分加以計分，指標項目之評估以至少有一位專家認為不重要或全體專家填答其重要程度比率低於58%者為篩選標準，共計刪除七個項目（包括溝通向度1項、品質管理向度2項、知識管理向度1項、E化管理向度1項、效益倫理向度1項、與批判倫理向度1項），整體指標架構調整為行政歷程層面（計畫向度5個細目、領導向度4個細目、溝通向度5個細目、評鑑向度3個細目）、經營管理層面（品質管理向度3個細目、知識管理向度4個細目、E化管理向度3個細目、創新經營向度4個細目）與行政倫理層面（效益倫理向度3個細目、正義倫理向度5個細目、關懷倫理向度5個細目、批判倫理向度4個細目、德行倫理5個細目），總共是三個層面、十三個向度與五十三個細目，據以編製預試問卷。

　　接著，針對預試問卷進行偏態與峰度常態分配考驗與信度分析，將偏態絕對值大於2.0、峰度絕對值大於7.0的項目予以刪除，所有細目皆符合標準，予以保留。另外，觀察Cronbach's α 值，不論從問卷的整體、各層面或各向度的 α 值來看，皆有.79以上的水準，反映出問卷的內部一致性頗佳。

　　最後，為檢驗問卷效度，針對預試樣本進行驗證性因素分析，並將造成配適度不佳的細目予以刪除，共計刪除四個（包括溝通向度1項、關懷倫理向度1項與德行倫理向度2項）指標項目，整體指標架構調整為行政歷程層面（計畫向度5個細目、領導向度4個細目、溝通向度4個細目、評鑑向度3個細目）、經營管理層面（品質管理向度3個細目、知識管理向度4個細目、E化管理向度3個細目、創新經營向度4個細目）與行政倫理層面（效益倫理向度3個細目、正義倫理向度5個細目、關懷倫理向度4個細目、批判倫理向度4個細目、德行倫理3個細目），總共是三個層面、十三個向度與四十九個細目，至此兼任行政教師行政專業能力指標建構完成，並據此編製相對權重問卷與實證研究之調查問卷。

　　綜觀本研究指標經德懷術專家小組二次修訂，並透過預試問卷篩選出重要指

標，最後確立指標建構為三個層面、十三個向度與四十九個細目，經重新編碼整
理如表4-1所示。

表4-1

兼任行政教師行政專業能力指標建構確立

層面	向度	細目
1.行政歷程	1-1計畫	1-1-1 能讓處室成員及相關人員參與計畫之擬定及相關會議。
		1-1-2 能做好計畫執行前的宣導。
		1-1-3 能訂定合乎教育法令與政策及學校需求之可行性計畫。
		1-1-4 能管控計畫之執行成效與問題。
		1-1-5 能在計畫需要改變時，適時調整。
	1-2領導	1-2-1 執行計畫時，能激勵處室成員的士氣。
		1-2-2 能兼顧組織目標達成及處室成員需要滿足。
		1-2-3 能善用非正式組織，有利於計畫的執行。
		1-2-4 能根據事情的輕重緩急，通權達變、因應制宜。
	1-3溝通	1-3-1 能提供暢通多元的正式與非正式溝通管道。
		1-3-2 能具有圓融的溝通技巧。
		1-3-3 能專注傾聽對方傳遞的訊息。
		1-3-4 能以同理心與他人做溝通，以利任務的達成。
	1-4評鑑	1-4-1 能在接受評鑑後，進行追蹤的工作。
		1-4-2 能針對該處室的評鑑缺失提出改進的方法。
		1-4-3 能針對評鑑內容資料，統整分析。
2.經營管理	2-1品質管理	2-1-1 能與其他處室的行政人員共同合作，提升該處室的品質。
		2-1-2 能對自己的行政工作提出改善計畫。
		2-1-3 能訂定學校教育品質發展願景與目標。
	2-2知識管理	2-2-1 能利用各種管道取得行政所需要的資訊與知識。
		2-2-2 能將獲得的知識做有效分類並儲存。
		2-2-3 能參與專業發展社群，進行知識的傳遞與共享。
		2-2-4 能建立業務標準作業程序（SOP）供成員參考。

（續下頁）

表4-1（續）

層面	向度	細目
2.經營管理	2-3 E化管理	2-3-1能妥善建置行政檔案分類資料庫。
		2-3-2 能遵守資訊安全的規範。
		2-3-3 能善用資訊科技提升行政效能。
	2-4創新經營	2-4-1 能在行政流程上有創新的想法。
		2-4-2 能將創意具體寫成計畫並執行。
		2-4-3 能具備「好上求好」的經營態度。
		2-4-4 能具備激勵同仁創新的熱情，經常鼓勵同仁在行政上創新作法。
3.行政倫理	3-1效益倫理	3-1-1 能確保學生學習權益。
		3-1-2 能優先考量學生利益。
		3-1-3 能優先考量學校效益。
	3-2正義倫理	3-2-1 能依法行政。
		3-2-2 能遵守行政中立原則。
		3-2-3 能遵守業務機密。
		3-2-4 能迴避不當關係。
		3-2-5 能包容他人不同的價值觀。
	3-3關懷倫理	3-3-1能適時給予學生關懷協助。
		3-3-2 能協助同仁解決問題（如教學需求…）。
		3-3-3 能重視同仁間交流。
		3-3-4 能維持和諧的人際關係。
	3-4批判倫理	3-4-1 能反省自己的言行。
		3-4-2 能勇於承擔錯誤。
		3-4-3 能對自我的缺失進行批判。
		3-4-4 能因應改變，適時調整行政作為。
	3-5德行倫理	3-5-1 能知覺自己的角色定位，具有服務教學的信念。
		3-5-2 能具備良好的品格操守。
		3-5-3 能注意自己的言行，成為學生的楷模與社會的榜樣。

第二節　指標相對權重研究結果與討論

本研究依據二次德懷術之專家諮詢，並透過預試問卷調查的統計分析結果和討論後，對於兼任行政教師行政能力指標之層面、向度與項目已趨於一致性共識，因此，確立本研究之指標架構為三個層面、十三個向度與四十九個細目，並據以編製「國民中學兼任行政教師行政專業能力指標相對權重問卷」，採取層級分析法進行權重體系之分析。茲以層面間、向度間與細目間三個角度進行相對權重分析，研究結果說明如下：

壹、層面間之相對權重分析

由表4-2 可知，在國民中學兼任行政教師行政專業能力指標的行政歷程、經營管理與行政倫理等三個層面中，由一致性比率之檢定發現，各層面皆達到可接受的程度（C.R.≦ .1）。依權重之排序以「2.經營管理」相對權重 .368 最高，而「3.行政倫理」相對權重為 .324 次之，「1.行政歷程」相對權重為 .308 居末。從權重數據可以發現，學者專家對整體三個層面重要性的看法，整體差異度並無太明顯的落差，可解釋為三個層面都重要，但是「行政倫理」較「行政歷程」重要一些，而「經營管理」則較其他兩個層面又更形重要，意即兼任行政教師處理行政業務，在行政歷程的運作基礎上，堅守行政倫理，充實經營管理的理念及做法。

表4-2

國民中學兼任行政教師行政專業能力指標層面間之相對權重與排序

層面	相對權重	排序
2.經營管理	.368	1
3.行政倫理	.324	2
1.行政歷程	.308	3
C.R.（一致性比率）= .01		

貳、向度間之相對權重分析

　　由表4-3 可知，本研究指標的十三個向度中，在一致性比率之檢定中，C.R.值介於 .01 至 .03 之間，皆達到可接受之程度（C.R.≦ .1）。若就各層面內之向度來看，在「1.行政歷程」層面中，以「1-2 領導」相對權重最高；在「2.經營管理」層面中，以「2-1 品質管理」相對權重最高；而在「3.行政倫理」層面中，則以「3-3 關懷倫理」相對權重最高，所以，領導、品質管理與關懷倫理是指標架構中，相對重要性最高的三個向度。而評鑑、E化管理與批判倫理，則是相對重要性最低的三個向度；其餘溝通、計畫、創新經營、知識管理、效益倫理、德行倫理與正義倫理等七個向度，則是介於最高與最低之間。

表4-3

國民中學兼任行政教師行政專業能力指標向度間之相對權重與排序

層面	向度	C.R.	相對權重	排序
1.行政歷程	1-2領導	.02	.471	1
	1-3溝通		.297	2
	1-1計畫		.178	3
	1-4評鑑		.054	4
2.經營管理	2-1品質管理	.03	.434	1
	2-4創新經營		.273	2
	2-2知識管理		.202	3
	2-3E化管理		.091	4
	3-2正義倫理		.168	4
	3-4批判倫理		.062	5

（續下頁）

表4-3（續）

層面	向度	C.R.	相對權重	排序
3.行政倫理	3-3關懷倫理	.01	.407	1
	3-1效益倫理		.186	2
	3-5德行倫理		.176	3
	3-2正義倫理		.168	4
	3-4批判倫理		.062	5

參、細目間之相對權重分析

由表4-4 可知，本研究指標的四十九個細目中，其C.R.值為 .00～.06，皆達到可接受之程度（C.R.≦ .1）。各向度內相對權重最高的細目分別為「1-1-3能訂定合乎教育法令與政策及學校需求之可行性計畫」、「1-2-1執行計畫時，能激勵處室成員的士氣」、「1-3-4能以同理心與他人做溝通，以利任務的達成」、「1-4-3能針對評鑑內容資料，統整分析」、「2-1-3能訂定學校教育品質發展願景與目標」、「2-2-3能參與專業發展社群，進行知識的傳遞與共享」、「2-3-3能善用資訊科技提升行政效能」、「2-4-4能具備激勵同仁創新的熱情，經常鼓勵同仁在行政上創新作法」、「3-1-1能確保學生學習權益」、「3-2-1能依法行政」、「3-3-1能適時給予學生關懷協助」、「3-4-1能反省自己的言行」與「3-5-3能注意自己的言行，成為學生的楷模與社會的榜樣」等十三個細目，這十三個細目可視為兼任行政教師行政專業能力的關鍵能力。若就指標之層面、向度與細目三方面做整體的綜合分析，可知 「2-1-3能訂定學校教育品質發展願景與目標」是所有指標中最為重要者。

表4-4

國民中學兼任行政教師行政專業能力指標細目間之相對權重與排序

層面	向度	細目	C.R.	相對權重	排序
1.行政歷程	1-1計畫	1-1-3 能訂定合乎教育法令與政策及學校需求之可行性計畫。	.02	.387	1
		1-1-1能讓處室成員及相關人員參與計畫之擬定及相關會議。		.229	2
		1-1-2能做好計畫執行前的宣導。		.177	3
		1-1-4能管控計畫之執行成效與問題。		.142	4
		1-1-5能在計畫需要改變時，適時調整。		.065	5
	1-2領導	1-2-1執行計畫時，能激勵處室成員的士氣。	.02	.350	1
		1-2-2能兼顧組織目標達成及處室成員需要滿足。		.324	2
		1-2-4能根據事情的輕重緩急，通權達變、因應制宜。		.209	3
		1-2-3能善用非正式組織，有利於計畫的執行。		.118	4
	1-3溝通	1-3-4能以同理心與他人做溝通，以利任務的達成。	.01	.388	1
		1-3-3能專注傾聽對方傳遞的訊息。		.222	2
		1-3-1能提供暢通多元的正式與非正式溝通管道。		.212	3
		1-3-2能具有圓融的溝通技巧。		.178	4
	1-4評鑑	1-4-3能針對評鑑內容資料，統整分析。	.06	.478	1
		1-4-2能針對該處室的評鑑缺失提出改進的方法。		.362	2
		1-4-1能在接受評鑑後，進行追蹤的工作。		.160	3

（續下頁）

表4-4（續）

層面	向度	細目	C.R.	相對權重	排序
2.經營管理	2-1品質管理	2-1-3能訂定學校教育品質發展願景與目標。	.003	.544	1
		2-1-1能與其他處室的行政人員共合作，提升該處室的品質。		.251	2
		2-1-2能對自己的行政工作提出改善計畫。		.205	3
	2-2知識管理	2-2-3能參與專業發展社群，進行知識的傳遞與共享。	.003	.292	1
		2-2-1能利用各種管道取得行政所需要的資訊與知識。		.269	2
		2-2-4能建立業務標準作業程序（SOP）供成員參考。		.225	3
		2-2-2能將獲得的知識做有效分類並儲存。		.213	4
	2-3E化管理	2-3-3能善用資訊科技提升行政效能。	.000	.485	1
		2-3-1能妥善建置行政檔案分類資料庫。		.365	2
		2-3-2能遵守資訊安全的規範。		.150	3
	2-4創新經營	2-4-4能具備激勵同仁創新的熱情，經常鼓勵同仁在行政上創新作法。	.02	.390	1
		2-4-1能在行政流程上有創新的想法。		.296	2
		2-4-2能將創意具體寫成計畫並執行。		.187	3
		2-4-3能具備「好上求好」的經營態度。		.126	4

（續下頁）

表4-4（續）

層面	向度	細目	C.R.	相對權重	排序
3.行政倫理	3-1效益倫理	3-1-1 能確保學生學習權益。	.03	.605	1
		3-1-2 能優先考量學生利益。		.300	2
		3-1-3 能優先考量學校效益。		.096	3
	3-2正義倫理	3-2-1能依法行政。	.009	.427	1
		3-2-5能包容他人不同的價值觀。		.201	2
		3-2-4能迴避不當關係。		.155	3
		3-2-2能遵守行政中立原則。		.137	4
		3-2-3能遵守業務機密。		.081	5
	3-3關懷倫理	3-3-1能適時給予學生關懷協助。	.03	.472	1
		3-3-2能協助同仁解決問題（如教學需求…）。		.201	2
		3-3-4能維持和諧的人際關係。		.166	3
		3-3-3能重視同仁間交流。		.160	4
	3-4批判倫理	3-4-1能反省自己的言行。	.005	.347	1
		3-4-2能勇於承擔錯誤。		.255	2
		3-4-4能因應改變，適時調整行政作為。		.211	3
		3-4-3能對自我的缺失進行批判。		.187	4
	3-5德行倫理	3-5-3能注意自己的言行，成為學生的楷模與社會的榜樣。	.003	.363	1
		3-5-1能知覺自己的角色定位，具有服務教學的信念。		.344	2
		3-5-2能具備良好的品格操守。		.293	3

第三節　實證研究調查結果分析與討論

　　本節旨在探討經德懷術與問卷預試之實施所建構之國民中學兼任行政教師行政專業能力指標，對指標細目所進行之問卷實證調查，藉以檢證當前公立國民中學兼任行政教師所具備的行政專業能力現況。本節就問卷研究對象之基本資料（背景變項）、兼任行政教師之行政專業能力現況與不同背景變項下兼任行政教師所具備行政專業能力之差異等予以分析。

壹、基本資料分析

　　本研究之實證調查主要以臺灣地區公立國民中學兼任行政教師為研究對象，調查問卷編製完成後，針對865位兼任行政教師（教師兼任主任、組長）進行調查，共計回收有效問卷715 份。調查問卷樣本的基本資料（如表4-5），在全部樣本中，女性教師多於男性教師，其中女性教師有378位，佔52.9%；男性教師有337位，佔47.1%。擔任行政年資在3年以下、4-9 年、10-15 年、16-20 年以及21年以上所佔的百分比分別為21.0%、28.5%、28.7%、14.2%和7.6%，年資在3-9年的近5成、3-15年接近8成，超過15年的僅佔2成左右，顯示大部分國中兼任行政教師的行政經歷並不是很長，可以呼應本研 究「序論」中所言，許多教師對兼任行政職務的意願不高。就職務別而言，主任有231 位，佔32.3%；組長有484 位，佔67.7%，以一般規模學校教師兼任行政編制，主任4人組長8人的比例而言，有效樣本的職務別比例與母群體顯示一致性。在最高學歷方面，以研究所以上（含40 學分班）最多，有455人，佔63.7%；其次為師大（含一般大學教育系）有140人，佔19.5%；至於一般大學則為120人，佔16.8%，顯示兼任行政教師的學歷以研究所以上佔多數，學歷水準相當高。而學校班級數的分佈，以25-48班的28.2%最高，其次為13-24班的24.8%，再來是49班以上的21.9%與7-12班的20.0%，6班以下為5.1%，與母群體現況相較，大致而言是接近的。學校所在區域方面，北區(臺北市、新北市、基隆市、桃園市、新竹縣市)有207位，佔28.9%；中區(苗栗縣、臺中市、南投縣、彰化縣、雲林縣)有211位，佔29.5%；南區(嘉義縣市、臺南市、高雄市、屏東縣、澎湖縣) 有238位，

佔33.3%；東區(宜蘭縣、花蓮縣、臺東縣) 有59 位，佔8.3%，與母群體的佔比（北區32%、中區28%、南區30%、東區10%）的差異不是很大。就學校所在地來看，偏遠地區有173人，佔24.2%；一般鄉鎮203人，佔32.1%；都市地區（含省、縣轄市）有312人，佔43.7%。若與學校班級數交叉比對，偏遠地區的班級數是以6班以下與7-12班為主，合計佔25.1%，學校所在地佔比與班級數佔比相較是接近的;一般鄉鎮與都市地區的班級數是13班以上為主，合計佔74.9%，學校所在地佔比與班級數佔比相較是接近的，顯示與母群體有一致性，經由上述的分析，本研究有效樣本與母群體趨於一致。

表4-5

實證調查樣本基本資料

樣本基本資料		次數	百分比（%）	樣本數
性別	男性	337	47.1	715
	女性	378	52.9	
擔任行政年資	3年以下	150	21.0	715
	4-9年	203	28.5	
	10-15年	205	28.7	
	16-20年	102	14.2	
	21年以上	55	7.6	
職務別	主任	231	32.3	715
	組長	484	67.7	
最高學歷	師大（含一般大學教育系）	140	19.5	715
	一般大學	120	16.8	
	研究所以上（含40學分班）	455	63.7	
學校班級數	6班以下	36	5.1	715
	7-12班	143	20.0	
	13-24班	178	24.8	
	25-48班	202	28.2	
	49班以上	156	21.9	

表4-5（續）

樣本基本資料		次數	百分比（%）	樣本數
學校所在區域	北區（臺北市、新北市、基隆市、桃園市、新竹縣市）	207	28.9	715
	中區（苗栗縣、臺中市、南投縣、彰化縣、雲林縣）	211	29.5	
	南區（嘉義縣市、臺南市、高雄市、屏東縣、澎湖縣）	238	33.3	
	東區（宜蘭縣、花蓮縣、台東縣）	59	8.3	
學校所在地	偏遠地區	173	24.2	715
	一般鄉鎮	230	32.1	
	都市地區（含省、縣轄市）	312	43.7	

貳、兼任行政教師行政專業能力分析

本研究之國民中學兼任行政教師行政專業能力指標，包括三個層面、十三個向度與四十九個細目，以下透過指標層面、向度與細目三者的平均數和標準差，以瞭解當前國民中學兼任行政教師行政專業能力情形，並針對統計結果進行比較與討論。

一、就指標之層面分析

針對本研究兼任行政教師行政專業能力指標層面之得分情形（如表4-6），就指標三個層面的平均數而言，「3.行政倫理」（M=4.36）的得分最高，其次是「1.行政歷程」（M=4.01），「2.經營管理」（M=3.93）的得分最低，因此，國中兼任行政教師具備行政專業能力的層面以「行政倫理」的表現最佳，而「行政歷程」的具備程度尚可，至於「經營管理」層面的具備程度，與上述兩個層面相較，則顯得較為欠缺。

上述「行政倫理」為三個層面中表現最佳，與吳慧玲（2014）、鄭進寶（2016）的研究發現「高雄市國中兼行政職教師行政倫理屬於中上程度」及黃晴晴（2012）

研究國小兼任行政教師在倫理實踐屬於中上程度的發現，結果相似。

表4-6

兼任行政教師行政專業能力指標層面之平均數與標準差摘要

層面	細目數	平均數（M）	標準差（SD）
1.行政歷程	16	4.01	.59
2.經營管理	14	3.93	.60
3.行政倫理	19	4.36	.53

二、就指標之向度分析

　　針對本研究兼任行政教師行政專業能力指標向度之得分情形（如表4-7），就指標十三個向度的平均數而言，「3-2正義倫理」（M=4.48）、「3-5德行倫理」（M=4.35）、「3-3關懷倫理」（M=4.34）、「3-1效益倫理」（M=4.30）與「3-4批判倫理」（M=4.27）等五個向度是屬於高分群的前五項，平均數皆大於4.25，表現最佳，符應上述「行政倫理」層面表現最佳之情況；而「2-4創新經營」（M=3.79）、「1-4評鑑」（M=3.88）、「2-2知識管理」（M=3.94）、「2-1品質管理」（M=3.95）與「1-2領導」（M=3.95）等五個向度則是屬於低分群的後五項，平均數皆小於4，表現最弱；另外「1-1計畫」（M=4.09）、「2-3E化管理」（M=4.09）與「1-3溝通」（M=4.08）等三個向度的平均數相近，而且皆大於4，為表現尚佳之向度。

　　上述向度「3-2正義倫理」是兼任行政教師認為其行政專業能力最具備的向度，與鄭進寶（2016）的研究發現，高雄市國中兼行政職教師行政倫理表現以「正義倫理」最高以及黃俊傑（2013b）研究發現，「國小教育人員行政倫理表現以「正義倫理」最高，結果相似；而「3-4批判倫理」是行政倫理層面中表現最低的，與黃俊傑（2013b）研究發現，國小教育人員行政倫理表現以「批判倫理」最低，結果相似。

「1-2領導」是國中兼任行政教師認為其行政專業能力較為不足的一項，與黃夙瑜（2011）的研究發現，國小教職員對國民小學主任核心職能表現現況的看法，認為「專業能力」與「領導能力」相對較低，結果相似。「2-3E化管理」表現尚佳，與曾有志（2012）研究發現，國民小學兼任行政職務教師在資訊素養之現況為中上程度，結果相似。

表4-7

兼任行政教師行政專業能力指標向度之平均數與標準差摘要

層面	向度	細目數	平均數（M）	標準差（SD）
1.行政歷程	1-1 計畫	5	4.09	.62
	1-2 領導	4	3.95	.68
	1-3 溝通	4	4.08	.64
	1-4 評鑑	3	3.88	.74
2.經營管理	2-1品質管理	3	3.95	.70
	2-2知識管理	4	3.94	.63
	2-3 E化管理	3	4.09	.65
	2-4創新經營	4	3.79	.71
3.行政倫理	3-1效益倫理	3	4.30	.64
	3-2正義倫理	5	4.48	.57
	3-3關懷倫理	4	4.34	.59
	3-4批判倫理	4	4.27	.62
	3-5德行倫理	3	4.35	.61

三、就指標之細目分析

　　針對本研究兼任行政教師行政專業能力指標細目之得分情形（如表4-8），就指標四十九個細目的平均數而言，「3-2-4能迴避不當關係」（M=4.55）、「3-2-3能遵守業務機密」（M=4.51）、「3-2-1能依法行政。」（M=4.49）、「3-2-2能遵守行政中立原則」（M=4.49）、「3-3-1能適時給予學生關懷協助」（M=4.45）、「3-2-5能包容他人不同的價值觀」（M=4.38）、「3-5-2能具備良好的品格操守」（M=4.38）、「3-5-3能注意自己的言行，成為學生的楷模與社會的榜樣」（M=4.38）、「3-1-2能優先考量學生利益」（M=4.35）、「3-1-1能確保學生學習權益」（M=4.32）、「3-3-2能協助同仁解決問題（如教學需求…）」（M=4.31）、「3-3-3能重視同仁間交流」（M=4.31）、「3-4-2能勇於承擔錯誤」（M=4.31）、「3-3-4能維持和諧的人際關係」（M=4.28）、「3-4-1能反省自己的言行」（M=4.28）與「3-5-1能知覺自己的角色定位，具有服務教學的信念」（M=4.28）等十六個細目是屬於高分群，平均數皆大於4.25，表現最佳；而「2-4-2能將創意具體寫成計畫並執行」（M=3.72）、「2-4-1能在行政流程上有創新的想法」（M=3.76）、「2-4-4能具備激勵同仁創新的熱情，經常鼓勵同仁在行政上創新作法」（M=3.76）、「2-1-3能訂定學校教育品質發展願景與目標」（M=3.79）、「2-2-3能參與專業發展社群，進行知識的傳遞與共享」（M=3.82）、「1-2-3能善用非正式組織，有利於計畫的執行」（M=3.83）、「2-2-4能建立業務標準作業程序（SOP）供成員參考」（M=3.85）、「1-4-1能在接受評鑑後，進行追蹤的工作」（M=3.86）、「1-4-3能針對評鑑內容資料，統整分析」（M=3.88）、「1-2-1執行計畫時，能激勵處室成員的士氣」（M=3.89）、「1-4-2能針對該處室的評鑑缺失提出改進的方法」（M=3.90）、「2-4-3能具備好上求好的經營態度」（M=3.92）、「1-2-2能兼顧組織目標達成及處室成員需要滿足」（M=3.93）、「1-3-2能具有圓融的溝通技巧」（M=3.93）與「2-1-2能對自己的行政工作提出改善計畫」（M=3.99）等十五個細目則是屬於低分群，平均數皆小於4，表現最弱。由統計結果顯示，上述這十五個指標細目，可解釋為是當前國中兼任行政教師較為欠缺的行政專業能力項目。

表4-8

兼任行政教師行政專業能力指標細目之平均數與標準差摘要

層面	向度	細目	平均數（M）	標準差(SD)
1. 行政歷程	1-1 計畫	1-1-1 能讓處室成員及相關人員參與計畫之擬定及相關會議。	4.08	.75
		1-1-2 能做好計畫執行前的宣導。	4.07	.70
		1-1-3 能訂定合乎教育法令與政策及學校需求之可行性計畫。	4.09	.72
		1-1-4 能管控計畫之執行成效與問題。	4.03	.73
		1-1-5 能在計畫需要改變時，適時調整。	4.19	.69
	1-2 領導	1-2-1 執行計畫時，能激勵處室成員的士氣。	3.89	.79
		1-2-2 能兼顧組織目標達成及處室成員需要滿足。	3.93	.74
		1-2-3 能善用非正式組織，有利於計畫的執行。	3.83	.84
		1-2-4 能根據事情的輕重緩急，通權達變、因應制宜。	4.13	.74
	1-3 溝通	1-3-1 能提供暢通多元的正式與非正式溝通管道。	4.05	.72
		1-3-2 能具有圓融的溝通技巧。	3.93	.80
		1-3-3 能專注傾聽對方傳遞的訊息。	4.15	.69
		1-3-4 能以同理心與他人做溝通，以利任務的達成。	4.19	.69
	1-4 評鑑	1-4-1 能在接受評鑑後，進行追蹤的工作。	3.86	.78
		1-4-2 能針對該處室的評鑑缺失提出改進的方法。	3.90	.81
		1-4-3 能針對評鑑內容資料，統整分析。	3.88	.81

（續下頁）

表4-8（續）

層面	向度	細目	平均數（M）	標準差(SD)
2.經營管理	2-1品質管理	2-1-1 能與其他處室的行政人員共同合作，提升該處室的品質。	4.08	.74
		2-1-2 能對自己的行政工作提出改善計畫。	3.99	.76
		2-1-3 能訂定學校教育品質發展願景與目標。	3.79	.85
	2-2知識管理	2-2-1 能利用各種管道取得行政所需要的資訊與知識。	4.09	.69
		2-2-2 能將獲得的知識做有效分類並儲存。	4.00	.69
		2-2-3 能參與專業發展社群，進行知識的傳遞與共享。	3.82	.80
		2-2-4 能建立業務標準作業程序（SOP）供成員參考。	3.85	.78
	2-3 E化管理	2-3-1 能妥善建置行政檔案分類資料庫。	4.02	.75
		2-3-2 能遵守資訊安全的規範。	4.16	.74
		2-3-3 能善用資訊科技提升行政效能。	4.09	.73
	2-4創新經營	2-4-1 能在行政流程上有創新的想法。	3.76	.78
		2-4-2 能將創意具體寫成計畫並執行。	3.72	.83
		2-4-3 能具備「好上求好」的經營態度。	3.92	.75
		2-4-4 能具備激勵同仁創新的熱情，經常鼓勵同仁在行政上創新作法。	3.76	.82
3.行政倫理	3-1效益倫理	3-1-1 能確保學生學習權益。	4.32	.65
		3-1-2 能優先考量學生利益。	4.35	.66
		3-1-3 能優先考量學校效益。	4.23	.75

（續下頁）

表4-8（續）

層面	向度	細目	平均數（M）	標準差(SD)
3.行政倫理	3-2正義倫理	3-2-1 能依法行政。	4.49	.64
		3-2-2 能遵守行政中立原則。	4.49	.63
		3-2-3 能遵守業務機密。	4.51	.63
		3-2-4 能迴避不當關係。	4.55	.63
		3-2-5 能包容他人不同的價值觀。	4.38	.64
	3-3關懷倫理	3-3-1能適時給予學生關懷協助。	4.45	.60
		3-3-2 能協助同仁解決問題（如教學需求…）。	4.31	.69
		3-3-3 能重視同仁間交流。	4.31	.67
		3-3-4 能維持和諧的人際關係。	4.28	.71
	3-4批判倫理	3-4-1 能反省自己的言行。	4.28	.65
		3-4-2 能勇於承擔錯誤。	4.31	.68
		3-4-3 能對自我的缺失進行批判。	4.24	.68
		3-4-4 能因應改變，適時調整行政作為。	4.23	.69
	3-5德行倫理	3-5-1 能知覺自己的角色定位，具有服務教學的信念。	4.28	.71
		3-5-2 能具備良好的品格操守。	4.38	.68
		3-5-3 能注意自己的言行，成為學生的楷模與社會的榜樣。	4.38	.64

參、不同背景變項下兼任行政教師所具備行政專業能力之差異分析

　　本研究依據調查問卷施測結果，進行不同背景變項下兼任行政教師所具備行政專業能力之差異分析，以下分別就性別、擔任行政年資、職務別、最高學歷、學校班級數、學校所在區域與學校所在地等七個變項進行考驗，其中性別與職務別，採用*t*檢定進行考驗；而擔任行政年資、最高學歷、學校班級數、學校所在區域與學校所在地，則採用行單因子變異數分析，茲將分析結果敘述如下：

一、性別與兼任行政教師所具備行政專業能力

　　由表4-9可知，兼任行政教師在不同性別所具備行政專業能力之比較，在男女兼任行政教師所具備的行政專業能力向度的得分上，在全部十三個向度上，男性兼任行政教師比女性兼任行政教師的得分為高，表示在各個向度的行政專業能力

上，男性兼任行政教師比女性兼任行政教師更為具備。其中在「2-3 E化管理」向度的現況，與曾有志（2012）的研究發現「男性兼任行政職務教師資訊素養能力較佳」相似。而在平均數差異的檢定，除了「1-1計畫」、「1-3溝通」與「2-4創新經營」等三個向度，在男性兼任行政教師與女性兼任行政教師之間有顯著差異外，其餘十個向度並無顯著差異。其中，行政倫理在性別上無顯著差異的結果，與李美蓉（2009）的研究發現「臺北縣國中教師兼任行政人員教育專業倫理素養在性別上有顯著差異」有別；而與黃俊傑（2013b）的研究發現「國小教育人員的行政倫理現況知覺在性別上無顯著差異」相似。

表4-9

性別與兼任行政教師所具備行政專業能力向度 t 檢定摘要

層面	向度	性別	N	平均數（M）	標準差（SD）	t
1.行政歷程	1-1 計畫	男	337	4.17	.57	2.65**
		女	378	4.02	.64	
	1-2 領導	男	337	4.00	.65	1.72
		女	378	3.89	.69	
	1-3 溝通	男	337	4.16	.59	2.57*
		女	378	4.01	.66	
	1-4 評鑑	男	337	3.92	.71	1.15
		女	378	3.84	.75	
2.經營管理	2-1品質管理	男	337	4.01	.63	1.81
		女	378	3.89	.74	
	2-2知識管理	男	337	3.98	.59	1.68
		女	378	3.89	.64	
	2-3 E化管理	男	337	4.11	.65	0.76
		女	378	4.06	.64	
	2-4創新經營	男	337	3.87	.68	2.37*
		女	378	3.71	.72	

（續下頁）

表4-9（續）

層面	向度	性別	N	平均數（M）	標準差（SD）	t
3.行政倫理	3-1效益倫理	男	337	4.33	.62	1.06
		女	378	4.27	.65	
	3-2正義倫理	男	337	4.50	.55	0.66
		女	378	4.46	.57	
	3-3關懷倫理	男	337	4.36	.55	1.06
		女	378	4.31	.61	
	3-4批判倫理	男	337	4.32	.56	1.91
		女	378	4.21	.66	
	3-5德行倫理	男	337	4.39	.58	1.49
		女	378	4.30	.62	

$^{*}P< .05$　$^{**}P< .01.$

二、擔任行政年資與兼任行政教師所具備行政專業能力

　　由表4-10可知，在平均數方面，擔任行政年資在21年以上者，在「1-1 計畫」、「1-2 領導」、「1-3 溝通」、「1-4 評鑑」、「2-1品質管理」、「2-2知識管理」、「2-4創新經營」、「3-1效益倫理」、「3-3關懷倫理」、「3-4批判倫理」與「3-5德行倫理」等十一個向度的得分均高於其他行政年資者，「2-2知識管理」的結果與林勝聰（2010）的研究發現「擔任行政愈長者的知識管理表現愈佳」相似；在「2-3 E化管理」向度，為行政年資在16-20 年者的得分最高，與曾有志（2012）的研究發現「行政年資較久的兼任行政職務教師資訊整合能力較佳」相似；在「3-2正義倫理」向度，為行政年資在10-15 年者的得分最高；最後，在「3-4批判倫理」向度，則以行政年資在4-9 年者的得分最高。而年資在3年以下者的兼任行政教師，在所有行政專業能力向度的具備程度，皆為最低。由統計結果來看，普遍來說，行政年資愈長者，愈具備行政專業能力。在變異數分析上，「2-3 E化管理」、「3-2正義倫理」與「3-4批判倫理」等三個向度無顯著差異，表示兼任行政教師在此三個向度的行政專業能力 ，不會因為行政年資不同，而有重大的差異，至於其餘的十個向度則是有顯著差異。經事後比較後發現，其中「關懷倫理」與「德行倫理」

二個向度無法區分顯著差異；而在「1-1 計畫」、「1-2 領導」、「1-3 溝通」、「1-4 評鑑」、「2-1品質管理」與「2-4創新經營」等六個向度，行政年資在10-15年、16-20年與21年以上者，顯著高於行政年資在3年以下者；其次，在「2-2知識管理」向度，行政年資21年以上者，顯著高於行政年資在3年以下者；最後，在「3-1效益倫理」向度，行政年資在10-15年與21年以上者，則是顯著高於行政年資在3年以下者。

表4-10

擔任行政年資與兼任行政教師所具備行政專業能力向度之單因子變異數分析摘要

層面	向度	擔任行政年資	N	平均數（M）	標準差（SD）	F	Scheffe's 事後比較
1.行政歷程	1-1 計畫	1.3年以下	150	3.82	.72	8.66***	3>1 4>1 5>1
		2.4-9年	203	4.03	.56		
		3.10-15年	205	4.18	.55		
		4.16-20年	102	4.25	.60		
		5.21年以上	55	4.33	.52		
	1-2 領導	1.3年以下	150	3.72	.75	6.63***	3>1 4>1 5>1
		2.4-9年	203	3.85	.72		
		3.10-15年	205	4.04	.57		
		4.16-20年	102	4.13	.58		
		5.21年以上	55	4.18	.58		
	1-3 溝通	1.3年以下	150	3.88	.74	4.73**	3>1 4>1 5>1
		2.4-9年	203	4.02	.65		
		3.10-15年	205	4.16	.56		
		4.16-20年	102	4.19	.54		
		5.21年以上	55	4.27	.53		
	1-4 評鑑	1.3年以下	150	3.64	.84	6.63***	3>1 4>1 5>1
		2.4-9年	203	3.77	.75		
		3.10-15年	205	3.99	.63		
		4.16-20年	102	4.03	.65		
		5.21年以上	55	4.18	.64		

（續下頁）

表4-10（續）

層面	向度	擔任行政年資	N	平均數（M）	標準差（SD）	F	Scheffe's 事後比較
2.經營管理	2-1品質管理	1.3年以下	150	3.69	.77	7.77***	3＞1 4＞1 5＞1
		2.4-9年	203	3.87	.71		
		3.10-15年	205	4.04	.59		
		4.16-20年	102	4.14	.60		
		5.21年以上	55	4.25	.67		
	2-2知識管理	1.3年以下	150	3.76	.64	4.41**	5＞1
		2.4-9年	203	3.88	.65		
		3.10-15年	205	3.98	.57		
		4.16-20年	102	4.05	.56		
		5.21年以上	55	4.18	.63		
	2-3 E化管理	1.3年以下	150	3.99	.70	1.68	
		2.4-9年	203	4.02	.66		
		3.10-15年	205	4.13	.56		
		4.16-20年	102	4.19	.63		
		5.21年以上	55	4.18	.68		
	2-4創新經營	1.3年以下	150	3.51	.78	8.51***	3＞1 4＞1 5＞1
		2.4-9年	203	3.70	.73		
		3.10-15年	205	3.90	.60		
		4.16-20年	102	4.01	.63		
		5.21年以上	55	4.04	.61		
3.行政倫理	3-1效益倫理	1.3年以下	150	4.07	.75	5.03*	3＞1 5＞1
		2.4-9年	203	4.30	.60		
		3.10-15年	205	4.37	.56		
		4.16-20年	102	4.36	.63		
		5.21年以上	55	4.51	.58		
	3-2正義倫理	1.3年以下	150	4.38	.61	1.98	
		2.4-9年	203	4.42	.59		
		3.10-15年	205	4.56	.54		
		4.16-20年	102	4.54	.50		
		5.21年以上	55	4.55	.50		

（續下頁）

表4-10（續）

層面	向度	擔任行政年資	N	平均數（M）	標準差（SD）	F值	Scheffe's 事後比較
3.行政倫理	3-3關懷倫理	1.3年以下	150	4.25	.66	2.47*	
		2.4-9年	203	4.25	.60		
		3.10-15年	205	4.41	.54		
		4.16-20年	102	4.39	.51		
		5.21年以上	55	4.48	.55		
	3-4批判倫理	1.3年以下	150	4.21	.70	1.80	
		2.4-9年	203	4.18	.65		
		3.10-15年	205	4.31	.57		
		4.16-20年	102	4.33	.51		
		5.21年以上	55	4.43	.53		
	3-5德行倫理	1.3年以下	150	4.22	.65	4.33**	
		2.4-9年	203	4.24	.63		
		3.10-15年	205	4.41	.57		
		4.16-20年	102	4.48	.50		
		5.21年以上	55	4.53	.58		

*$p < .05$. **$p < .01$. ***$p < .001$.

三、職務別與兼任行政教師所具備行政專業能力

　　由表4-11可知，兼任行政教師在不同職務所具備行政專業能力之比較，在兼任主任行政教師所具備的行政專業能力向度的得分上，在全部十三個向度上，兼任主任行政教師比兼任組長行政教師的得分為高，表示在各個向度的行政專業能力上，兼任主任行政教師比兼任組長行政教師更為具備。其中在「2-2知識管理」的現況與林勝聰（2010）的研究發現「擔任主任職務者的知識管理表現優於組長」相似；在「2-3 E化管理」向度的現況，與曾有志（2012）的研究發現「兼任主任行政職務教師資訊素養能力較佳」相似；而在平均數差異的檢定，所有十三個向度，在兼任主任行政教師與兼任組長行政教師之間皆有顯著差異。其中，行政倫理在職務別有顯著差異的結果，與李美蓉（2009）、鄭進寶（2016）研究發現「國中兼

任行政職教師的行政倫理現況在職務上有顯著差異相似；與黃俊傑（2013b）的研究發現「國小教育人員的行政倫理現況知覺在職務上有顯著差異」相似。

表4-11

職務別與兼任行政教師所具備行政專業能力向度 t 檢定摘要

層面	向度	職務別	N	平均數（M）	標準差（SD）	t
1.行政歷程	1-1 計畫	主任	231	4.34	.44	7.24***
		組長	484	3.96	.65	
	1-2 領導	主任	231	4.19	.49	6.50***
		組長	484	3.82	.71	
	1-3 溝通	主任	231	4.28	.55	4.86***
		組長	484	3.98	.65	
	1-4 評鑑	主任	231	4.08	.60	4.58***
		組長	484	3.78	.77	
2.經營管理	2-1品質管理	主任	231	4.18	.59	5.40***
		組長	484	3.84	.71	
	2-2知識管理	主任	231	4.11	.53	4.71***
		組長	484	3.85	.64	
	2-3 E化管理	主任	231	4.25	.53	3.94***
		組長	484	4.00	.67	
	2-4創新經營	主任	231	4.05	.56	6.40***
		組長	484	3.66	.73	
3.行政倫理	3-1效益倫理	主任	231	4.50	.50	5.43***
		組長	484	4.20	.67	
	3-2正義倫理	主任	231	4.63	.42	4.63***
		組長	484	4.41	.61	
	3-3關懷倫理	主任	231	4.48	.49	4.00***
		組長	484	4.26	.61	
	3-4批判倫理	主任	231	4.43	.51	4.13***
		組長	484	4.18	.64	
	3-5德行倫理	主任	231	4.55	.51	5.18***
		組長	484	4.24	.62	

*** $P < .001$.

四、最高學歷與兼任行政教師所具備行政專業能力

　　由表4-12可知，在平均數方面，最高學歷為研究所以上者，其平均數除了在「3-2 正義倫理」與「3-4 批判倫理」小於學歷為一般大學者外，其餘十一個向度的平均數皆大於學歷為一般大學與師大者，其中在「2-3 E化管理」向度的現況，與曾有志（2012）的研究發現「高學歷兼任行政職務教師資訊素養能力較佳」相似；而就學歷為一般大學與師大者再行比較，一般大學畢業者在「1-2 領導」、「2-1品質管理」、「2-2知識管理」、「2-4創新經營」、「3-1效益倫理」、「3-2正義倫理」、「3-3關懷倫理」、「3-4批判倫理」與「3-5德行倫理」等九個向度的得分皆高於師大畢業者。在變異數分析上，十三個向度皆無顯著差異。其中，行政倫理在最高學歷上無顯著差異的結果，與李美蓉（2009）的研究發現「臺北縣國中教師兼任行政人員教育專業倫理素養在學歷上有顯著差異」有別；而與黃俊傑（2013b）的研究發現「國小教育人員的行政倫理現況知覺在學歷上無顯著差異」相似。

表4-12

最高學歷與兼任行政教師所具備行政專業能力向度之單因子變異數分析摘要

層面	向度	最高學歷	N	平均數（M）	標準差（SD）	F
1.行政歷程	1-1 計畫	1.師大	140	4.02	.70	1.68
		2.一般大學	120	4.02	.62	
		3.研究所以上	455	4.13	.58	
	1-2 領導	1.師大	140	3.85	.79	2.08
		2.一般大學	120	3.86	.63	
		3.研究所以上	455	3.99	.64	
	1-3 溝通	1.師大	140	4.03	.63	2.33
		2.一般大學	120	3.95	.65	
		3.研究所以上	455	4.12	.63	

（續下頁）

表4-12（續）

層面	向度	最高學歷	N	平均數（M）	標準差（SD）	F
1.行政歷程	1-4 評鑑	1.師大	140	3.85	.75	1.14
		2.一般大學	120	3.77	.74	
		3.研究所以上	455	3.91	.72	
2.經營管理	2-1品質管理	1.師大	140	3.87	.75	1.03
		2.一般大學	120	3.91	.69	
		3.研究所以上	455	3.98	.68	
	2-2知識管理	1.師大	140	3.86	.65	0.87
		2.一般大學	120	3.91	.56	
		3.研究所以上	455	3.96	.63	
	2-3 E化管理	1.師大	140	4.02	.70	2.72
		2.一般大學	120	3.96	.62	
		3.研究所以上	455	4.13	.63	
	2-4創新經營	1.師大	140	3.67	.80	2.31
		2.一般大學	120	3.73	.62	
		3.研究所以上	455	3.84	.69	
3.行政倫理	3-1效益倫理	1.師大	140	4.23	.62	1.20
		2.一般大學	120	4.24	.69	
		3.研究所以上	455	4.33	.62	
	3-2正義倫理	1.師大	140	4.46	.54	0.16
		2.一般大學	120	4.51	.60	
		3.研究所以上	455	4.48	.56	
	3-3關懷倫理	1.師大	140	4.31	.62	0.10
		2.一般大學	120	4.32	.60	
		3.研究所以上	455	4.34	.57	
	3-4批判倫理	1.師大	140	4.23	.64	0.19
		2.一般大學	120	4.29	.60	
		3.研究所以上	455	4.27	.62	
	3-5德行倫理	1.師大	140	4.30	.63	0.28
		2.一般大學	120	4.34	.58	
		3.研究所以上	455	4.35	.60	

五、學校班級數與兼任行政教師所具備行政專業能力

　　由表4-13可知，在平均數方面，「13-24班」除了在「2-2 知識管理」、「2-3 E化管理」、「3-1 效益倫理」、「3-2 正義倫理」與「3-5 德行倫理」小於「49班以上」，而在「3-3 關懷倫理」與「3-4 批判倫理」向度與「49班以上」同分外，其餘六個向度的平均數皆為最高，顯示學校班級數在「13-24班」之規模者，其兼任行政教師在行政專業能力大部分上的具備程度較高。在變異數分析上，在「1-3 溝通」、「1-4評鑑」、「2-2知識管理」與「3-4批判倫理」等四個向度存在顯著差異外，其餘九個向度皆未存在顯著差異。經事後比較後發現，「1-3溝通」、「1-4 評鑑」與「3-4批判倫理」無法區分顯著差異；而在「2-2 知識管理」上，「13-24 班」顯著高於「7-12班」。就行政倫理層面的五個向度來看，僅有「3-4批判倫理」達到顯著，與黃俊傑（2013b）的研究發現「國小教育人員的行政倫理現況知覺在學校規模上有顯著差異」有別。

表4-13

學校班級數與兼任行政教師所具備行政專業能力向度之單因子變異數分析摘要

層面	向度	學校班級數	N	平均數（M）	標準差（SD）	F	Scheffe's 事後比較
1.行政歷程	1-1 計畫	1.6班以下	36	4.02	.78	1.09	
		2.7-12班	143	4.02	.68		
		3.13-24班	178	4.18	.57		
		4.25-48班	202	4.06	.60		
		5.49班以上	156	4.08	.58		
	1-2 領導	1.6班以下	36	3.86	.74	0.98	
		2.7-12班	143	3.86	.65		
		3.13-24班	178	4.03	.66		
		4.25-48班	202	3.93	.67		
		5.49班以上	156	3.95	.69		

（續下頁）

表4-13（續）

層面	向度	學校班級數	N	平均數（M）	標準差（SD）	F	Scheffe's 事後比較
1.行政歷程	1-3 溝通	1.6班以下	36	3.96	.61	3.06*	
		2.7-12班	143	3.98	.61		
		3.13-24班	178	4.23	.60		
		4.25-48班	202	4.00	.64		
		5.49班以上	156	4.10	.66		
	1-4 評鑑	1.6班以下	36	3.94	.77	2.47*	
		2.7-12班	143	3.73	.74		
		3.13-24班	178	4.02	.66		
		4.25-48班	202	3.81	.78		
		5.49班以上	156	3.91	.71		
2.經營管理	2-1品質管理	1.6班以下	36	3.91	.63	1.48	
		2.7-12班	143	3.86	.71		
		3.13-24班	178	4.06	.63		
		4.25-48班	202	3.89	.73		
		5.49班以上	156	3.99	.71		
	2-2知識管理	1.6班以下	36	3.95	.67	3.20*	3＞2
		2.7-12班	143	3.76	.62		
		3.13-24班	178	4.02	.60		
		4.25-48班	202	3.90	.63		
		5.49班以上	156	4.03	.60		
	2-3 E化管理	1.6班以下	36	4.01	.78	2.10	
		2.7-12班	143	3.94	.68		
		3.13-24班	178	4.15	.60		
		4.25-48班	202	4.07	.59		
		5.49班以上	156	4.17	.66		
	2-4創新經營	1.6班以下	36	3.67	.71	2.38	
		2.7-12班	143	3.67	.72		
		3.13-24班	178	3.91	.68		
		4.25-48班	202	3.71	.74		
		5.49班以上	156	3.87	.64		

（續下頁）

表4-13（續）

層面	向度	擔任行政年資	N	平均數（M）	標準差（SD）	F	Scheffe's 事後比較
3.行政倫理	3-1效益倫理	1.6班以下	36	4.25	.57	0.92	
		2.7-12班	143	4.19	.71		
		3.13-24班	178	4.32	.64		
		4.25-48班	202	4.31	.63		
		5.49班以上	156	4.36	.58		
	3-2正義倫理	1.6班以下	36	4.45	.48	0.76	
		2.7-12班	143	4.45	.56		
		3.13-24班	178	4.49	.53		
		4.25-48班	202	4.43	.60		
		5.49班以上	156	4.56	.57		
	3-3關懷倫理	1.6班以下	36	4.22	.55	1.73	
		2.7-12班	143	4.26	.58		
		3.13-24班	178	4.41	.54		
		4.25-48班	202	4.28	.64		
		5.49班以上	156	4.41	.56		
	3-4批判倫理	1.6班以下	36	4.14	.59	2.65[*]	
		2.7-12班	143	4.18	.59		
		3.13-24班	178	4.36	.58		
		4.25-48班	202	4.18	.66		
		5.49班以上	156	4.36	.60		
	3-5德行倫理	1.6班以下	36	4.23	.58	1.63	
		2.7-12班	143	4.31	.61		
		3.13-24班	178	4.39	.56		
		4.25-48班	202	4.26	.64		
		5.49班以上	156	4.44	.59		

[*]$p < .05$.

六、學校所在區域與兼任行政教師所具備行政專業能力

　　由表4-14可知，在平均數方面，學校所在區域北區，在所有的十三個向度的平均數皆為最高，顯示北區的國中兼任行政教師在行政專業能力上的具備程度最高；學校所在區域東區，在「1-1計畫」、「1-2領導」、「1-3溝通」、「2-1品質管理」、

「2-2知識管理」與「2-3E化管理」等六個向度的平均數較其他三區為低，顯示東區的國中兼任行政教師在這六個向度的行政專業能力具備程度相對較弱。在變異數分析上，在行政倫理層面的五個向度皆存在顯著差異外，其餘八個向度皆未存在顯著差異。經事後比較後發現，「3-1效益倫理」無法區分顯著差異；而在「3-2正義倫理」、「3-3 關懷倫理」、「3-4 批判倫理」與「3-5 德行倫理」等四個向度上，北區顯著高於中區與南區。就行政倫理層面的五個向度皆達顯著來看，與黃俊傑（2013b）的研究發現「國小教育人員的行政倫理現況知覺在學校地區上無顯著差異」有別。

表4-14

學校所在區域與兼任行政教師所具備行政專業能力向度之單因子變異數分析摘要

層面	向度	學校班級數	N	平均數（M）	標準差（SD）	F	Scheffe's 事後比較
1.行政歷程	1-1 計畫	1.北區	207	4.19	.54	2.11	
		2.中區	211	4.19	.64		
		3.南區	238	4.05	.64		
		4.東區	59	3.97	.68		
	1-2 領導	1.北區	207	4.05	.65	1.73	
		2.中區	211	3.92	.69		
		3.南區	238	3.88	.68		
		4.東區	59	3.89	.61		
	1-3 溝通	1.北區	207	4.20	.61	2.58	
		2.中區	211	4.02	.69		
		3.南區	238	4.04	.61		
		4.東區	59	3.96	.56		
	1-4 評鑑	1.北區	207	4.00	.69	2.02	
		2.中區	211	3.78	.79		
		3.南區	238	3.85	.70		
		4.東區	59	3.89	.74		

（續下頁）

表4-14（續）

層面	向度	學校班級數	N	平均數（M）	標準差（SD）	F	Scheffe's 事後比較
2.經營管理	2-1品質管理	1.北區	207	4.05	.64	1.79	
		2.中區	211	3.88	.76		
		3.南區	238	3.95	.70		
		4.東區	59	3.83	.56		
	2-2知識管理	1.北區	207	4.03	.55	2.06	
		2.中區	211	3.90	.68		
		3.南區	238	3.92	.64		
		4.東區	59	3.78	.50		
	2-3 E化管理	1.北區	207	4.16	.57	1.31	
		2.中區	211	4.05	.64		
		3.南區	238	4.08	.69		
		4.東區	59	3.95	.67		
	2-4創新經營	1.北區	207	3.92	.66	2.54	
		2.中區	211	3.70	.78		
		3.南區	238	3.77	.67		
		4.東區	59	3.71	.68		
3.行政倫理	3-1效益倫理	1.北區	207	4.43	.62	2.97*	
		2.中區	211	4.22	.67		
		3.南區	238	4.25	.62		
		4.東區	59	4.24	.59		
	3-2正義倫理	1.北區	207	4.63	.47	4.88**	1＞2
		2.中區	211	4.40	.55		1＞3
		3.南區	238	4.42	.64		
		4.東區	59	4.45	.50		
	3-3關懷倫理	1.北區	207	4.50	.49	5.03**	1＞2
		2.中區	211	4.25	.65		1＞3
		3.南區	238	4.27	.59		
		4.東區	59	4.30	.52		

（續下頁）

表4-14（續）

層面	向度	擔任行政年資	N	平均數（M）	標準差（SD）	F	Scheffe's 事後比較
	3-4批判倫理	1.北區	207	4.46	.54	7.03***	1＞2
		2.中區	211	4.18	.65		
		3.南區	238	4.17	.61		1＞3
		4.東區	59	4.25	.61		
	3-5德行倫理	1.北區	207	4.50	.50	4.56**	
		2.中區	211	4.26	.64		1＞2
		3.南區	238	4.28	.64		1＞3
		4.東區	59	4.32	.55		

*$P<.05.$ **$P<.01.$ ***$P<.001.$

七、學校所在地與兼任行政教師所具備行政專業能力

　　由表4-15可知，在平均數方面，學校所在地為都市地區，在所有的十三個向度的平均數皆為最高，顯示都市地區國中兼任行政教師在行政專業能力上的具備程度最高；而偏遠地區學校，在「1-2領導」、「1-4評鑑」、「2-1品質管理」、「2-2知識管理」、「2-3E化管理」、「2-4創新經營」與「3-4批判倫理」等六個向度的平均數較其他二者為低，顯示偏遠地區國中兼任行政教師在這六個向度的行政專業能力具備程度相對較弱。在變異數分析上，在「1-1計畫」、「2-2知識管理」、「2-3E化管理」、「2-4創新經營」、「3-1效益倫理」與「3-2正義倫理」等六個向度存在顯著差異外，其餘七個向度皆未存在顯著差異。經事後比較後發現，在「1-1計畫」、「2-4創新經營」與「3-1效益倫理」無法區分顯著差異外；在「2-2知識管理」與「2-3E化管理」等二個向度上，都市地區顯著高於偏遠地區；而在「2-2正義倫理」向度上，都市地區顯著高於一般鄉鎮。

表4-15

學校所在地與兼任行政教師所具備行政專業能力向度之單因子變異數分析摘要

層面	向度	學校班級數	N	平均數（M）	標準差（SD）	F	Scheffe's 事後比較
1.行政歷程	1-1 計畫	1.偏遠地區	173	4.03	.65	3.51*	
		2.一般鄉鎮	230	4.01	.65		
		3.都市地區	312	4.17	.56		
	1-2 領導	1.偏遠地區	173	3.85	.67	1.61	
		2.一般鄉鎮	230	3.93	.70		
		3.都市地區	312	3.99	.65		
	1-3 溝通	1.偏遠地區	173	4.01	.57	0.94	
		2.一般鄉鎮	230	4.07	.68		
		3.都市地區	312	4.11	.63		
	1-4 評鑑	1.偏遠地區	173	3.78	.70	2.54	
		2.一般鄉鎮	230	3.83	.78		
		3.都市地區	312	3.96	.71		
2.經營管理	2-1品質管理	1.偏遠地區	173	3.87	.62	1.88	
		2.一般鄉鎮	230	3.91	.71		
		3.都市地區	312	4.02	.72		
	2-2知識管理	1.偏遠地區	173	3.81	.55	4.98**	3＞1
		2.一般鄉鎮	230	3.89	.68		
		3.都市地區	312	4.03	.60		
	2-3 E化管理	1.偏遠地區	173	3.96	.66	5.07**	3＞1
		2.一般鄉鎮	230	4.03	.67		
		3.都市地區	312	4.19	.59		
	2-4創新經營	1.偏遠地區	173	3.70	.71	3.11*	
		2.一般鄉鎮	230	3.73	.75		
		3.都市地區	312	3.88	.66		
3.行政倫理	3-1效益倫理	1.偏遠地區	173	4.22	.66	3.77*	
		2.一般鄉鎮	230	4.22	.67		
		3.都市地區	312	4.39	.59		
	3-2正義倫理	1.偏遠地區	173	4.46	.53	3.93*	3＞2
		2.一般鄉鎮	230	4.39	.59		
		3.都市地區	312	4.55	.55		

（續下頁）

表4-15（續）

層面	向度	擔任行政年資	N	平均數（M）	標準差（SD）	F	Scheffe's 事後比較
3.行政倫理	3-3關懷倫理	1.偏遠地區	173	4.29	.54	1.63	
		2.一般鄉鎮	230	4.29	.65		
		3.都市地區	312	4.39	.56		
	3-4批判倫理	1.偏遠地區	173	4.20	.55	2.42	
		2.一般鄉鎮	230	4.21	.66		
		3.都市地區	312	4.33	.61		
	3-5德行倫理	1.偏遠地區	173	4.32	.56	2.78	
		2.一般鄉鎮	230	4.26	.65		
		3.都市地區	312	4.41	.58		

$^*P < .05.$　$^{**}P < .01.$

綜合上述的統計結果，加以探討說明如下：

1、國中兼任行政教師的行政年資在3-9年的近5成，剛超過15年的僅佔2成左右，顯示兼任行政教師的穩定性不是很高，與現階段國中教師對兼任行政的意願不高，具有相當的聯結性。

2、國中兼任行政教師具備行政專業能力的層面以「行政倫理」的表現最佳，而「行政歷程」的具備程度尚可，至於「經營管理」層面的具備程度，與上述兩個層面相較，則顯得較為欠缺。

3、領導、評鑑、品質管理、知識管理與創新經營等五個向度，是現階段國中兼任行政教師在行政專業能力上較為欠缺的部分。

4、現階段國中兼任行政教師最須補強的行政專業能力項目，包括：能將創意具體寫成計畫並執行；能在行政流程上有創新的想法；能具備激勵同仁創新的熱情，經常鼓勵同仁在行政上創新作法；能訂定學校教育品質發展願景與目標；能參與專業發展社群，進行知識的傳遞與共享；能善用非正式組織，有利於計畫的執行；能建立業務標準作業程序（SOP）供成員參考；能在接受評鑑後，進行追蹤的工作；能針對評鑑內容資料，統整分析；執行計畫時，能激勵處室成員

的士氣；能針對該處室的評鑑缺失提出改進的方法；能具備好上求好的經營態
度；能兼顧組織目標達成及處室成員需要滿足；能具有圓融的溝通技巧與能對
自己的行政工作提出改善計畫等十五個項目。

5、男性兼任行政教師比女性兼任行政教師，更具備行政專業能力。

6、普遍來說，行政年資愈長者，愈具備行政專業能力。

7、兼任主任行政教師比兼任組長行政教師，更具備行政專業能力。

8、學歷為研究所以上的兼任行政教師，較一般大學與師大學歷的兼任行政教師，
在大部分的行政專業能力上，更為具備。

9、學校班級數在「13-24班」之規模者，其兼任行政教師在行政專業能力大部分上
的具備程度較高。

10、位處北區的國中兼任行政教師在行政專業能力上的具備程度，較中區、南區
與東區的學校為高。

11、都市型地區的國中兼任行政教師，較一般鄉鎮與偏遠地區的學校，更具備行
政專業能力。

第四節　指標權重體系與實證調查結果綜合討論

　　本節主要針對指標系統相對權重的研究結果與兼任行政教師行政專業能力的
調查結果，將兩者加以比較分析，以瞭解學者專家評定的兼任行政教師行政專業
能力指標重要程度與兼任行政教師行政專業能力所具備程度之間的差距。本節共
分三個部分，第一部分為兼任行政教師行政專業能力指標層面之比較分析；第二
部分為兼任行政教師行政專業能力指標向度之比較分析；第三部分兼任行政教師
行政專業能力指標細目之比較分析。

壹、兼任行政教師行政專業能力指標層面之比較分析

　　有關學者專家評定之各層面相對權重、排序與兼任行政教師行政專業能力具備程度平均數之比較如表4-16。

　　由表中可知，在兼任行政教師行政專業能力各層面中，兼任行政教師行政專業能力具備程度的整體得分介於3.93至4.36之間，其中「2.經營管理」層面係學者專家認為是兼任行政教師行政專業能力最重要的層面，但兼任行政教師行政專業能力具備程度在此一層面卻是最低的。「3.行政倫理」層面的相對權重居次，卻是兼任行政教師行政專業能力具備程度最高的。「1.行政歷程」層面的相對權重居末，而兼任行政教師行政專業能力具備的程度是次高的。而行政倫理、行政歷程層面與具備程度之間的交叉比較結果是相當的，唯有學者專家所認為行政能力最重要的經營管理層面與兼任行政教師的能力具備程度間，存在明顯落差，值得後續研究探究原因。

表4-16

指標層面相對權重、排序與兼任行政教師行政專業能力具備程度平均數之比較分析

層面	相對權重	排序	能力具備程度平均數
2.經營管理	.368	1	3.93
3.行政倫理	.324	2	4.36
1.行政歷程	.308	3	4.01

貳、兼任行政教師行政專業能力指標向度之比較分析

　　有關學者專家評定各層面向度之相對權重、排序與兼任行政教師行政專業能力具備程度平均數之比較如表4-17、4-18與4-19。

　　由表4-17可知，「1.行政歷程」層面的四個向度中，兼任行政教師行政專業能

力具備程度的整體得分介於3.88 至4.09之間，「1-2領導」為學者專家認為最重要的向度，而兼任行政教師在此向度具備程度的得分是第三高分，顯示兼任行政教師在關懷倫理上的能力，與學者專家的認知，有部分差距。就本層面向度的學者專家排序，與兼任行政教師具備程度間之交叉比較結果相當不一致，即向度重要性與具備程度間存在明顯落差，值得後續研究探究原因。

表4-17

行政歷程層面之向度相對權重、排序與兼任行政教師行政專業能力具備程度平均數之比較分析

層面	向度	相對權重	排序	能力具備程度平均數
	1-2領導	.471	1	3.95
	1-3溝通	.297	2	4.08
1.行政歷程	1-1計畫	.178	3	4.09
	1-4評鑑	.054	4	3.88

　　由表4-18可知，「2.經營管理」層面的四個向度中，兼任行政教師行政專業能力具備程度的整體得分介於3.79 至4.09之間，「2-1品質管理」為學者專家認為最重要的向度，而兼任行政教師在此向度具備程度的得分是次高，顯示兼任行政教師在品質管理上的能力，與學者專家的認知，相當接近。但就創新經營、知識管理與E化管理的學者專家排序，與兼任行政教師具備程度間之交叉比較結果是相反的，意即重要性與具備程度間存在明顯落差，值得後續研究探究原因。

表4-18

經營管理層面之向度相對權重、排序與兼任行政教師行政專業能力具備程度平均數之比較分析

層面	向度	相對權重	排序	能力具備程度平均數
2.經營管理	2-1品質管理	.434	1	3.95
	2-4創新經營	.273	2	3.79
	2-2知識管理	.202	3	3.94
	2-3E化管理	.091	4	4.09

　　由表4-19可知，「3.行政倫理」層面的五個向度中，兼任行政教師行政專業能力具備程度的整體得分介於4.27 至4.48之間，「3-3關懷倫理」為學者專家認為最重要的向度，而兼任行政教師在此向度具備程度的得分是第三高分，顯示兼任行政教師在關懷倫理上的能力，與學者專家的認知，有部分差距。而批判倫理學者專家排序，與兼任行政教師具備程度是一致的，都是最低。另外，效益倫理、德行倫理與正義倫理的學者專家排序，與兼任行政教師具備程度間之交叉比較結果是相反的，意即重要性與具備程度間存在明顯落差，值得後續研究探究原因。

表4-19

行政倫理層面之向度相對權重、排序與兼任行政教師行政專業能力具備程度平均數之比較分析

層面	向度	相對權重	排序	能力具備程度平均數
3.行政倫理	3-3關懷倫理	.407	1	4.34
	3-1效益倫理	.186	2	4.30
	3-5德行倫理	.176	3	4.35
	3-2正義倫理	.168	4	4.48
	3-4批判倫理	.062	5	4.27

參、兼任行政教師行政專業能力指標細目之比較分析

　　本研究指標細目，在行政歷程層面包括計畫、領導、溝通與評鑑等四個向度，細目分別有5項、4項、4項與3項；在經營管理層面，包括品質管理、知識管理、E化管理與創新經營等四個向度，細目分別有3項、4項、3項與4項；在行政倫理層面，包括效益倫理、正義倫理、關懷倫理、批判倫理與德行倫理等五個向度，細目分別有3項、5項、4項、4項與3項，經整理學者專家評定之相對權重、排序與兼任行政教師行政專業能力具備程度平均數之比較如表4-20至4-32。茲依層面之順序，說明如下：

一、「行政歷程」層面

　　由表4-20 可知，「1-1計畫」向度中，兼任行政教師行政專業能力具備程度的整體得分介於4.03至4.19之間，其中「1-1-1 能讓處室成員及相關人員參與計畫之擬定及相關會議」是學者專家評定最重要的細目，而兼任行政教師的具備程度得分為次高，顯示兼任行政教師在具備能力，與學者專家的認知，相當接近。學者專家評定最不重要的細目「1-1-5能在計畫需要改變時，適時調整」，則是兼任行政教師具備程度最高者，學者專家認知與行政專業能力現況間，存在明顯落差，值得後續研究探究原因。

表4-20

計畫向度之相對權重、排序與兼任行政教師行政專業能力具備程度平均數之比較分析

層面	向度	細目	相對權重	排序	能力具備程度平均數
1.行政歷程	1-1計畫	1-1-3 能訂定合乎教育法令與政策及學校需求之可行性計畫。	.387	1	4.09
		1-1-1能讓處室成員及相關人員參與計畫之擬定及相關會議。	.229	2	4.08

（續下頁）

表4-20（續）

層面	向度	細目	相對權重	排序	能力具備程度平均數
1.行政歷程	1-1計畫	1-1-2能做好計畫執行前的宣導。	.177	3	4.08
		1-1-4能管控計畫之執行成效與問題。	.142	4	4.03
		1-1-5能在計畫需要改變時，適時調整。	.065	5	4.19

　　由表 4-21 可知，「1-2 領導」向度中，兼任行政教師行政專業能力具備程度的整體得分介於 3.83 至 4.13 之間，其中「1-2-1 執行計畫時，能激勵處室成員的士氣」是學者專家評定最重要的細目，而兼任行政教師在此細目的具備程度得分卻為倒數第二，顯示兼任行政教師在此一細目的具備能力，與學者專家的認知，有明顯落差。而學者專家評定第三重要的「1-2-4 能根據事情的輕重緩急，通權達變、因應制宜」，卻是兼任行政教師具備程度最高者，學者專家認知與行政專業能力現況間，亦存在明顯落差，值得後續研究探究原因。

表4-21

領導向度之相對權重、排序與兼任行政教師行政專業能力具備程度平均數之比較分析

層面	向度	細目	相對權重	排序	能力具備程度平均數
1.行政歷程	1-2領導	1-2-1執行計畫時，能激勵處室成員的士氣。	.350	1	3.89
		1-2-2能兼顧組織目標達成及處室成員需要滿足。	.324	2	3.93
		1-2-4 能根據事情的輕重緩急，通權達變、因應制宜。	.209	3	4.13
		1-2-3 能善用非正式組織，有利於計畫的執行。	.118	4	3.83

　　由表 4-22 可知，「1-3 溝通」向度中，兼任行政教師行政專業能力具備程度的整體得分介於 3.93 至 4.19 之間，其中「1-3-4 能以同理心與他人做溝通，以利任務的達成」是學者專家評定最重要的細目，而兼任行政教師在此細目的具備程度也是最高，顯示兼任行政教師在此一細目的具備能力，與學者專家的認知一致；
而另外三個細目的學者專家排序與兼任行政教師行政專業能力的具備程度高低，
也是一致的。整體來看，學者專家針對溝通向度的重要性認知，與兼任行政教師的行政專業能力具備程度相當一致。

表4-22

溝通向度之相對權重、排序與兼任行政教師行政專業能力具備程度平均數之比較分析

層面	向度	細目	相對權重	排序	能力具備程度平均數
1.行政歷程	1-3溝通	1-3-4能以同理心與他人做溝通，以利任務的達成。	.388	1	4.19
		1-3-3能專注傾聽對方傳遞的訊息。	.222	2	4.15
		1-3-1能提供暢通多元的正式與非正式溝通管道。	.212	3	4.05
		1-3-2能具有圓融的溝通技巧。	.178	4	3.93

　　由表 4-23 可知，「1-4 評鑑」向度中，兼任行政教師行政專業能力具備程度的整體得分介於 3.86 至 3.90 之間，其中「1-4-3 能針對評鑑內容資料，統整分析」是學者專家評定最重要的細目，而兼任行政教師在此細目的具備程度得分則為第二高分（3.88），與排序第二的細目「1-4-2 能針對該處室的評鑑缺失提出改進的方法」，兼任行政教師在此細目的具備程度得分為第一高分（3.90），平均數的

差異相當小；而排序第三的細目「1-4-1能在接受評鑑後，進行追蹤的工作」，兼任行政教師在此一細目的具備能力為第三高分，是一致的。整體來看，學者專家針對溝通向度的重要性認知，與兼任行政教師的行政專業能力具備程度，相當一致。

表4-23

評鑑向度之相對權重、排序與兼任行政教師行政專業能力具備程度平均數之比較分析

層面	向度	細目	相對權重	排序	能力具備程度平均數
1.行政歷程	1-4評鑑	1-4-3能針對評鑑內容資料，統整分析。	.478	1	3.88
		1-4-2能針對該處室的評鑑缺失提出改進的方法。	.362	2	3.90
		1-4-1能在接受評鑑後，進行追蹤的工作。	.160	3	3.86

二、「經營管理」層面

　　由表4-24 可知，「2-1品質管理」向度中，兼任行政教師行政專業能力具備程度的整體得分介於 3.79 至 4.08 之間，其中「2-1-3 能訂定學校教育品質發展願景與目標」是學者專家評定最重要的細目，而兼任行政教師的行政專業能力具備程度得分最低，顯示兼任行政教師的具備能力，與學者專家的認知，存在明顯落差，值得後續研究探究原因。而另外二個細目的學者專家排序與兼任行政教師行政專業能力的具備程度高低，尚稱相似。

表4-24

品質管理向度之相對權重、排序與兼任行政教師行政專業能力具備程度平均數之比較分析

層面	向度	細目	相對權重	排序	能力具備程度平均數
2.經營管理	2-1品質管理	2-1-3 能訂定學校教育品質發展願景與目標。	.544	1	3.79
		2-1-1 能與其他處室的行政人員共同合作，提升該處室的品質。	.251	2	4.08
		2-1-2 能對自己的行政工作提出改善計畫。	.205	3	3.99

　　由表 4-25 可知，「2-2 知識管理」向度中，兼任行政教師行政專業能力具備程度的整體得分介於 3.82 至 4.09 之間，其中「2-2-3 能參與專業發展社群，進行知識的傳遞與共享」是學者專家評定最重要的細目，而兼任行政教師的行政專業能力具備程度得分卻是最低，顯示兼任行政教師在具備能力，與學者專家的認知，存在明顯落差。而另外三個細目的學者專家排序與兼任行政教師行政專業能力的具備程度高低，也存在明顯落差，值得後續研究探究原因。

表4-25

知識管理向度之相對權重、排序與兼任行政教師行政專業能力具備程度平均數之比較分析

層面	向度	細目	相對權重	排序	能力具備程度平均數
2.經營管理	2-2知識管理	2-2-3 能參與專業發展社群，進行知識的傳遞與共享。	.292	1	3.82
		2-2-1 能利用各種管道取得行政所需要的資訊與知識。	.269	2	4.09
		2-2-4 能建立業務標準作業程序（SOP）供成員參考。	.225	3	3.85
		2-2-2 能將獲得的知識做有效分類並儲存。	.213	4	4.00

　　由表 4-26 可知，「2-3E 化管理」向度中，兼任行政教師行政專業能力具備程度的整體得分介於 4.02 至 4.16 之間，其中「2-3-3 能善用資訊科技提升行政效能」是學者專家評定最重要的細目，而兼任行政教師的具備程度得分是第二高分，顯示兼任行政教師的行政專業具備能力，與學者專家的認知，相當接近。而另外二個細目的學者專家排序與兼任行政教師行政專業能力的具備程度高低，則呈現明顯落差，值得後續研究探究原因。

表4-26

E化管理向度之相對權重、排序與兼任行政教師行政專業能力具備程度平均數之比較分析

層面	向度	細目	相對權重	排序	能力具備程度平均數
2.經營管理	2-3E化管理	2-3-3能善用資訊科技提升行政效能。	.485	1	4.09
		2-3-1能妥善建置行政檔案分類資料庫。	.365	2	4.02
		2-3-2能遵守資訊安全的規範。	.150	3	4.16

　　由表 4-27 可知，「2-4 創新經營」向度中，兼任行政教師行政專業能力具備程度的整體得分介於 3.72 至 3.92 之間，其中「2-4-4 能具備激勵同仁創新的熱情，經常鼓勵同仁在行政上創新作法」是學者專家評定最重要的細目，而兼任行政教師的行政專業能力具備程度得分是第二高分，顯示兼任行政教師在具備能力，與學者專家的認知，相當接近。學者專家評定重要性最低的細目「2-4-3 能具備「好上求好」的經營態度」，在兼任行政教師的行政專業能力具備程度卻是最高，呈現明顯的落差，值得後續研究探究原因。

表4-27

創新經營向度之相對權重、排序與兼任行政教師行政專業能力具備程度平均數之比較分析

層面	向度	細目	相對權重	排序	能力具備程度平均數
2.經營管理	2-4創新經營	2-4-4能具備激勵同仁創新的熱情，經常鼓勵同仁在行政上創新作法。	.390	1	3.76
		2-4-1能在行政流程上有創新的想法。	.296	2	3.76
		2-4-2能將創意具體寫成計畫並執行。	.187	3	3.72
		2-4-3能具備「好上求好」的經營態度。	.126	4	3.92

三、「行政倫理」層面

　　由表 4-28 可知，「3-1 效益倫理」向度中，兼任行政教師行政專業能力具備程度的整體得分介於 4.23 至 4.35 之間，其中「3-1-1 能確保學生學習權益」是學者專家評定最重要的細目，而兼任行政教師的行政專業能力具備程度得分為第二高分，顯示兼任行政教師的具備能力，與學者專家的認知，相當接近。

表4-28

效益倫理向度之相對權重、排序與兼任行政教師行政專業能力具備程度平均數之比較分析

層面	向度	細目	相對權重	排序	能力具備程度平均數
3.行政倫理	3-1效益倫理	3-1-1 能確保學生學習權益。	.605	1	4.32
		3-1-2 能優先考量學生利益。	.300	2	4.35
		3-1-3 能優先考量學校效益。	.096	3	4.23

　　由表 4-29 可知,「3-2 正義倫理」向度中,兼任行政教師行政專業能力具備程度的整體得分介於 4.38 至 4.55 之間,其中「3-2-1 能依法行政」是學者專家評定最重要的細目,而兼任行政教師的行政專業能力具備程度得分則為第三高分,顯示兼任行政教師的具備能力,與學者專家的認知,存在部分差距。而學者專家對所有細目的評定排序,與兼任行政教師行政專業能力之間的比較,呈現明顯落差,值得後續研究探究原因。

表4-29

正義倫理向度之相對權重、排序與兼任行政教師行政專業能力具備程度平均數之比較分析

層面	向度	細目	相對權重	排序	能力具備程度平均數
3.行政倫理	3-2正義倫理	3-2-1能依法行政。	.427	1	4.49
		3-2-5能包容他人不同的價值觀。	.201	2	4.38
		3-2-4能迴避不當關係。	.155	3	4.55
		3-2-2能遵守行政中立原則。	.137	4	4.49
		3-2-3能遵守業務機密。	.081	5	4.51

　　由表 4-30 可知,「3-3 關懷倫理」向度中,兼任行政教師行政專業能力具備程度的整體得分介於 4.28 至 4.45 之間,其中「3-3-1 能適時給予學生關懷協助」是學者專家評定最重要的細目,而兼任行政教師的行政專業能力具備程度也是最高,顯示兼任行政教師在此一細目的具備能力,與學者專家的認知一致;而另外三個細目的學者專家排序與兼任行政教師行政專業能力的具備程度高低,也接近一致。整體來看,學者專家針對關懷倫理向度的重要性認知,與兼任行政教師的行政專業能力具備程度相當一致。

表4-30

關懷倫理向度之相對權重、排序與兼任行政教師行政專業能力具備程度平均數之比較分析

層面	向度	細目	相對權重	排序	能力具備程度平均數
3.行政倫理	3-3關懷倫理	3-3-1能適時給予學生關懷協助。	.472	1	4.45
		3-3-2能協助同仁解決問題（如教學需求…）。	.201	2	4.31
		3-3-4能維持和諧的人際關係。	.166	3	4.28
		3-3-3能重視同仁間交流。	.160	4	4.31

　　由表4-31 可知，「3-4 批判倫理」向度中，兼任行政教師行政專業能力具備程度的整體得分介於 4.23 至 4.31 之間，其中「3-4-1 能反省自己的言行」是學者專家評定最重要的細目，而兼任行政教師的行政專業能力具備程度得分是第二高分，顯示兼任行政教師行政專業的具備能力，與學者專家的認知，相當接近。所有四個細目的排序與兼任行政教師行政專業能力具備程度平均數的比較，呈現明顯落差，值得後續研究探究原因。

表4-31

批判倫理向度之相對權重、排序與兼任行政教師行政專業能力具備程度平均數之比較分析

層面	向度	細目	相對權重	排序	能力具備程度平均數
3.行政倫理	3-4批判倫理	3-4-1能反省自己的言行。	.347	1	4.28
		3-4-2能勇於承擔錯誤。	.255	2	4.31
		3-4-4能因應改變，適時調整行政作為。	.211	3	4.23
		3-4-3能對自我的缺失進行批判。	.187	4	4.24

　　由表 4-32 可知,「3-5 德行倫理」向度中,兼任行政教師行政專業能力具備程度的整體得分介於 4.28 至 4.38 之間,其中「3-5-3 能注意自己的言行,成為學生的楷模與社會的榜樣」是學者專家評定最重要的細目,而兼任行政教師的行政專業能力具備程度也是最高,顯示兼任行政教師在此一細目的具備能力,與學者專家的認知一致。「3-5-2 能具備良好的品格操守」是學者專家評定重要性最低的細目,而兼任行政教師的行政專業能力具備程度卻是最高,顯示兼任行政教師在此一細目的具備能力,與學者專家的認知存在明顯落差,值得後續研究探究原因。

表4-32

德行倫理向度之相對權重、排序與兼任行政教師行政專業能力具備程度平均數之比較分析

層面	向度	細目	相對權重	排序	能力具備程度平均數
3.行政倫理	3-5德行倫理	3-5-3 能注意自己的言行,成為學生的楷模與社會的榜樣。	.363	1	4.38
		3-5-1能知覺自己的角色定位,具有服務教學的信念。	.344	2	4.28
		3-5-2能具備良好的品格操守。	.293	3	4.38

　　綜合上述的統計結果,加以探討說明如下:

1、在兼任行政教師行政專業能力指標的三個層面中,學者專家評定最重要的層面是「經營管理」,而國中兼任行政教師最具備的行政專業能力層面則是「行政倫理」。

2、在兼任行政教師行政專業能力指標「1.行政歷程」層面的向度相對權重,與國中兼任行政教師行政專業能力具備程度的比較中,學者專家評定最重要的是

「1-1領導」向度，而國中兼任行政教師則是在「1-1計畫」向度的具備程度最高。

3、在兼任行政教師行政專業能力指標「2.經營管理」層面的向度相對權重，與國中兼任行政教師行政專業能力具備程度的比較中，學者專家評定最重要的是「2-1品質管理」向度，而國中兼任行政教師則是在「2-3E化管理」向度的具備程度最高。

4、在兼任行政教師行政專業能力指標「3.行政倫理」層面的向度相對權重，與國中兼任行政教師行政專業能力具備程度的比較中，學者專家評定最重要的是「3-3關懷倫理」向度，而國中兼任行政教師則是在「3-2正義倫理」向度的具備程度最高。

5、在兼任行政教師行政專業能力指標「1-3溝通」、「3-3關懷倫理」與「3-5德行倫理」等三個向度的細目相對權重，與國中兼任行政教師行政專業能力具備程度的比較中，學者專家在此三個向度評定最重要的細目分別是，「1-3-4能以同理心與他人做溝通，以利任務的達成」、「3-3-1能適時給予學生關懷協助」與「3-5-3能注意自己的言行，成為學生的楷模與社會的榜樣」，而國中兼任行政教師在此三個細目的行政專業能力具備程度也是各該向度最高，顯示此三個細目是國中兼任行政教師行政專業能力指標中相當重要，而且是現階段兼任行政教師具備程度很高的行政能力。

6、在兼任行政教師行政專業能力指標「1-1計畫」、「1-4評鑑」、「2-3E化管理」、「2-4創新經營」、「3-1效益倫理」與「3-4批判倫理」等六個向度的細目相對權重，與國中兼任行政教師行政專業能力具備程度的比較中，學者專家在此六個向度評定最重要的細目分別是，「1-1-3能訂定合乎教育法令與政策及學校需求之可行性計畫」、「1-4-3能針對評鑑內容資料，統整分析」、「2-3-3能善用資訊科技提升行政效能」、「2-4-4能具備激勵同仁創新的熱情，經常鼓勵同仁在行政上創新作法」、「3-1-1能確保學生學習權益」與「3-4-1能反省自己的言

行」，而國中兼任行政教師在此六個細目的行政專業能力具備程度則是各該向度次高，顯示此六個細目是國中兼任行政教師行政專業能力指標中相當重要，而且是現階段兼任行政教師具備程度頗高的行政能力。

7、在兼任行政教師行政專業能力指標「1-2領導」、「2-1品質管理」與「2-2知識管理」等三個向度的細目相對權重，與國中兼任行政教師行政專業能力具備程度的比較中，學者專家在此三個向度評定最重要的細目分別是，「1-2-1執行計畫時，能激勵處室成員的士氣」、「2-1-3能訂定學校育品質發展願景與目標」與「2-2-3能參與專業發展社群，進行知識的傳遞與共享」，而國中兼任行政教師在此三個細目的行政專業能力具備程度確是各該向度最低，顯示此三個細目是國中兼任行政教師行政專業能力指標中相當重要，卻是現階段兼任行政教師具備程度較不足的行政能力。

發展趨勢

第五章　行政專業能力分析探討

　　本研究旨在確立國民中學兼任行政教師行政專業能力指標、建構指標體系權重並瞭解當前國民中學兼任行政教師行政專業能力具備之現況。透過二次德懷術及預試問卷，以確立指標架構；接著，透過權重問卷與實證調查問卷，獲得指標的權重及兼任行政教師行政專業能力具備程度的數據，加以進行統計分析。以下就指標建構結果、指標權重體系分析結果、實證調查分析結果及指標權重體系與實證調查結果比較分析之發現等四部分依序說明。

壹、指標建構結果

　　本研究經過二次德懷術建立指標雛型，接著，透過預試問卷的信、效度分析，以正式確立指標之建構，研究過程嚴謹，有關指標建構結果，說明如下：

一、　第一次德懷術的實施，將原七十八項指標細目增刪後，共計六十個指標細目。

二、　第二次德懷術的實施，原六十個指標細目，經刪除成為五十三個細目。

三、　預試問卷施測後，五十三個細目皆合乎篩選標準，予以保留。

四、　預試問卷的信度與效度分析，皆達可接受程度。

五、　最終指標架構確立為行政歷程、經營管理與行政倫理三個層面，內含計畫、領導、溝通、評鑑、品質管理、知識管理、E化管理、創新經營、效益倫理、正義倫理、關懷倫理、批判倫理與德行倫理等十三個向度及四十九個指標細目（如附錄八）。

貳、指標權重體系分析結果

　　本研究指標間之相對權重與排序結果，分析如下：

一、指標層面間之相對權重之排序，由高至低為經營管理、行政倫理與行政歷程。兼任行政教師處理行政業務，在行政歷程的運作基礎上，堅守行政倫理，充實經營管理的理念及做法。

二、指標各層面向度間之相對權重之排序，領導、品質管理與關懷倫理是相對重要性最高的三個向度；而評鑑、E化管理與批判倫理，則是相對重要性最低的三個向度；另外，溝通、計畫、創新經營、知識管理、效益倫理、德行倫理與正義倫理等七個向度，則是有一定的相對重要性。

三、指標架構各向度內相對權重最高的十三個細目，可視為兼任行政教師行政專業之關鍵能力細目，分別為：能訂定合乎教育法令與政策及學校需求之可行性計畫、能激勵處室成員的士氣、能以同理心與他人做溝通以利任務的達成、能針對評鑑內容資料，統整分析、能訂定學校教育品質發展願景與目標、能參與專業發展社群以進行知識的傳遞與共享、能善用資訊科技提升行政效能、能激勵同仁創新的熱情並鼓勵同仁在行政上創新作法、能確保學生學習權益、能依法行政、能適時給予學生關懷協助、能注意言行並為學生的楷模與社會的榜樣。

四、若就指標之層面、向度與細目三方面做整體的綜合分析，能訂定學校教育品質發展願景與目標是所有指標中最為重要的行政專業能力。

參、實證調查分析結果

　　檢證當前公立國民中學兼任行政教師所具備的行政專業能力現況，結果如下：

一、就指標三個層面而言，行政倫理的具備現況最高，其次是行政歷程，最後是經營管理。

三、就指標十三個向度具備現況高低而言，依序為正義倫理、德行倫理、關懷倫理、效益倫理、批判倫理、計畫、E化管理、溝通、領導、品質管理、知識管理、評鑑與創新經營。

四、就指標四十九個細目而言，有十六個細目是屬於具備現況程度最高，分別為：能迴避不當關係、能遵守業務機密、能依法行政、能遵守行政中立原則、能

適時給予學生關懷協助、能包容他人不同的價值觀、能具備良好的品格操守、能注意言行並為學生的楷模與社會的榜樣、能優先考量學生利益、能確保學生學習權益、能協助同仁解決問題、能重視同仁間交流、能勇於承擔錯誤、能維持和諧的人際關係、能反省自己的言行及能知覺自己的角色定位且具有服務教學的信念。另外有十五個細目則是屬於具備現況程度最低，是當前國中兼任行政教師較為欠缺的行政專業能力項目，分別為：能將創意具體寫成計畫並執行、能在行政流程上有創新的想法、能激勵同仁創新的熱情並鼓勵同仁在行政上創新作法、能訂定學校教育品質發展願景與目標、能參與專業發展社群以進行知識的傳遞與共享、能善用非正式組織以有利於計畫的執行、能建立業務標準作業程序（SOP）供成員參考、能在接受評鑑後進行追蹤的工作、能針對評鑑內容資料做統整分析、能激勵處室成員的士氣、能針對該處室的評鑑缺失提出改進的方法、能具備好上求好的經營態度、能兼顧組織目標達成及處室成員需要滿足、能具有圓融的溝通技巧及能對自己的行政工作提出改善計畫。

五、不同背景變項下兼任行政教師行政專業能力，除了在最高學歷未呈現顯著差異外，其餘在性別、擔任行政年資、職務別、學校班級數、學校所在區域與學校所在地等，皆有專業能力向度呈現顯著差異的情況，說明如下：

（一）不同性別的兼任行政教師所具備的行政專業能力，在計畫、溝通與創新經營等三個向度，呈現顯著差異。

（二）擔任不同行政年資的兼任行政教師所具備的行政專業能力，在計畫、領導、溝通、評鑑、品質管理、知識管理、創新經營、效益倫理、關懷倫理與德行倫理等十個向度呈現顯著差異。經事後比較發現，在計畫、領導、溝通、評鑑、品質管理與創新經營等六個向度，行政年資在 10-15 年、16-20 年與 21 年以上者，顯著高於行政年資在 3 年以下者；另外，在知識管理向度，行政年資 21 年以上者，顯著高於行政年資在 3 年以下者；最後，在效益倫

理向度，行政年資在 10-15 年與 21 年以上者，則是顯著高於行政年資在 3
年以下者。

（三）不同職務別的兼任行政教師所具備的行政專業能力，在指標所有的十三個
向度上，皆呈現顯著差異。

（四）不同學校班級數的兼任行政教師所具備的行政專業能力，在溝通、評鑑、
知識管理與批判倫理等四個向度呈現顯著差異外，其餘九個向度皆未呈現
顯著差異。經事後比較後發現，在知識管理向度上， 13-24 班顯著高於 7-12
班。

（五）不同學校所在區域的兼任行政教師所具備的行政專業能力，在效益倫理、
正義倫理、關懷倫理、批判倫理與德行倫理等五個向度呈現顯著差異外，
其餘八個向度皆未呈現顯著差異。經事後比較後發現，在正義倫理、關懷
倫理、批判倫理與德行倫理等四個向度上，北區顯著高於中區與南區。

（六）不同學校所在地的兼任行政教師所具備的行政專業能力，在計畫、知識管
理、E 化管理、創新經營、效益倫理與正義倫理等六個向度呈現顯著差異外，
其餘七個向度皆未呈現顯著差異。經事後比較後發現，在知識管理與 E 化
管理等二個向度上，都市地區顯著高於偏遠地區；而在正義倫理向度上，
都市地區顯著高於一般鄉鎮。

肆、指標權重體系與實證調查結果比較分析

　　為瞭解指標相對權重與當前國民中學兼任行政教師所具備行政專業能力現況
間之關係，經由相互比較獲得的結果，說明如下：

一、在指標的三個層面上，學者專家評定最重要的層面是經營管理，而兼任行政
教師行政專業能力具備程度最高的層面是行政倫理。專家學者或以為學校行政
涉及經營管理頗深，研究指標雖分為行政歷程、經營管理與行政倫理三個層面，
但經營管理似乎又觸及另外二個層面，所以經營管理層面被專家學者評定為最

重要。另一方面，兼任行政教師本職為教學，行政是外加的工作，在師資培訓過程中，主要在培育教師課程與教學的能力，少有學校行政的課程，以致兼任行政教師在經營管理的能力會較為欠缺。經營管理既是學校行政重要的環節，兼任行政教師又缺乏此等能力，所以，補強兼任行政教師經營管理能力是日後協助兼任行政教師增能很重要的方向。

二、在行政歷程層面的向度比較上，學者專家評定最重要的向度是領導，而兼任行政教師行政專業能力具備程度最高的向度是計畫。由於兼任行政教師需要撰寫教案及課程計畫，所以較具備計畫的能力；另外，因為教師本身的教學自主性高，對學校行政的參與程度不一，教師兼主任或組長要發揮其領導功能，有其困難度，因此專家學者認為領導是非常重要的能力。

三、在經營管理層面的向度比較上，學者專家評定最重要的向度是品質管理，而兼任行政教師行政專業能力具備程度最高的向度是 E 化管理。學者專家或以為學校行政最終目的在於行政績效最大化，那就非有嚴謹的品質管理保證；兼任行政教師平時教學準備教材，大多會用到 ICT，所以，在資通訊科技的能力是比較沒有問題的。

四、在行政倫理層面的向度比較上，學者專家評定最重要的向度是關懷倫理，而兼任行政教師行政專業能力具備程度最高的向度是正義倫理。學校是師生相處的場所，彼此的真心關懷才能促進校園和諧，尤其校長能具有關懷師生的情懷相當重要，而教師兼任主任或組長也應關懷師生，所以，關懷倫理非常重要；另外，因為校園民主化，教師較能針對校務發表看法或建言，同樣的，兼任行政教師也比較能適時適所地提出想法或批評。

五、在溝通、關懷倫理與德行倫理三個向度上，學者專家評定最重要，同時也是國中兼任行政教師行政專業能力具備程度最高的細目是能以同理心與他人做溝通以利任務的達成、能適時給予學生關懷協助與能注意言行並為學生的楷模與社會的榜樣等，是值得兼任行政教師繼續保持的專業能力。

六、在計畫、評鑑、E化管理、創新經營、效益倫理與批判倫理等六個向度上，學者專家評定最重要，而國中兼任行政教師行政專業能力具備程度次高的細目分別是，能訂定合乎教育法令與政策及學校需求之可行性計畫、能針對評鑑內容資料做統整分析、能善用資訊科技提升行政效能、能激勵同仁創新的熱情並鼓勵同仁在行政上創新作法、能確保學生學習權益與能反省自己的言行，是國中兼任行政教師行政專業能力指標中相當重要，而且是現階段兼任行政教師具備程度頗高的行政能力。

七、在領導、品質管理與知識管理等三個向度，學者專家評定最重要，而國中兼任行政教師行政專業能力具備程度最低的細目分別是，能激勵處室成員的士氣、能訂定學校育品質發展願景與目標及能參與專業發展社群以進行知識的傳遞與共享，是國中兼任行政教師行政專業能力指標中相當重要，卻是現階段兼任行政教師具備程度較不足的行政能力。

　　綜上所述，當前國民中學兼任行政教師優先必須具備之九個行政能力，分別是：能以同理心與他人溝通、能適時給予學生關懷協助、能注意言行並為學生的楷模與社會的榜樣、能訂定學校需求之可行性計畫、能統整分析評鑑內容資料、能善用資訊科技、能激勵同仁創新的熱情並鼓勵同仁在行政上創新作法、能確保學生學習權益及能反省自己的言行。另外，有三個兼任行政教師自評較為欠缺而值得加以重視的行政專業能力是能激勵處室成員的士氣、能訂定學校育品質發展願景與目標及能參與專業發展社群以進行知識的傳遞與共享，這三個細目可透過教師研習或教師專業發展等管道，納入增強行政專業能力之主題。

第六章 行政專業能力發展途徑

本研究著眼於兼任行政教師的行政專業能力，希望能夠建構國民中學兼任行政教師行政專業能力指標，同時瞭解國內國民中學兼任行政教師行政專業能力具備的現況，經由資料的統計與比較，據以產生研究結果。接著將研究結果轉化，提供教育行政機關、國民中學校長與國民中學兼任行政教師等相關之建議。另外，研究者在研究過程中及研究完成後，針對本研究亦有可供後續研究參考之發現。以下依研究結果建議與後續研究建議之順序，加以說明。

壹、教育行政機關之建議

一、各縣市政府可利用本研究建立之指標，規劃現職兼任行政教師的行政專業能力增能課程，提升其行政專業能力。

「工欲善其事，必先利其器」，學校行政人員處理行政事務，必須具備行政專業能力，無庸置疑。衡諸學校現況，兼任行政職務的教師，除了甄選的主任有儲訓機制外，其餘未參加甄選或未甄選上的主任，以及無甄機制的組長，皆未受到系統化的行政專業訓練課程。因此，各縣市政府實有責任提升兼任行政教師之行政專業能力。

二、本研究指標可供主任儲訓機構【國家教育研究院或各直轄市（縣市）政府教育局（處）】未來在規劃主任儲訓課程架構之參考依據。

主任儲訓課程是培育具備教育與行政專業素養的主任相當重要的一環，儲訓課程的規劃除了必須考量學校行政理論、學校現場實務外，課程也必須隨著教育環境的變動，適時調整。

貳、國民中學之建議

一、校長協助兼任行政教師，增能欠缺之行政能力。

校長是學校行政團隊的帶領者，理應多關注兼任行政教師的工作現況及困難

，並協助其解決困境，使其樂於行政工作，以達成學校行政工作的最大績效，促進學校的發展。本研究發現兼任行政教師自評在經營管理層面的品質管理、知識管理與創新經營等向度的能力較為欠缺，校長可利用行政主管會報、校內行政專業社群等管道，傳授自己的專業能力，協助兼任行政教師進行專業成長。

二、本研究之確立指標，可供校長對兼任行政教師的工作進行查核之參考標準。

　　行政三聯制－計畫、執行與考核，校長綜掌全校事務，對於學校行政負有考核的權責。工作查核的目的除了瞭解兼任行政教師的業務執行成效外，還可以發現其工作上的困境及需要補強的行政專業能力。

三、校長可利用本研究指標，對校內教師兼任之主任與組長進行施測，以瞭解其行政專業能力現況。

　　專業能力是必須經由學習而成長的，兼任行政教師面對教育環境的改變及學校行政工作的複雜性，必須透過專業能力的成長，以提升工作的效率。而校長是兼任行政教師專業能力成長最佳的倡導者與支持者，利用本研究建構之行政專業能力指標加以施測，可以瞭解其行政專業能力現況，找出表現良好的細目，則給予嘉許；而對需要加強的細目，則須透過增能方案予以補強。

四、校長應重視學校行政倫理氛圍的營造，主動關懷主任與組長，廣納主任與組長對學校的建議，展現行政倫理，正向影響主任與組長的行政倫理表現。

　　本研究的三個層面中，行政倫理與個人的關係最為密切，研究者認為行政倫理規範人與人、人與事的正當性與公平性，所以，是三個專業層面中最基礎且重要的層面。研究發現兼任行政教師在行政倫理的表現上最佳，行政倫理包括效益倫理、正義倫理、關懷倫理、批判倫理與德行倫理。校長若重視學校行政倫理，也會影響主任與組長的行政倫理表現，藉由行政倫理的建立，進而創造倫理的友善校園。

五、在校內規劃兼任行政教師能力偏低項目相關的研習課程，增益兼任行政教師不足的能力。

　　本研究發現班級數 7-12 班學校之兼任行政教師在知識管理的能力明顯較低；中區與南區的學校在正義倫理、關懷倫理、批判倫理與德行倫理的表現明顯偏低；而偏遠地區學校在知識管理與 E 化管理上的表現明顯偏低；最後，一般鄉鎮學校在正義倫理的表現上也明顯偏低。各學校可在校內規劃兼任行政教師能力偏低項目相關的研習課程，增益兼任行政教師較欠缺的能力。

參、國民中學兼任行政教師之建議

一、可以利用本研究建構之行政專業能力指標，進行自我檢核。

　　指標是檢核工作相當好的參照工具，透過指標，可以由工作者自身或主管檢視工作表現，因此，兼任行政教師可以利用本研究建構之行政專業能力指標，進行自我檢核，以瞭解自身行政能力的優勢與弱勢，優勢部分除繼續保持外，在適當時機，也可以進行知識管理的專業知能分享；針對弱勢部分，則須補強，以遂行行政工作績效的達成。

二、先就最須優先具備的能力，進行自我檢核及自我能力增強。

　　指標的項目很多，且重要性不一，對於重要性較高的專業能力項目，理應優先關注能力是否具備。本研究發現，能以同理心與他人溝通、能適時給予學生關懷協助、能注意言行並為學生的楷模與社會的榜樣、能訂定學校需求之可行性計畫、能統整分析評鑑內容資料、能善用資訊科技、能激勵同仁創新的熱情並鼓勵同仁在行政上創新作法、能確保學生學習權益及能反省自己的言行等九個行政專業能力，是兼任行政教師最須優先具備的能力。兼任行政教師可先就這些項目，進行自我檢核及自我能力增強。

三、利用各種學習管道，持續學習學校行政專業。

　　本研究發現就讀研究所之行政專業能力較一般大學或師大畢業為高，因此，兼任行政教師可以到教育行政或教育相關研究所進修；多閱讀學校行政、教育行政、教育政策或教育相關之專業書刊；上網搜尋學校行政相關網站，進行自我學

習；參加校內專業學習社群、校內外研習或請教有經驗的前輩等，擴展個人之行政視野與專業能力。

四、女性兼任行政教師可以充實計畫、溝通與創新經營之知能。

　　男性與女性不只存在生理上的差異，就心理特質與其他各種面向來加以分析，似乎也存在相當程度的差異。由於女性教師除了工作，尚需操持家計的大部份工作，或許在工作的時間投入與質量上，與男性教師之間會有差異。本研究從統計數據發現女性兼任行政教師在計畫、溝通與創新經營的能力，與男性教師相較顯得較為薄弱，或許這是性別特質差異所致，但仍建議女性兼任行政教師在上述三個面向知能，可以與女性同事共同分享討論，或藉由觀察男性同事的作為反思自省，以充實全面性之行政專業能力。

五、組長可以主動向主任請益優良行政如何作為，而主任也可以主動指導組長提升行政專業能力。

　　在學校行政處室中，主任角色為處室主管，主要為規劃及管理處室業務，而組長角色則較偏重於業務執行與工作控管。主任與組長若能夠同心同力、目標一致，且具備並發揮其優質行政專業能力，則達成處室業務的最大工作效益是值得期待的。本研究發現主任的專業能力明顯優於組長，或許是因為主任直接承接校長的任務指派，與校長的接觸也較多，校長有時也會主動就行政問題提出看法，主任從校長身上耳濡目染有所學習。同樣的，主任在指派工作給組長時，若能給予工作重點的提醒與經驗傳承，對組長的增能將會有所助益。另一方面，組長若遇到工作困難時，除了可以主動向主任請益，也可以找組長伙伴一起討論，以激發解決問題的火花及創意。

六、資淺的兼任行政教師，可以主動向資深前輩求教或自我加強專業之不足。

　　理論上，工作經驗是隨著工作資歷而積累，在其他條件不變下，工作年資較長者的工作能力應較年資較短者為佳。本研究發現年資 3 年以下的兼任行政教師，在計畫、領導、溝通、評鑑、品質管理、創新經營、知識管理與效益倫理上的

專業能力明顯偏低，因此，資淺的兼任行政教師，可以主動向資深前輩求教、多
參加行政研習或自省，以積累專業能力。

肆、對後續研究之建議

　　研究者在研究過程中及完成後，對本研究有一些省思，建議後續研究可就研
究主題、研究工具、研究對象與研究方法等四個方面進行，茲敘述如下：

一、研究主題

　　本研究從兼任行政教師處理行政工作應具備的行政專業能力著手，建立兼任
行政教師行政專業能力指標後，對教育現場的教師兼任主任與組長的行政專業能
力具備程度施測，結果發現領導、品質管理與知識管理是國內教育學者與現場實
務專家認為最重要，而教育現場的兼任行政教師具備程度卻是最低的部分。另外，
在實證研究與指標權重的比較分析中，發現學者專家對行政專業能力的重要性認
知與兼任行政教師的具備現況間存在明顯落差的情況。研究者認為後續研究可以
就領導、品質管理、知識管理及實證研究與指標權重的比較分析中明顯落差的部
分為主題，進行更深入的探討，對兼任行政教師行政專業能力領域的發展，會有
更大的裨益。

二、研究工具

　　本研究的研究工具「國民中學兼任行政教師行政專業能力指標」，係整理歸
國內外與研究主題相關文獻，統整出兼任行政教師行政專業能力內涵，進而透過
二次德懷術分析與問卷預試施測結果，本研究工具有相當可靠的信度與效度，值
得做為國內兼任行政教師行政專業能力之評鑑工具。然而隨著教育環境與教育政
策的改變，對於兼任行政教師行政專業能力的內涵或有所影響，因此，本研究工
具亦應隨著時代的改變而做適度的調整與修正。

三、研究對象

　　本研究無論在指標的建構或實證的研究，皆僅以國內公立國民中學兼任行政

教師為對象，所以，研究結果僅能應用在公立國民中學。建議後續相關研究可以擴展至國民小學或高級中學等其他教育階段別，以瞭解不同教育階段兼任行政教師行政專業能力指標或行政能力的具備程度是否有所差異，並建構國內更為完整的兼任行政教師的行政專業能力系統。

四、研究方法

　　本研究之指標建構，係由國內外相關文獻歸納，初步統整出指標內涵後，再透過二次德懷術學者專家諮詢及問卷預試確立指標架構，惟在德懷術學者專家諮詢部分，僅以問卷方式實施，未能與學者專家面對面進行探討，若能與學者專家面對面討論，可能對問題會更有共識，也許還能觸發新的觀點；另外，對於指標權重體系的建構，亦僅能就相對權重問卷的結果進行分析，對於學者專家進行排序時的考量因素則不可知；最後，針對實證研究的顯著差異，僅能就數據解讀。因此，為充實兼任行政教師行政專業能力指標建構與權重體系建立的完整性與瞭解實證研究顯著差異的實際內涵，建議後續研究可採用多元的研究方法進行交叉檢證及相互補充，例如焦點團體法或訪談法等。

參考文獻

一、中文部分

王文科、王智弘（2010）。**教育研究法**（14 版）。臺北市：五南。

王保進（1993）。教育指標基本概念之分析。**教育研究資訊**，4(3)，1-17。

王淑俐（2005）。**溝通其實不簡單－教育及學校行政溝通的理論與實踐**。臺北市：
　　五南。

石宜家、吳和堂、謝季宏（2011）。國小教師的工作壓力、工作滿意度與生命意義
　　感因果關係之研究。**教育學刊**，37，177-214。

田振榮（2002）。**我國高職學校學生專業能力標準之建構（Ⅱ）**(NSC90-2511-
　　S-003-089)。臺北市：行政院國科會。

任晟蓀（2010）。**學校行政實務：處室篇、法規篇**。臺北市：五南。

吳宗立（2003）。**學校行政研究**（二版）。高雄市：麗文。

吳金香（2008）。**學校組織行為與管理**。臺北市：五南。

吳明隆（2006）。學校行政運作關鍵──教師良善人際關係的經營。**學校行政雙月
　　刊**，43，1-19。

吳明隆、涂金堂（2009）。**SPSS與統計應用分析**。臺北市：五南

吳政達（1999）。**國小優良教師素質指標建構與實證之研究**（未出版之博士論文）。
　　國立政治大學教育系，臺北市。

吳政達（2008）。**教育政策分析：概念、方法與應用**（2 版）。臺北市：高等教育。

吳政達、李俊湖（2010）。**學校行政領導人才（組長）核心能力指標與培訓課程內
　　涵研究**（NAER-98-12-E-2-03-00-2-03）。臺北縣：國家教育研究院籌備處。

吳清山、林天祐（1999）。教育指標。**教育資料與研究**，29，66。

吳清山、林天佑（2003）。創新經營。**教育資料與研究**，53，134-135。

吳清山、林天佑（2010）。**教育 e 辭書**（二版）。臺北市：高等教育。

吳清山（2004）。學校創新經營理念與策略。**教師天地**，128，30-44。

吳清山（2005）。**學校行政研究**。臺北市：高等教育。

吳清山（2014）。**學校行政**（七版）。臺北市：心理。

吳雅玲（2001）。德懷術及其在課程研究上的應用。**教育研究**，9，297-306。

吳煥烘（2007）**學校行政領導理論與實務**。臺北市：五南。

吳慧玲（2014）。**高雄市國民中學學校行政倫理與教師工作滿意度之關係研究**（未
　　出版之碩士論文）。國立高雄師範大學教育學系，高雄市。

李美蓉（2009）。**國民中學教師兼行政人員教育專業倫理素養之現況研究-以臺
　　北縣為例**（未出版之碩士論文）。國立臺灣師範大學教育學系，臺北市。

何高志（2017）。**國民中學校長課程領導、組織學習與學校創新經營效能關係之研
　　究**（未出版之博士論文）。國立清華大學教育與學習科技學系，新竹市。

巫銘昌、陳雅雪（2011）。高職學校行政主管之職能分析。**學校行政雙月刊**，74，
　　97-119。

呂錘卿（2000）。**國民小學教師專業成長的指標及其規劃模式之研究**（未出版之博
　　士論文）。國立高雄師範大學教育學系，高雄市。

宋曜廷（2011）。調查研究法在數位學習的應用。載於宋曜廷（主編），**數位學習
　　研究方法**（73-103）。臺北市：高等教育。

林火旺（2004）。**倫理學**。臺北市：五南。

林志成（2016）。學校行政專業的困境與突破。**學校行政雙月刊**，102，19-28。

林明地（2000）。地方教育行政單位與大學合辦國小主任儲訓之方案規劃：以嘉義
　　縣為例。**教育政策論壇**，3(2)，57-79。

林明地（2009）。學校創新經營：組織學習的觀點。載於張鈿富（主編），**教育行
　　政理念與創新**（267-294）。臺北市：高教文化。

林明地、詹盛如、李麗玲（2010）。**國民中小學校長、主任專業發展課程內涵研究
　　報告**（NAER-98-12-E-2-04-00-2-02）。臺北縣：國家教育研究院籌備處。

林明地（2013）。追求學校行政專業化：社群努力與獲取認同。**教育研究月刊，228，** 15-26。

林和春（2014）。全方位推動學校創新經營。**台灣教育，687，** 2-8。

林素娟、邱靜宜、紀蘑珊、葉佩君、吳俊憲（2014）。國民中小學學校行政的推行困境與人員素質提升策略。**臺灣教育評論月刊，3(4)，** 12-14。

林海清（2000a）。教育行政專業芻議。**台中師院學報，14，** 229-244。

林海清（2000b）。新世紀教育行政人員之專業修練。**人力發展月刊，83，** 24-31。

林清江（1986）。**教育社會學**。臺北市：臺灣書店。

林偉人（2007）。學校行政的基本議題。載於秦夢群（主編），**學校行政**（頁 251-317）臺北市：五南。

林勝聰（2010）。**臺北市國民小學兼任行政教師知識管理與工作績效之研究**（未出版之碩士論文）。臺北市立教育大學，臺北市。

林新發、王秀玲（2003）。國民中小學教師之行政專業知能成長內涵和策略。**教育資料集刊，28，** 189-211。

林耀榮、林國楨、陳佩英（2016）。「高中優質化輔助方案」學校層級政策執行指標建構之研究。**中正教育研究15(2)，** 81-124。

邱侶文（2015）。**國民中學校長變革領導角色、校長策略領導能力、學校組織文化與學校組織效能關係之研究**（未出版之博士論文）。國立高雄師範大學教育學系，高雄市。

洪子琪（2010）。學校行政人員行政溝通行為在學校行政上的應用。**學校行政雙月刊，65，** 54-69。

洪秀熒（2007）。「優質學校教育指標」在學校行政上的啟示。**學校行政雙月刊，52，** 63-78。

范熾文（2002）。**學校行政原理**。臺北市：師大書苑。

范熾文（2006）。**學校經營與管理──概念、理論與實務**。高雄市：麗文。

范熾文（2008）。**學校人力資源管理：概念與實務**。新北市：冠學。

孫志麟（1998）。**國民教育指標體系的建立及應用**（未出版之博士論文）。國立政治大學教育研究所，臺北市。

孫志麟（2000）。教育指標的概念模式。**教育政策論壇**，3(1)，117-136。

秦夢群（1997）。**教育行政──理論部分**。臺北市：五南。

秦夢群（2007）。學校行政的基本議題。載於秦夢群（主編），**學校行政**（頁 1-42）。臺北市：五南。

國家教育研究院（2016）。**第 148 期主任儲訓班儲訓課程講義**。未出版之講義，國家教育研究院，新北市。

陳玉山（1999）。人力資源管理的新途徑：能力基礎的觀點。**行政管理論文選輯**，13，317-340。

陳伯璋（1994）。**中等學校修習教育專業科目及其學分之研究**。臺北市：教育部中等教育司。

陳伯璋、陳木金、林邦傑、李俊湖（2008）。**國民中小學校長主任儲訓課程內涵之研究**（NAER-97-04-E-2-02-00-2-02）。臺北縣：國家教育研究院籌備處。

陳姿伶（2011）。析論專業能力與能力模型之建構。**T&D 飛訊**，124，1-19。

陳煜清（2005）。淺談「溝通」在學校行政組織之運用。**學校行政雙月刊**，40，97-107。

陳聰文、林素卿、龔心怡（2008）。國中教師知識管理對學校效能影響之研究。**師資培育與教師專業發展期刊**，1(1)，25-50。

陳寶山（2005）。**學校行政理論與實踐**。新北市：冠學。

郭隆興（1998）。當前及未來學校經營問題面面觀。載於蔡培村（主編），**學校經營與管理**（頁 527-545）。高雄市：麗文。

曾有志（2012）。**新北市國民小學兼任行政職務教師資訊素養對學校效能影響之研究**（未出版之碩士論文）。國立臺北教育大學教育與經營管理學系，臺北市。

馮丰儀（2005）。**教育行政倫理及其課程之研究**（未出版之博士論文）。國立臺灣師範大學教育學系，臺北市。

馮丰儀（2006）。意識打造學校行政倫理。載於張鈿富（主編），**學校行政理念與創新**（頁153-169）。臺北市：高等教育。

馮丰儀（2007）。 學校行政倫理理論內涵及實踐之探究。**教育研究與發展期刊**，3(3)，219-247。

張加孟（2012）。**國民中學兼任行政職務之教師學校行政倫理困境的認知及其解決策略之研究**（未出版之碩士論文）。私立輔仁大學教育領導與發展研究所，新北市。

張明輝（2003，1月）。學校行政人專業角色的新思維。論文發表於國立政治大學教育學院、臺北市立中山女子高級中學舉辦之「**中等學校行政革新**」學術研討會論文集，臺北市。

張明輝（2005）。優質學校教育指標—行政管理、領導與學校文化。**教師天地**，134，9-20。

張明輝（2009）。**學校經營與管理新興議題研究**。臺北市：學富。

張明輝（2010）。學校行政核心價值。載於陳清溪（主編），**教育核心價值實踐之研究**（頁185-206）。臺北縣：國家教育研究院籌備處。

張春興（1991）。**張氏心理學辭典**。臺北市：東華。

張偉豪（2013）。**SEM論文寫作不求人**。高雄市：三星統計服務。

張鈿富（2001）。教育指標理念簡介。載於簡茂發、歐陽教、李琪明（主編），**當代教育指標：國際比較觀點**（頁1-25）。臺北市：學富文化。

張德銳（2000）。**教育行政研究**。臺北市：五南。

黃夙瑜（2011）。**國民小學主任核心職能重要性與表現現況之研究—以臺中市為例**（未出版之碩士論文）。國立嘉義大學教育行政與政策發展研究所，嘉義縣。

黃俊傑（2013a）。國小兼任行政教師行政倫理指標建構之研究。**學校行政雙月刊**，86，73-89。

黃俊傑（2013b）。**國民小學兼任行政教師行政倫理指標建構與實證之研究**（未出版之博士論文）。國立高雄師範大學教育學系，高雄市。

黃政傑、李隆盛、呂建政（1996）。**中小學基本學力指標之綜合規劃研究**。教育部教育研究委員會委託專案報告。臺北市：國立臺灣師範大學教育研究中心。

黃淑美（2004）。**台北縣國中教師對教務行政品質需求及滿意狀況之研究**（未出版之碩士論文）。國立臺灣師範大學教育研究所，臺北市。

黃晴晴（2012）。**臺中市國民小學兼任行政教師專業知識、技能與倫理認知和實踐之研究**（未出版之碩士論文）。國立臺中教育大學教育學系課程與教學碩士班，臺中市。

湯志民（2007，3月）。打造優質學校──學校行政人員的能力與特質。論文發表於淡江大學教育政策與領導研究所、臺北縣政府教育局聯合舉辦之「**現代學校行政職能**」學術研究會手冊暨論文集，臺北市。

葉春櫻（2005）。國民中小學校長專業發展之研究──以桃竹苗四縣市為例。**國立台北教育大學學報**，18(2)，101-130。

葉連祺（2005）。層級分析法和網絡分析法。**教育研究月刊**，132，152-153。

葉蕙芬（2009）。**國民小學教師評鑑指標體系建構之研究**（未出版之博士論文）。臺北市立教育大學教育學系，臺北市。

楊念湘（2010）。優質學校e化管理指標對中小學校長經營學校之啟示。**學校行政雙月刊**，68，94-115。

楊思偉（2002）。基本能力指標之建構與落實。**教育研究月刊**，96，17-22。

趙士瑩（2014）。國民中學兼任行政教師行政專業成長之探討。**學校行政雙月刊**，92，45-64。

廖春文（2001）。知識管理在學校行政實際應用之研究。**國民教育研究集刊**，9，1-34。

劉心君（2013）。**臺北市國民小學兼任行政教師專業能力認知與實踐之研究**（未出版之碩士論文）。臺北市立教育大學教育行政與評鑑研究所教育行政碩士學位在職進修專班，臺北市。

劉鎮寧（2003）。**國民中小學學習型學校指標建構之研究**（未出版之博士論文）。國立中正大學成人及繼續教育研究所，嘉義縣。

蔡安繕（2017）。**國民中學校長轉型領導、學校組織健康與教師幸福感之關係研究**（未出版之博士論文）。國立政治大學教育學系，臺北市。

蔡金田（2006）。**國民中小學校長能力指標建構與實證分析之研究**（未出版之博士論文）。國立中正大學教育學研究所，嘉義縣。

蔡明貴（2010）。學校行政人員專業發展需求及其影響因素之研究。**學校行政雙月刊**，69，83-106。

蔡培村、孫國華（1998）。學校經營的基本概念。載於蔡培村（主編），**學校經營與管理**（頁1-23）。高雄市：麗文。

蔡淑敏、廖福能（2004）。學校組織創新氣氛與知識管理關係之研究。**屏東師院學報**，20，39-64。

蔣東霖（2017）。**國民中小學校長通識素養指標建構與實證分析之研究**（未出版之博士論文）。國立暨南國際大學教育政策與行政學系，南投縣。

鄧振源、曾國雄（1989a）。層級分析法（AHP）的內涵特性與應用（上）。**中國統計學報**，27(6)，5-22。

鄧振源、曾國雄（1989b）。層級分析法（AHP）的內涵特性與應用（下）。**中國統計學報**，27(7)，1-20。

鄭崇趁（2005）。校務評鑑與知識管理。載於何福田（主編），**校長的專業發展**（頁203-214）。國家教育研究院籌備處。

鄭崇趁（2012）。**教育經營學：六說、七略、八要**。臺北市：心理。

鄭彩鳳（2008）。**學校行政研究——理論與實務**。高雄市：麗文。

鄭進寶（2016）。**高雄市國中兼行政職教師人格特質、行政倫理與工作投入關係之研究**（未出版之碩士論文）。國立高雄師範大學教育學系，高雄市。

賴岳聰（2015）。公立高級中等以下學校教師兼任行政工作之初探。**臺灣教育評論月刊，**4(5)，109-111。

潘慧玲、王麗雲、簡茂發、孫志麟、張素貞、張錫勳……蔡濱如(2004)。國民中小學教師教學專業能力指標之發展。**教育研究資訊，**12(4)，129-168。

潘櫻英（2011）。**臺北市國民中學教師兼行政人員因應行政倫理兩難困境之現況及策略探討**（未出版之碩士論文）。國立臺灣師範大學教育學系在職進修碩士班，臺北市。

歐銘芳（2012）。**私立大學學校行政人員的專業能力與其養成課程之規劃研究**（未出版之碩士論文）。國立東華大學教育行政與管理學系，花蓮縣。

謝文全（1998）。道德領導——學校行政領導的另一扇窗。載於林玉体（主編）**跨世紀的教育演變**（頁237-253），臺北市：文景。

謝文全（2002）。**學校行政**。臺北市：五南。

謝文全（2005）。**學校行政**。臺北市：五南。

謝文全（2010）。**教育行政學**（三版）。臺北市：高等教育。

謝孟良（2005）。**知識管理在行政部門應用之系統研究**（未出版之碩士論文）。國立屏東科技大學工業管理系，屏東縣。。

謝金青（1997）。**國民小學學校效能評鑑指標與權重體系之建構**（未出版之博士論文）。國立政治大學教育研究所博士論文，臺北市。

謝富榮（2009）。**問題本位之國民小學校長專業發展課程設計研究**（未出版之博士論文）。國立中正大學教育學研究所，嘉義縣。

顏國樑（2001）。邁向二十一世紀我國教育行政發展的趨勢與革新的展望。**新竹師**

院學報，14，29-47。

顏童文（2006）。知識經濟時代學校行政專業發展策略革新。**學校行政**，44，26-42。

二、英文部分

Agnes, M. (2005). *Webster' s new world college dictionary* (4 ed.). Clevelend, OH: Wlely
Publishing.

Bagozzi, R. P., & Yi, Y. (1988). On the evaluation of structural equation models. *Academic
of Marketing Science, 16*(1), 76-94.

Bardana, L. K., & Ashour, M. A. (2016). Role of school administration in solving students'
problems among Bedouin schools within the Green Line in Palestine. *Journal of
Education and Practice, 7*(6), 2016.

Birdir, K., & Pearson, T. E. (2000). Research chefs' competencies: A Delphi approach.
International Journal of Contemporary Hospitality Management, 12(3), 205-209.

Boyatzis, R. E. (1982). *The competent manager: A model for effective performance.* New
York, NY: John Wiley & Sons.

Cardy, R. L., & Selvarajan, T. T. (2006). Competencies: Alternative framework for
competitive advantage. *Business Horizons, 49*, 235-245.

Carr-Saunders, A. M. & Wilson, P. A. (1933). *The professions.* London, England: Oxford
University Press.

Chisholm, M. E., & Ely, D. P. (1976). Reflections from a crystal ball. *Audiovisual
Instruction, 21*(1), 8-11.

Corwin, R. G. (1970). *Militant professionalism.* New York, NY: Meredith Corporation.

Curran, P. J., West, S. G., & Finch, J. F.（1996）. The Robustness of Test Statistics to
Nonnormality and Specification Error in Confirmatory Factor Analysis.
Psychological Methods, 1(1), 16-29.

Cuttance, P. (1990). *Performance indicators and the management of quality in education.*
Retrieved from ERIC database. (ED 333575)

Dallkey, N. (1969). *The Delphi method: An experimental study of group opinion.* prepared
for United States Air Force Project Rand, Santa Monica.

Darkenwald, G. G., & Merriam, S. B. (1982). *Adult education: Foundations of practice.*New

York, NY: Harper Collins.

Delbacq, A. L.（1975）. *Group techniques for program planning: A guide to nominal group*

and Delphi processes. NJ: Scott, Foresman and Company.

De Jager, H. J., & Nieuwenhuis, F. J. (2005). Linkages between total quality management

and the outcomes-based approach in an education environment. *Quality in Higher*

Education, 11(3), 251-260. Retrieved from ERIC database. (EJ721281)

Ding, L., Velicer, W. F. & Harlow, L. L.（1995）. Effects of estimation methods, number

of indicators per factor, and improper solutions on structural equation modeling

fit indices. *Structural Equation Modeling, 2*, 119-143.

Faulkner, C. (2015). Women's experiences of principalship in two South African high

schools in multiply deprived rural areas: A life history approach. *Educational*

Management Administration & Leadership, 43(3), 418-432.

Fayol, H. (1987). *General and industrial management.* London, England: Pitman. (Original

work published 1916). (I. Gray, Rev. ed.) Belmont. CA: David S. Lake Publishers.

Finn, C. E. (1987). *Elementary and secondary education indicators in brief.* Washington DC,

WA: Office of Education Research and Improvement.

Fornell, C., & Larcker, D. F. (1981). Evaluating structural equation models with

unobservable variables and measurement error, *Journal of Marketing Research, 18*,

39-50.

Ghiselli, E. E., Campbell, J. P., & Zedeck, S. (1981). *Measurement theory for the behavioral*

sciences. San Francisco, CA: Freeman.

Gorton, R., & Alston, J. A. (2009) *School leadership and administration: Important concepts,*

case studies, & simulations (8th ed.). New York, NY: McGraw-Hill

Greenfield, W. D. (1991, April). *Rationale and methods to articulate ethics and administrator training*. Paper presented at the annual meeting of the American Assoication of Research Assocaition, Chicago, IL. (ERIC Document Reproduction Service No. Ed 332 379).

Greenwood, E. (2010). Attributes of a profession. In A. K. William (Ed.) *Role of the desdign professional in society* (pp. 65-74). San Diego, CA: University Readers.

Hoffmann, T. (1999). The meanings of competency. *Journal of European Industrial Training, 23*(6), 275-285.

Hudson, J. (1997). Ethical leadership: The soul of policy making. *Journal of School Leadership, 7*(5), 506-520

Hulpia, H, & Devos, G. (2009). The influence of distributed leadership on teachers organizational loyalty. *Journal of Educational Research, 103*(1), 40-52.

Issac, S., & Michael, W. (1984). *Handbook in research and evaluation*. San Diego, CA: Edits.

Jarvis, P. (1983). *Profession education*. London, England: Croon Helm.

Johnstone, J. N. (1981). *Indicators of education systems*. Paris, France: UNESCO.

Kane, S. T., Healy, C. C., & Henson, J. (1992). College students and their part-time jobs: Job congruency, satisfaction, and quality. *Journal of Employment Counseling, 29*, 138-44.

Liberman, M. (1956). *Education as a profession*. Englewood Cliffs, NJ: Pretice-Hall.

McClelland, D. C. (1973). Testing for competence rather than for 'intelligence'. *American Psychology Society, 28*(1), 1-14.

McQuade, J. (2013). *The social intelligence of principals: Links to teachers' continuous improvement* (Doctoral dissertation). Available ProQuest Dissertations and Theses database. (UMI No. 3620141)

Nejad, B. A., & Abbaszadeh, M. M. S. (2010). Managers' empowerment in high school by knowledge management. *World Academy of Science, Engineering & Technology, 67*, 609-613.

Nix, C. D. (2002). School leadership: An ethical dilemma (Unpublished doctoral dissertation). Texas A & M Universtiy, TX.

Nunnally, J. C., 1978. *Psychometric theory*. New York, NY: McGraw-Hill.

Oakes, J. (1986). *Educational indicators: A guide of policymakers*. New Brunswick, NJ: Center for Policy Research in Education.

O' Dell, C., & Grayson, C. J. (1998). *If only we knew what we know*. New York, NY: The Free Press.

Organisation for Economic Co-operation and Development. [OECD] (1992a). *Education at a glance: OECD indicators*. Paris, France: Author.

Organisation for Economic Co-operation and Development. [OECD] (1992b). *The OECD international educational education indicators: A framework for analysis*. Paris, France: Author.

Parry, S. B. (1998). Just what is a competency? And should you care? *Training, 6,* 58-64.

Patton, M. Q. (2003). Utilization-focused evaluation. In T. Kellaghan, D. L. Stuffllebeam & L. A. Wingate (Eds.) *Intelnational handbook of educational evaluation* (pp. 223-243) Dordrecht, The Netherlands: Kluwer Academic.

Raymond, D. (2005). The critical entrepreneurial competencies required by institution-based enterprises: A Jamaican Study. *Journal of Industrial Teacher Education, 42,* 25-51.

Robbins, S. P. (2001). *Organizational behavior: Concepts, controversies.* （9th ed.）Upper Saddle River, NJ: Prentice Hall.

Robinson, C. B. (2015). *Instructional leadership for high school principals* (Doctoral dissertation). Available ProQuest Dissertations and Theses database. (UMI No. 3708304)

Rosemary, L. M., & James, A. W. (2000). Beyond initial certification: The assessment and maintenance of competency in professions. *Evaluation and Program Planning, 23*, 95-104.

Saaty, T. L. (1980). *The analytic hierarchy process.* New York, NY: McGraw-Hill.

Sandberg, J. (2000). Understanding human competence at work: An interpretative approach. *The Academy of Management Journal, 43*(1), 9-25.

Seezink, A., & Poell, R. F. (2010). Continuing professional development needs of teachers in schools for competence-based vocational education: A case study from the Netherlands. *Journal of European Industrial Training, 34*(5), 455-474.

Shapiro, J. P., & Stefkovich, J. A. (2001). *Ethical leadership and decision making in education: Applying theoretical perspectives to complex dilemmas.* Mahwah, NJ: Lawrence Erlbaum Assocaites.

Spencer, L. M., & Spencer, S. M. (1993). *Competence at work: Models for superior performance.* New York, NY: John Wiley & Sons.

Spillane, J. P., & Kenney, A. W. (2012). School administration in a changing education sector: The US experience. *Journal of Educational Administration, 50*(5), 541-561.

Starrat, R. J. (1994). *Building an ethical school.* London, England: Falmer Press.

Swain, G. J. (2016). *How principals' leadership practices influence their vice-pricipals' leadership self-efficac* (Doctoral dissertation). Available ProQuest Dissertations and Theses database. (UMI No. 10140906)

Tsang, K. K., & Liu, D. (2016). Teacher demoralization, disempowerment and school administration. *Qualitative Research in Education, 5*(2), 200-225.

Webb, T. M. (1996). *The perception of African American communities leaders regarding curriculum planning for minority students: A Delphi study* (Doctoral dissertation). Available ProQuest Dissertations and Theses database. (UMI No. 1380929)

Woodruffe, C. (1992). What is meant by competency? In Boam, R., & Sparrow, P. (Eds.) *Designing and achieving competency: A competency-based approach to developing people and organizations.* New York, NY: McGraw-Hill.

Zahran, I. (2012, May). *The role of school administration in the face of crisis of values among second grade primary students in light of the twentieth century variables.* Paper presented at the meeting of the Scientific Conference, Cairo, Egypt.

三、網路部分

中央社（2016，1月18日）。中小學主任沒人想當　減授課時數增誘因。**聯合新**
　　聞網。取自 http://udn.com/news/story/9/1449933

行政院（1999）。**行政院及所屬各機關資訊安全管理要點**。取自
　　http://www.nicst.ey.gov.tw/News_Content.aspx?n=626B7A2643794AB0&sms=C43E
　　CA251722A365&s=9221D0487093FC46

林曉雲（2016，5月20日）。校長協會籲新教長　解決學校行政荒。**自由**
　　時報。取自 http://news.ltn.com.tw/news/life/breakingnews/1702849

教育部（2016）。**國民小學與國民中學班級編制及教職員員額編制準則**。105年8
　　月12日公布。取自
　　http://gazette.nat.gov.tw/EG_FileManager/eguploadpub/eg022151/ch05/type1/gov40/nu
　　m10/Eg.htm

教育部（2018）。**有關「中小學行政減量」回應說明**。取自
　　https://www.edu.tw/News_Content.aspx?n=9E7AC85F1954DDA8&s=4063D24F1BC
　　E0D77

教育部統計處（2017）。**各級學校縣市別校數統計（105學年度）**。取自
　　http://depart.moe.edu.tw/ED4500/cp.aspx?n=1B58E0B736635285&s=D04C74553DB
　　60CAD

新北市政府教育局（2016）。**新北市政府教育局105年度國民中小學候用主任儲訓**
　　課程手冊（2016）。取自
　　file:///C:/Users/Administrator/Downloads/%E2%97%8F%E9%99%84%E4%BB%B6+
　　105%E5%B9%B4%E5%BA%A6%E5%9C%8B%E4%B8%AD%E5%B0%8F%E4%
　　B8%BB%E4%BB%BB%E5%84%B2%E8%A8%93%E6%89%8B%E5%86%8A(%E
　　5%85%AC%E5%91%8A%E7%89%88%E6%9C%AC).pdf

臺南市政府教育局（2015）。**104 年市立國民中小學主任儲訓班課程計畫**。取自 https://www.google.com.tw/webhp?sourceid=chrome-instant&ion=1&espv=2&ie=UTF-8#safe=strict&q=%E8%87%BA%E5%8D%97%E5%B8%82%E4%B8%BB%E4%BB%BB%E5%84%B2%E8%A8%93%E8%AA%B2%E7%A8%8B

鄭惠仁（2015，7 月 9 日）。台南國中小行政荒　主任沒人想當。**聯合新聞網**。取自 http://udn.com/news/story/6888/1043924

附錄

附錄一

國民中學兼任行政教師行政專業能力指標問卷（第一次德懷術）

蔡金田、趙士瑩　編製

> 敬愛的教育先進您好：
>
> 　　本問卷旨在建構我國國民中學兼任行政教師行政專業能力指標，請就您的專業知識與實際見解，評定各項指標的重要性，並提供您對指標的意見與看法。您所提供的意見，將供次一回合問卷建構之用，同時，您的寶貴意見也會經由研究者加以彙整分析，於次一回合問卷中提供給所有參與評定成員再評定時之參考。
>
> 　　本問卷純屬學術研究，您的意見非常珍貴，對本研究指標建構極為重要，請您填妥後，於 106 年 5 月 26 日以前，以所附之回郵信封寄回，謝謝您的協助與合作。

　　學者專家編號：＿＿＿＿＿＿

壹、國民中學兼任行政教師行政專業能力指標建構說明

一、名詞釋義

（一）、**國民中學兼任行政教師**：本研究之研究對象「國民中學兼任行政教師」係指，除人事及會計室主任外之各處室（教務處、學務處、總務處、輔導室）由專任教師兼任之主任，以及由專任教師兼任之各組組長。

（二）、**兼任行政教師行政專業能力**：係指兼任行任教師處理行政業務所應具備之專業能力，排除教務、學務、總務、輔導等處室各自專門業務工作，與其本職之教學能力有別。此處理行政業務所應具備之專業能力，包含行政歷程、經營管理與行政倫理。

二、指標架構內涵

　　國民中學兼任行政教師行政專業能力指標架構分為「層面－向度－細目」三個層次（如下圖），總共包括三個層面、十三個向度、七十八個細目。指標係從教育行政、學校行政、學校經營管理等專書、期刊、研討會、國家教育研究院專案研究、主任儲訓課程與國內碩博士論文等觸及研究主題之文獻歸納所得。

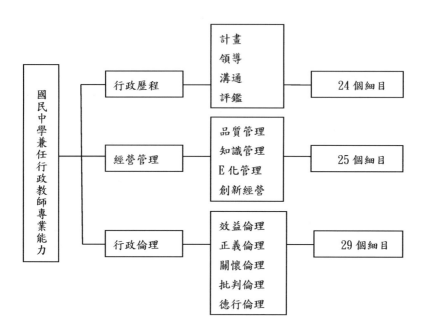

貳、問卷填答說明

一、本研究計實施二次德懷術

　　　第一次：針對兼任行政教師行政專業能力指標進行評估，以「適當性」為界定，採用 Likert 五點量表填答與計分，指標得分愈高，表示愈適當。

　　　第二次：由第一的填答情形，作為意見增刪、合併及指標排序依據，並以「不重要」、「普通」、「重要」為界定，指標得分愈高，表示愈重要。

二、請您依己見評估指標之重要適當程度，在題目右方欄位之五等第，以圈選方式擇一選填，並請務必全部作答。

三、若您對各項指標認為有修正之必要（包括指標之用字遣詞或刪除）請將其寫在各項
　　指標項下之「修正意見」欄位。 若您認為有新增指標之必要，請將其填寫在每一向
　　度後之「建議新增指標細目」欄位。在本問卷最後，亦有「綜合評論」一欄，以供
　　您對整體指標填答惠賜高見。

層面	向度	細目	低← 適當性→高
1. 行政 歷程	1-1 計畫	1-1-1 能讓處室成員及相關人員參與計畫之擬定。	1　2　3　4　5
		修正意見：	
		1-1-2 能訂定處室之短、中、長程計畫。	1　2　3　4　5
		修正意見：	
		1-1-3 能做好計畫執行前的溝通宣導。	1　2　3　4　5
		修正意見：	
		1-1-4 能訂定合乎教育法令與政策之計畫。	1　2　3　4　5
		修正意見：	
		1-1-5 能監控計畫之執行。	1　2　3　4　5
		修正意見：	
		1-1-6 能在計畫需要調整時予以適時調整。	1　2　3　4　5
		修正意見：	

建議新增指標細目：

1、＿＿＿＿＿＿＿＿＿＿＿＿＿＿＿＿＿＿＿＿＿＿＿＿＿＿＿＿＿

2、＿＿＿＿＿＿＿＿＿＿＿＿＿＿＿＿＿＿＿＿＿＿＿＿＿＿＿＿＿

3、＿＿＿＿＿＿＿＿＿＿＿＿＿＿＿＿＿＿＿＿＿＿＿＿＿＿＿＿＿

層面	向度	細目	低← 適當性 →高
1. 行政 歷程	1-2 領導	1-2-1 能激勵處室成員的士氣。	1　2　3　4　5
		修正意見：	
		1-2-2 能利用專家權威來領導。	1　2　3　4　5
		修正意見：	
		1-2-3 能兼顧組織目標達成及處室成員需要滿足。	1　2　3　4　5
		修正意見：	
		1-2-4 能善用非正式組織。	1　2　3　4　5
		修正意見：	
		1-2-5 能酌情權變，因應制宜。	1　2　3　4　5
		修正意見：	
		1-2-6 能善用溝通以協調成員的看法和行動。	1　2　3　4　5
		修正意見：	
建議新增指標細目： 1、＿＿＿＿＿＿＿＿＿＿＿＿＿＿＿＿＿＿＿＿＿＿＿＿＿＿＿＿＿＿ 2、＿＿＿＿＿＿＿＿＿＿＿＿＿＿＿＿＿＿＿＿＿＿＿＿＿＿＿＿＿＿ 3、＿＿＿＿＿＿＿＿＿＿＿＿＿＿＿＿＿＿＿＿＿＿＿＿＿＿＿＿＿＿			

層面	向度	細目	低← 適當性→高
1. 行政 歷程	1-3 溝通	1-3-1 能提供暢通的溝通管道。	1　2　3　4　5
		修正意見：	
		1-3-2 能具有圓融的溝通技巧。	1　2　3　4　5
		修正意見：	
		1-3-3 能謹慎的選擇與組織溝通訊息的內容。	1　2　3　4　5
		修正意見：	
		1-3-4 能專注傾聽對方傳遞的訊息。	1　2　3　4　5
		修正意見：	
		1-3-5 能運用多種溝通媒介。	1　2　3　4　5
		修正意見：	
		1-3-6 能兼顧組織目標與不同個體多元價值與需 　　　求。	1　2　3　4　5
		修正意見：	
		1-3-7 能以同理心與他人做溝通。	1　2　3　4　5
		修正意見：	
建議新增指標細目： 1、＿＿＿＿＿＿＿＿＿＿＿＿＿＿＿＿＿＿＿＿＿＿＿＿＿＿＿＿＿＿＿＿＿＿＿＿＿ 2、＿＿＿＿＿＿＿＿＿＿＿＿＿＿＿＿＿＿＿＿＿＿＿＿＿＿＿＿＿＿＿＿＿＿＿＿＿ 3、＿＿＿＿＿＿＿＿＿＿＿＿＿＿＿＿＿＿＿＿＿＿＿＿＿＿＿＿＿＿＿＿＿＿＿＿＿			

層面	向度	細目	低← 適當性 →高
1. 行政 歷程	1-4 評鑑	1-4-1 能針對校務計畫做形成性評鑑與總結性評鑑。	1　2　3　4　5
		修正意見：	
		1-4-2 能在進行評鑑之後執行追蹤改進。	1　2　3　4　5
		修正意見：	
		1-4-3 能完全了解校務評鑑的目的及功能。	1　2　3　4　5
		修正意見：	
		1-4-4 能針對評鑑提出改進的方法。	1　2　3　4　5
		修正意見：	
		1-4-5 能具備統整、溝通、分析、設計之評鑑能力。	1　2　3　4　5
		修正意見：	
建議新增指標細目： 1、_____ 2、_____ 3、_____			

層面	向度	細目	低← 適當性 →高
2. 經營 管理	2-1 品質 管理	2-1-1 能利用 PDCA（計畫、執行、考核、行動）檢視自我的工作品質。	1　2　3　4　5
		修正意見：	
		2-1-2 能致力於建置學校為優質的學習環境。	1　2　3　4　5
		修正意見：	
		2-1-3 能不斷的提升自我的專業。	1　2　3　4　5
		修正意見：	
		2-1-4 能與其他處室的行政人員共同合作。	1　2　3　4　5
		修正意見：	
		2-1-5 能對自己的行政工作提出改善計畫。	1　2　3　4　5
		修正意見：	
		2-1-6 能認同學校績效是大家的責任。	1　2　3　4　5
		修正意見：	

建議新增指標細目：

1、＿＿＿＿＿＿＿＿＿＿＿＿＿＿＿＿＿＿＿＿＿＿＿＿＿＿＿＿＿

2、＿＿＿＿＿＿＿＿＿＿＿＿＿＿＿＿＿＿＿＿＿＿＿＿＿＿＿＿＿

3、＿＿＿＿＿＿＿＿＿＿＿＿＿＿＿＿＿＿＿＿＿＿＿＿＿＿＿＿＿

層面	向度	細目	低◄—適當性—►高
2. 經營 管理	2-2 知識 管理	2-2-1能利用各種管道取得所需要的資訊與知識。	1　2　3　4　5
		修正意見：	
		2-2-2能將獲得的知識有效分類並儲存。	1　2　3　4　5
		修正意見：	
		2-2-3能將理論知識與務實知識、隱性知識與顯性知識結合。	1　2　3　4　5
		修正意見：	
		2-2-4能參與專業發展社群，進行知識的傳遞與共享。	1　2　3　4　5
		修正意見：	
		2-2-5能透過現有的知識與外部取得知識，不斷學習成長。	1　2　3　4　5
		修正意見：	
		2-2-6能發揮知識領導的功能，因應知識經濟時代的變革。	1　2　3　4　5
		修正意見：	
		2-2-7能建立業務標準作業程序（SOP）。	1　2　3　4　5
		修正意見：	

建議新增指標細目：

1、_____

2、_____

3、_____

2. 經營 管理	2-3 E化 管理	2-3-1能利用資通訊科技基礎能力做溝通。	1　2　3　4　5
		修正意見：	
		2-3-2 能建置行政檔案資料庫。	1　2　3　4　5
		修正意見：	
		2-3-3 能利用資通訊科技做行政決策及規劃。	1　2　3　4　5
		修正意見：	
		2-3-4 能自我提升進階資訊的素養。	1　2　3　4　5
		修正意見：	
		2-3-5 能遵守資訊安全的規範。	1　2　3　4　5
		修正意見：	
		2-3-6能有效管理學校的科技系統。	1　2　3　4　5
		修正意見：	

建議新增指標細目：

1、＿＿＿＿＿＿＿＿＿＿＿＿＿＿＿＿＿＿＿＿＿＿＿＿＿＿＿

2、＿＿＿＿＿＿＿＿＿＿＿＿＿＿＿＿＿＿＿＿＿＿＿＿＿＿＿

3、＿＿＿＿＿＿＿＿＿＿＿＿＿＿＿＿＿＿＿＿＿＿＿＿＿＿＿

層面	向度	細目	低←適當性→高
2. 經營 管理	2-4 創新 經營	2-4-1能在行政服務上有創新的想法。	1　2　3　4　5
		修正意見：	
		2-4-2　能在行政流程上有創新的想法。	1　2　3　4　5
		修正意見：	
		2-4-3 能運用心智思考學校特色。	1　2　3　4　5
		修正意見：	
		2-4-4 能將創意具體實踐。	1　2　3　4　5
		修正意見：	
		2-4-5　能具備「永不滿足現狀」的態度。	1　2　3　4　5
		修正意見：	
		2-4-6　能具備激勵同仁創新的熱情。	1　2　3　4　5
		修正意見：	

建議新增指標細目：

1、_____

2、_____

3、_____

層面	向度	細目	低←適當性→高
3. 行政 倫理	3-1 效益 倫理	3-1-1能確保學生學習權益。	1　2　3　4　5
		修正意見：	
		3-1-2 能優先考量學生利益。	1　2　3　4　5
		修正意見：	
		3-1-3 能優先考量學校效益。	1　2　3　4　5
		修正意見：	
		3-1-4 能考量學校對社會的責任。	1　2　3　4　5
		修正意見：	
		3-1-5 能考量行政決策對學校的衝擊。	1　2　3　4　5
		修正意見：	
		3-1-6 能訂定明確的工作流程與目標。	1　2　3　4　5
		修正意見：	
建議新增指標細目： 1、＿＿＿＿＿＿＿＿＿＿＿＿＿＿＿＿＿＿＿＿＿＿＿＿＿＿＿＿ 2、＿＿＿＿＿＿＿＿＿＿＿＿＿＿＿＿＿＿＿＿＿＿＿＿＿＿＿＿ 3、＿＿＿＿＿＿＿＿＿＿＿＿＿＿＿＿＿＿＿＿＿＿＿＿＿＿＿＿			

層面	向度	細目	低←適當性→高
3. 行政 倫理	3-2 正義 倫理	3-2-1能依法行政。	1　2　3　4　5
		修正意見：	
		3-2-2 能遵守行政中立原則。	1　2　3　4　5
		修正意見：	
		3-2-3 能遵守業務機密。	1　2　3　4　5
		修正意見：	
		3-2-4 能迴避不當關係。	1　2　3　4　5
		修正意見：	
		3-2-5能負責執行自身的專業義務。	1　2　3　4　5
		修正意見：	
		3-2-6 能包容不同的價值觀。	1　2　3　4　5
		修正意見：	
建議新增指標細目： 1、_____ 2、_____ 3、_____			

層面	向度	細目	低←適當性→高
3. 行政 倫理	3-3 關懷 倫理	3-3-1能適時給予學生協助。	1　2　3　4　5
		修正意見：	
		3-3-2 能避免對學生的傷害。	1　2　3　4　5
		修正意見：	
		3-3-3 能照顧弱勢學生。	1　2　3　4　5
		修正意見：	
		3-3-4 能協助同仁解決問題。	1　2　3　4　5
		修正意見：	
		3-3-5 能重視同仁間交流。	1　2　3　4　5
		修正意見：	
		3-3-6能維持和諧的人際關係。	1　2　3　4　5
		修正意見：	
建議新增指標細目： 1、_____ 2、_____ 3、_____			

層面	向度	細目	低←適當性→高
3. 行政 倫理	3-4 批判 倫理	3-4-1能反省自己的言行。	1　2　3　4　5
		修正意見：	
		3-4-2 能勇於承擔錯誤。	1　2　3　4　5
		修正意見：	
		3-4-3 能具備自我批判意識。	1　2　3　4　5
		修正意見：	
		3-4-4 能因應改變，隨時調整行政作為。	1　2　3　4　5
		修正意見：	
		3-4-5 能對長官與同仁的錯誤勇於提醒與建 　　　言。	1　2　3　4　5
		修正意見：	
		3-4-6能不斷尋求自我超越。	1　2　3　4　5
		修正意見：	
建議新增指標細目： 1、＿＿＿＿＿＿＿＿＿＿＿＿＿＿＿＿＿＿＿＿＿＿＿＿＿＿＿ 2、＿＿＿＿＿＿＿＿＿＿＿＿＿＿＿＿＿＿＿＿＿＿＿＿＿＿＿ 3、＿＿＿＿＿＿＿＿＿＿＿＿＿＿＿＿＿＿＿＿＿＿＿＿＿＿＿			

層面	向度	細目	低← 適當性→高
3. 行政 倫理	3-5 德行 倫理	3-5-1能知覺自己的角色定位，具服務教學的信念。	1　2　3　4　5
		修正意見：	
		3-5-2 能具備良好的品格操守。	1　2　3　4　5
		修正意見：	
		3-5-3 能力行誠信原則。	1　2　3　4　5
		修正意見：	
		3-5-4 能維護教師尊嚴，維持專業形象。	1　2　3　4　5
		修正意見：	
		3-5-5 能注意自己的言行，成為學生的楷模與社會的榜樣。	1　2　3　4　5
		修正意見：	
建議新增指標細目： 1、＿＿＿＿＿＿＿＿＿＿＿＿＿＿＿＿＿＿＿＿＿＿＿＿＿＿＿ 2、＿＿＿＿＿＿＿＿＿＿＿＿＿＿＿＿＿＿＿＿＿＿＿＿＿＿＿ 3、＿＿＿＿＿＿＿＿＿＿＿＿＿＿＿＿＿＿＿＿＿＿＿＿＿＿＿			

專家請簽名：＿＿＿＿＿＿＿＿＿＿，若對問卷尚有其他建議，請填寫於

下：

附錄二

第一次德懷術統計結果與意見分析表

「行政歷程」層面各向度之細目統計結果與意見分析表

層面	向度	細目	統計結果			處理情形
			M	Mo	SD	
1.行政歷程	1-1計畫	1-1-1能讓處室成員及相關人員參與計畫之擬定。※建議在「擬定」之後加上「及相關會議」。	4.67	5	.65	**修正為**：能讓處室成員及相關人員參與計畫之擬定及相關會議。
		1-1-2能訂定處室之短、中、長程計畫。※對國中兼任行政教師而言，此項少訂定（尤其組長）。	4.00	4	<u>1.28</u>	本題刪除（未達共識）。
		1-1-3能做好計畫執行前的溝通宣導。※建議「溝通宣導」修正為「溝通與宣導」。※建議此一指標是否考慮與1-3的區隔。	4.67	5	.49	為與1-3「溝通」向度區別，將「溝通」刪除。**修正為**：能做好計畫執行前的宣導。
		1-1-4能訂定合乎教育法令與政策之計畫。	4.75	5	.62	與1-1-7合併，**修正為**: 能訂定合乎教育法令與政策**及學校需求**之可行性計畫。
		1-1-5能監控計畫之執行。※與1-4之異同請考量。※建議「執行」修正為「執行成效與問題」。※建議「監控」修正為「管控」。	4.17	4	.72	**修正為**：能管控計畫之執行成效與問題。
		1-1-6能在計畫需要調整時予以適時調整。※建議修正為：能在計畫需要改變時做適時調整。※建議修正為：能在需要時，適時調整計畫。※與1-4-2之區隔請考量。	4.25	4	.75	**修正為**：能在計畫需要改變時，適時調整。
		1-1-7能訂定合於學校需求之可行性計畫。		—		併入1-1-4。
	1-2領導	1-2-1能激勵處室成員的士氣。※建議於句首加入「執行計畫時」，增加語意完整性。	4.58	5	.67	**修正為**：執行計畫時，能激勵處室成員的士氣。

層面	向度	細目	統計結果			處理情形
			M	Mo	SD	
1. 行政 歷程	1-2 領導	1-2-2能利用專家權威來領導。 ※建議「權威」修正為「專業權威」。 ※建議「權威」修正為「素養」。 ※建議句中加入「使計畫推動順暢」，增加語意完整性。	3.33	4	1.07	本題刪除（未達共識）。
		1-2-3能兼顧組織目標達成及處室成員需要滿足。 ※1-2-1包含在1-2-3成員需要的滿足。	4.42	5	.79	1-2-3與1-2-1性質並不相同。本題保留。
		1-2-4能善用非正式組織。 ※建議句中加入「執行任務」，增加語意完整性。 ※建議句中加入「有利於計畫的執行」，增加語意完整性。 ※是否列於溝通項目？	4.42	5	.67	本細目仍宜留在此向度。 修正為：能善用非正式組織，有利於計畫的執行。
		1-2-5能酌情權變，因應制宜。 ※「酌情權變」文字再淺白一些。	4.50	5	.67	修正為：能根據事情的輕重緩急，通權達變、因應制宜。
		1-2-6能善用溝通以協調成員的看法和行動。 ※與1-1-3及1-3之區隔 ※建議列入「溝通」向度中。 ※與1-2-5雷同。	4.33	5	1.15	本題刪除（未達共識）。
		1-2-7能善用溝通技巧，形塑良好組織氣氛。	—			專家小組成員新增細目，研究者考量不適宜放在此向度，不予增列。
	1-3 溝通	1-3-1能提供暢通的溝通管道。 ※建議「暢通」修正為「暢通多元」。 ※建議「溝通管道」修正為「正式及非正式溝通管道」。	4.58	5	.90	修正為：能提供暢通多元的正式與非正式溝通管道。
		1-3-2能具有圓融的溝通技巧。	4.58	5	.51	本題保留。
		1-3-3能謹慎的選擇與組織溝通訊息的內容。 ※建議位置與1-3-5對調。	4.42	4	.51	同意學者專家意見，1-3-3與1-3-5位置對調。 本題保留。

層面	向度	細目	統計結果			處理情形
			M	Mo	SD	
1. 行政 歷程	1-3 溝通	1-3-4能專注傾聽對方傳遞的訊息。	4.42	4	.51	本題保留。
		1-3-5能運用多種溝通媒介。 ※建議位置與1-3-3對調。 ※建議句中加入「順利推動計畫」，增加語意完整性。	4.17	4	.72	同意學者專家意見，1-3-5與1-3-3位置對調。 修正為:能運用多種溝通媒介，順利推動計畫。
		1-3-6能兼顧組織目標與不同個體多元價值與需求。 ※是否與1-2-3類似？	4.25	5	.97	同意專家小組成員意見，因語意與1-2-3有重疊處，本題刪除。
		1-3-7能以同理心與他人做溝通。 ※建議刪除「做」。 ※建議句中加入「以利任務的達成」，增加語意完整性。	4.58	5	.51	修正為:能以同理心與他人做溝通，以利任務的達成。
	1-4 評鑑	1-4-1能針對校務計畫做形成性評鑑與總結性評鑑。 ※建議「校務計畫」修正為「該處室負責有關校務計畫」。	4.25	5	1.29	本題刪除（未達共識）。
		1-4-2能在進行評鑑之後執行追蹤改進。 ※可考慮與1-4-4整合。 ※與1-4-4是否有重覆情形？	4.5	5	.67	為了避免指標相近重覆的情形，本題修正為：能在接受評鑑後，進行追蹤的工作。
		1-4-3能完全了解校務評鑑的目的及功能。 ※建議「校務評鑑」修正為「校務評鑑有關該處室評鑑」。	4.00	5	1.21	本題刪除（未達共識）。
		1-4-4能針對評鑑提出改進的方法。 ※建議「評鑑」修正為「評鑑缺失」。 ※建議「評鑑」修正為「該處室的評鑑」。	4.33	5	.89	修正為：能針對該處室的評鑑缺失提出改進的方法。
		1-4-5能具備統整、溝通、分析、設計之評鑑能力。 ※概念太多，可擇一至二個概念。 ※向度已有溝通向度。 ※與1-1之區隔。 ※建議細目修正為「能針對評鑑內容資料，統整分析。」	4.25	4	.62	修正為：能針對評鑑內容資料，統整分析。

「經營管理」層面各向度之細目統計結果與意見分析表

層面	向度	細目	統計結果			處理情形
			M	Mo	SD	
2. 經營 管理	2-1 品質 管理	2-1-1 能利用 PDCA（計畫、執行、考核、行動）檢視自我的工作品質。	4.33	4	.49	本題保留。
		2-1-2能致力於建置學校為優質的學習環境。 ※指標不夠具體。	<u>3.58</u>	4	<u>1.16</u>	本題刪除（未達共識）。
		2-1-3能不斷的提升自我的專業。 ※指標不夠具體。 ※建議「專業」修正為「專業知能」。	4.08	5	<u>1.16</u>	本題刪除（未達共識）。
		2-1-4能與其他處室的行政人員共同合作。 ※建議句中加入「提升該處室的品質」，增加語意完整性。	4.50	5	.80	**修正為**：能與其他處室的行政人員共同合作，**提升該處室的品質**。
		2-1-5 能對自己的行政工作提出改善計畫。	4.50	5	.67	本題保留。
		2-1-6能認同學校績效是大家的責任。	4.17	5	<u>1.11</u>	本題刪除（未達共識）。
		2-1-7 能訂定學校教育品質發展願景與目標。	—			**新增細目（專家小組成員意見）。**
		2-1-8能不斷自我要求，達成組織目標。	—			**新增細目（專家小組成員意見）。**
	2-2 知識 管理	2-2-1能利用各種管道取得所需要的資訊與知識。 ※建議「所需」修正為「行政所需」。	4.58	5	.51	**修正為**：能利用各種管道取得**行政**所需要的資訊與知識。
		2-2-2能將獲得的知識有效分類並儲存。 ※建議「知識」與「有效」間，加入「做」。	4.67	5	.65	**修正為**：能將獲得的知識**做**有效分類並儲存。
		2-2-3 能將理論知識與務實知識、隱性知識與顯性知識結合。 ※建議「結合」後，加入「於實務工作」。 ※建議「務實」修正為「實務」。 ※建議刪除「隱性知識與顯性知識」。 ※隱性、顯性知識請解釋備註。	4.08	4	.79	**修正為**：能將理論知識與**實務**知識結合**於實務工作**。

層面	向度	細目	統計結果			處理情形
			M	Mo	SD	
		2-2-4 能參與專業發展社群，進行知識的傳遞與共享。	4.58	5	.51	本題保留。
		2-2-5 能透過現有的知識與外部取得知識，不斷學習成長。 ※「外部取得知識」過於抽象。	4.17	5	1.19	本題刪除（未達共識）。
	2-2 知識 管理	2-2-6 能發揮知識領導的功能，因應知識經濟時代的變革。 ※內容抽象與學校無關，需修改文字。 ※建議「知識領導的功能」可稍作解釋。	3.83	4	1.19	本題刪除（未達共識）。
		2-2-7 能建立業務標準作業程序（SOP）。 ※與 2-1 之區隔。 ※建議句中加入「供成員參考」，增加語意完整性。	4.42	5	.79	本細目與2-1並無關聯，修正為：能建立業務標準作業程序（SOP）供成員參考。
2. 經營 管理		2-2-8 能與同仁分享知識，提升專業。	—			專家小組成員建議新增細目，研究者認為與2-2-4類同，決定不予增列。
		2-3-1 能利用資通訊科技基礎能力做溝通。 ※建議「做」修正為「做好」。 ※「資通訊科技基礎能力」較抽象，可舉例解釋。	4.17	4	.72	修正為：能利用資通訊科技（ICT）基礎能力做好溝通。
	2-3 E化 管理	2-3-2 能建置行政檔案資料庫。 ※建議「能」之後，加入「妥善」。 ※建議「資料庫」之前，加入「分類」。	4.25	4	.62	修正為：能妥善建置行政檔案分類資料庫。
		2-3-3 能利用資通訊科技做行政決策及規劃。 ※「資通訊科技」，請舉例。	3.92	4	.67	本題刪除（未達共識）。
		2-3-4 能自我提升進階資訊的素養。 ※相對於「進階資訊」，前面有「基礎資訊」或「一般資訊」嗎？ ※「能自我提升」作法不夠具體。	3.67	3	1.15	本題刪除（未達共識）。

層面	向度	細目	統計結果			處理情形
			M	Mo	SD	
	2-3 E化 管理	2-3-5 能遵守資訊安全的規範。	4.42	5	.79	本題保留。
		2-3-6 能有效管理學校的科技系統。 ※「學校的科技系統」不夠具體。 ※建議「科技」前加入「資通訊」。 ※建議細目修正為「能善用資訊科技提升行政效能。」	4.08	5	.90	修正為：能善用資訊科技提升行政效能。
2. 經營 管理	2-4 創新 經營	2-4-1能在行政服務上有創新的想法。 ※「行政服務」能具體解釋。	4.25	5	<u>1.06</u>	本題刪除（未達共識）。
		2-4-2 能在行政流程上有創新的想法。	4.33	5	.98	本題保留。
		2-4-3 能運用心智思考學校特色。 ※太抽象。 ※「心智」過於抽象。 ※建議「運用心智」修正為「用心」。	<u>3.67</u>	5	<u>1.56</u>	本題刪除（未達共識）。
		2-4-4 能將創意具體實踐。 ※建議「實踐」後加入「為可行做為」。 ※建議「實踐」修正為「寫成計畫並執行」。	4.25	5	.97	修正為：能將創意具體寫成計畫並執行。
		2-4-5 能具備「永不滿足現狀」的態度。 ※建議「永不滿足現狀」修正為「好上求好」。 ※建議「永不滿足現狀的態度」修正為「不滿足現狀的經營態度」。	4.08	4	.79	修正為：能具備「好上求好」的經營態度。
		2-4-6 能具備激勵同仁創新的熱情。 ※建議句中加入「經常鼓勵同仁在行政上創新作法」。	4.17	5	.83	修正為：能具備激勵同仁創新的熱情，經常鼓勵同仁在行政上創新作法。
		2-4-7 能鼓勵同仁創新，不怕患錯的精神。	—			專家小組成員建議新增細目，研究者認為與2-4-6類同，決定不予增列。

「行政倫理」層面各向度之細目統計結果與意見分析表

層面	向度	細目	統計結果			處理情形
			M	Mo	SD	
3. 行政 倫理	3-1 效益 倫理	3-1-1 能確保學生學習權益。	4.83	5	.39	本題保留。
		3-1-2 能優先考量學生利益。	4.83	5	.39	本題保留。
		3-1-3 能優先考量學校效益。 ※除了學生與學校利益，是否也有教師部份？	4.58	5	.67	本題保留。說明：學校行政以學生為主體，以整體利益來考量，故未將教師納入。
		3-1-4 能考量學校對社會的責任。	4.50	4	.52	本題保留。
		3-1-5 能考量行政決策對學校的衝擊。	4.25	5	1.14	本題刪除（未達共識）。
		3-1-6 能訂定明確的工作流程與目標。 ※與效益倫理關連性低，建議刪除。	4.08	5	1.24	本題刪除（未達共識）。
	3-2 正義 倫理	3-2-1 能依法行政。	4.75	5	.45	本題保留。
		3-2-2 能遵守行政中立原則。	4.75	5	.45	本題保留。
		3-2-3 能遵守業務機密。	4.92	5	.29	本題保留。
		3-2-4 能迴避不當關係。	4.92	5	.29	本題保留。
		3-2-5 能負責執行自身的專業義務。 ※建議「負責」修正為「克盡」。	4.17	5	1.34	本題刪除（未達共識）。
		3-2-6 能包容不同的價值觀。 ※建議在「包容」與「不同」之間加入「他人」。	4.75	5	.45	修正為：能包容他人不同的價值觀。
		3-2-7 做決策時能衡量弱勢團體的情境，爭取最大福祉。	—			專家小組成員建議新增細目，研究者認為與「關懷倫理」向度較有關聯，且與向度內原有細目重復性高，決定不予增列。
	3-3 關懷 倫理	3-3-1 能適時給予學生協助。 ※建議在「協助」前加入「關懷」。	4.83	5	.39	修正為：能適時給予學生關懷協助。

層面	向度	細目	統計結果			處理情形
			M	Mo	SD	
3. 行政 倫理	3-3 關懷 倫理	3-3-2 能避免對學生的傷害。	4.42	5	<u>1.16</u>	本題刪除（未達共識）。
		3-3-3 能照顧弱勢學生。	4.92	5	.29	本題保留。
		3-3-4 能協助同仁解決問題。 ※建議加注解釋「解決問題」為何。	4.58	5	.67	**修正為：能協助同仁解決問題（如教學需求…）。**
		3-3-5 能重視同仁間交流。	4.33	4	.49	本題保留。
		3-3-6 能維持和諧的人際關係。	4.50	5	.67	本題保留。
	3-4 批判 倫理	3-4-1 能反省自己的言行。	4.92	5	.29	本題保留。
		3-4-2 能勇於承擔錯誤。	4.83	5	.39	本題保留。
		3-4-3 能具備自我批判意識。 ※「自我批判意識」較不具體。	4.58	5	.67	**修正為：能對自我的缺失進行批判。**
		3-4-4 能因應改變，隨時調整行政作為。 ※建議「隨時」修正為「適時」。	4.67	5	.65	**修正為：能因應改變，適時調整行政作為。**
		3-4-5 能對長官與同仁的錯誤勇於提醒與建言。	4.33	4	.65	本題保留。
		3-4-6 能不斷尋求自我超越。 ※語意不清楚。 ※指標不夠具體。 ※建議刪除。	4.08	5	<u>1.24</u>	本題刪除（未達共識）。
	3-5 德行 倫理	3-5-1 能知覺自己的角色定位，具服務教學的信念。 ※建議「具」修正為「具有」。	4.75	5	.45	**修正為：能知覺自己的角色定位，具有服務教學的信念。**
		3-5-2 能具備良好的品格操守。	4.92	5	.29	本題保留。
		3-5-3 能力行誠信原則。	4.67	5	.49	本題保留。
		3-5-4 能維護教師尊嚴，維持專業形象。	4.75	5	.62	本題保留。
		3-5-5 能注意自己的言行，成為學生的楷模與社會的榜樣。	4.75	5	.62	本題保留。

附錄三

國民中學兼任行政教師行政專業能力指標問卷（第二次德懷術）

蔡金田、趙士瑩　編製

敬愛的教育先進您好：

　　第一次德懷術的實施，承蒙您的協助與指導，您的寶貴意見，釐清後學研究上的一些盲點，並促使指標之建構更為適切及周延。本研究接續進行第二次德懷術，本次問卷係第一次德懷術專家小組成員提供之寶貴意見彙整而成，將第一次德懷術問卷計算出各指標細目之平均數（M）、眾數（Mo）與標準差（SD），同時進行意涵修正（修改部分以黑色粗體表示）與細目增刪，最後並請學者專家提供其他建議。

　　請專家學者您從「不重要」、「普通」與「重要」三個選項擇一勾選，以1至3分計分，選填分數愈高者表示該指標愈重要。煩請您於106年6月19日前以回郵信封見復，再次感謝您的協助與指正。

學者專家編號：＿＿＿＿＿＿

第一次德懷術指標內容修正（請於每個指標細目的「重要程度」欄位勾選ˇ）

層面	向度	細目	統計結果			重要程度		
						不重要	普通	重要
			M	Mo	SD	1	2	3
1.行政歷程	1-1計畫	1-1-1 能讓處室成員及相關人員參與計畫之擬定及相關會議。	4.67	5	.65			
		1-1-2 能做好計畫執行前的宣導。	4.67	5	.49			
		1-1-3 能訂定合乎教育法令與政策及學校需求之可行性計畫。	4.75	5	.62			
		1-1-4 能管控計畫之執行成效與問題。	4.17	4	.72			
		1-1-5 能在計畫需要改變時，適時調整。	4.25	4	.75			
	1-2領導	1-2-1 執行計畫時，能激勵處室成員的士氣。	4.58	5	.67			
		1-2-2 能兼顧組織目標達成及處室成員需要滿足。	4.42	5	.79			
		1-2-3 能善用非正式組織，有利於計畫的執行。	4.42	5	.67			
		1-2-4 能根據事情的輕重緩急，通權達變、因應制宜。	4.50	5	.67			
	1-3溝通	1-3-1 能提供暢通多元的正式與非正式溝通管道。	4.58	5	.90			
		1-3-2 能具有圓融的溝通技巧。	4.58	5	.51			
		1-3-3 能運用多種溝通媒介，順利推動計畫。	4.17	4	.72			
		1-3-4 能專注傾聽對方傳遞的訊息。	4.42	4	.51			
		1-3-5 能謹慎的選擇與組織溝通訊息的內容。	4.42	4	.51			

層面	向度	細目	統計結果			重要程度		
						不重要	普通	重要
			M	Mo	SD	1	2	3
1. 行政 歷程	1-3 溝通	1-3-6 能以同理心與他人做溝通，以利任務的達成。	4.58	5	.51			
	1-4 評鑑	1-4-1 能在接受評鑑後，進行追蹤的工作。。	4.5	5	.67			
		1-4-2 能針對該處室的評鑑缺失提出改進的方法。	4.33	5	.89			
		1-4-3 能針對評鑑內容資料，統整分析。	4.25	4	.62			
2. 經營 管理	2-1 品質 管理	2-1-1 能利用 PDCA（計畫、執行、考核、行動）檢視自我的工作品質。	4.33	4	.49			
		2-1-2 能與其他處室的行政人員共同合作，提升該處室的品質。	4.50	5	.80			
		2-1-3 能對自己的行政工作提出改善計畫。	4.50	5	.67			
		2-1-4 能訂定學校教育品質發展願景與目標。	新增細目					
		2-1-5 能不斷自我要求，達成組織目標。	新增細目					
	2-2 知識 管理	2-2-1 能利用各種管道取得行政所需要的資訊與知識。	4.58	5	.51			
		2-2-2 能將獲得的知識做有效分類並儲存。	4.67	5	.65			
		2-2-3 能將理論知識與實務知識結合於實務工作。	4.08	4	.79			
		2-2-4 能參與專業發展社群，進行知識的傳遞與共享。	4.58	5	.51			
		2-2-5 能建立業務標準作業程序（SOP）供成員參考。	4.42	5	.79			

層面	向度	細目	統計結果			重要程度		
						不重要	普通	重要
			M	Mo	SD	1	2	3
2. 經營 管理	2-3 E化 管理	2-3-1能利用資通訊科技（ICT）基礎能力做好溝通。	4.17	4	.72			
		2-3-2能妥善建置行政檔案分類資料庫。	4.25	4	.62			
		2-3-3 能遵守資訊安全的規範。	4.42	5	.79			
		2-3-4 能善用資訊科技提升行政效能。	4.08	5	.90			
	2-4 創新 經營	2-4-1 能在行政流程上有創新的想法。	4.33	5	.98			
		2-4-2 能將創意具體寫成計畫並 執行。	4.25	5	.97			
		2-4-3 能具備「好上求好」的經營態度。	4.08	4	.79			
		2-4-4 能具備激勵同仁創新的熱情，經常鼓勵同仁在行政上創新作法。	4.17	5	.83			
3. 行政 倫理	3-1 效益 倫理	3-1-1 能確保學生學習權益。	4.83	5	.39			
		3-1-2 能優先考量學生利益。	4.83	5	.39			
		3-1-3 能優先考量學校效益。	4.58	5	.67			
		3-1-4 能考量學校對社會的責任。	4.50	4	.52			
	3-2 正義 倫理	3-2-1 能依法行政。	4.75	5	.45			
		3-2-2 能遵守行政中立原則。	4.75	5	.45			
		3-2-3 能遵守業務機密。	4.92	5	.29			
		3-2-4 能迴避不當關係。	4.92	5	.29			

層面	向度	細目	統計結果			重要程度		
						不重要	普通	重要
			M	Mo	SD	1	2	3
3. 行政倫理	3-2	3-2-5 能包容他人不同的價值觀。	4.75	5	.45			
	3-3 關懷倫理	3-3-1 能適時給予學生關懷協助。	4.83	5	.39			
		3-3-2 能照顧弱勢學生。	4.92	5	.29			
		3-3-3 能協助同仁解決問題（如教學需求…）。	4.58	5	.67			
		3-3-4 能重視同仁間交流。	4.33	4	.49			
		3-3-5 能維持和諧的人際關係。	4.50	5	.67			
	3-4 批判倫理	3-4-1 能反省自己的言行。	4.92	5	.29			
		3-4-2 能勇於承擔錯誤。	4.83	5	.39			
		3-4-3 能對自我的缺失進行批判。	4.58	5	.67			
		3-4-4 能因應改變，適時調整行政作為。	4.67	5	.65			
		3-4-5 能對長官與同仁的錯誤勇於提醒與建言。	4.33	4	.65			
	3-5 德行倫理	3-5-1 能知覺自己的角色定位，具有服務教學的信念。	4.75	5	.45			
		3-5-2 能具備良好的品格操守。	4.92	5	.29			
		3-5-3 能力行誠信原則。	4.67	5	.49			
		3-5-4 能維護教師尊嚴，維持專業形象。	4.75	5	.62			
		3-5-5 能注意自己的言行，成為學生的楷模與社會的榜樣。	4.75	5	.62			

專家請簽名：_____，若對問卷尚有其他建議，請填寫於下：

附錄四　第二次德懷術統計結果表

「行政歷程」層面各向度之項目統計結果表

層面	向度	細目	統計結果			重要程度			保留與否
						不重要	普通	重要	
			M	Mo	SD	%	%	%	
1. 行政歷程	1-1 計畫	1-1-1 能讓處室成員及相關人員參與計畫之擬定及相關會議。	2.92	3	.29	0	8.3	91.7	保留
		1-1-2 能做好計畫執行前的宣導。	2.75	3	.45	0	25	75	保留
		1-1-3 能訂定合乎教育法令與政策及學校需求之可行性計畫。	3.00	3	.00	0	0	100	保留
		1-1-4 能管控計畫之執行成效與問題。	2.83	3	.39	0	16.7	83.3	保留
		1-1-5 能在計畫需要改變時,適時調整。	2.83	3	.39	0	16.7	83.3	保留
	1-2 領導	1-2-1 執行計畫時,能激勵處室成員的士氣。	2.92	3	.29	0	8.3	91.7	保留
		1-2-2 能兼顧組織目標達成及處室成員需要滿足。	2.83	3	.39	0	16.7	83.3	保留
		1-2-3 能善用非正式組織,有利於計畫的執行。	2.75	3	.45	0	25	75	保留
		1-2-4 能根據事情的輕重緩急,通權達變、因應制宜。	3.00	3	.00	0	0	100	保留
	1-3 溝通	1-3-1 能提供暢通多元的正式與非正式溝通管道。	3.33	3	.00	0	0	100	保留
		1-3-2 能具有圓融的溝通技巧。	2.83	3	.39	0	16.7	83.3	保留
		1-3-3 能運用多種溝通媒介,順利推動計畫。	2.50	2	.52	0	50	50	**刪除**
		1-3-4 能專注傾聽對方傳遞的訊息。	2.58	3	.51	0	41.7	58.3	保留
		1-3-5 能謹慎的選擇與組織溝通訊息的內容。	2.67	3	.49	0	33.3	66.7	保留
		1-3-6 能以同理心與他人做溝通,以利任務的達成。	2.83	3	.39	0	16.7	83.3	保留

層面	向度	細目	統計結果			重要程度			保留與否
						不重要	普通	重要	
			M	Mo	SD	%	%	%	
1. 行政歷程	1-4 評鑑	1-4-1 能在接受評鑑後，進行追蹤的工作。。	2.75	3	.45	0	25	75	保留
		1-4-2 能針對該處室的評鑑缺失提出改進的方法。	2.83	3	.39	0	16.7	83.3	保留
		1-4-3 能針對評鑑內容資料，統整分析。	2.67	3	.49	0	33.3	66.7	保留

「經營管理」層面各向度之項目統計結果表

層面	向度	細目	統計結果			重要程度			保留與否
						不重要	普通	重要	
			M	Mo	SD	%	%	%	
2. 經營管理	2-1 品質管理	2-1-1 能利用 PDCA（計畫、執行、考核、行動）檢視自我的工作品質。	2.42	3	.67	<u>8.3</u>	41.7	<u>50</u>	**刪除**
		2-1-2 能與其他處室的行政人員共同合作，提升該處室的品質。	2.83	3	.39	0	16.7	83.3	保留
		2-1-3 能對自己的行政工作提出改善計畫。	2.75	3	.45	0	25	75	保留
		2-1-4 能訂定學校教育品質發展願景與目標。	2.67	3	.49	0	33.3	66.7	保留
		2-1-5 能不斷自我要求，達成組織目標。	2.50	2	.52	0	50	<u>50</u>	**刪除**
	2-2 知識管理	2-2-1 能利用各種管道取得行政所需要的資訊與知識。	2.75	3	.45	0	25	75	保留
		2-2-2 能將獲得的知識做有效分類並儲存。	2.58	3	.51	0	41.7	58.3	保留
		2-2-3 能將理論知識與實務知識結合於實務工作。	2.50	3	.67	<u>8.3</u>	33.4	58.3	**刪除**
		2-2-4 能參與專業發展社群，進行知識的傳遞與共享。	2.83	3	.39	0	8.3	91.7	保留
		2-2-5 能建立業務標準作業程序（SOP）供成員參考。	2.67	3	.49	0	25	75	保留

層面	向度	細目	統計結果			重要程度			保留與否
			M	Mo	SD	不重要 %	普通 %	重要 %	
2. 經營管理	2-3 E化管理	2-3-1能利用資通訊科技（ICT）基礎能力做好溝通。	2.42	3	.67	8.3	41.7	50	**刪除**
		2-3-2能妥善建置行政檔案分類資料庫。	2.58	3	.51	0	41.7	58.3	保留
		2-3-3 能遵守資訊安全的規範。	2.58	3	.51	0	41.7	58.3	保留
		2-3-4 能善用資訊科技提升行政效能。	2.75	3	.45	0	25	75	保留
	2-4 創新經營	2-4-1 能在行政流程上有創新的想法。	2.58	3	.51	0	41.7	58.3	保留
		2-4-2 能將創意具體寫成計畫並 執行。	2.83	3	.39	0	16.7	83.3	保留
		2-4-3 能具備「好上求好」的經營態度。	2.58	3	.51	0	41.7	58.3	保留
		2-4-4 能具備激勵同仁創新的熱情，經常鼓勵同仁在行政上創新作法。	2.83	3	.39	0	16.7	83.3	保留

「行政倫理」層面各向度之項目統計結果表

層面	向度	細目	統計結果			重要程度			保留與否
			M	Mo	SD	不重要 %	普通 %	重要 %	
3. 行政倫理	3-1 效益倫理	3-1-1 能確保學生學習權益。	3.00	3	.00	0	0	100	保留
		3-1-2 能優先考量學生利益。	3.00	3	.00	0	0	100	保留
		3-1-3 能優先考量學校效益。	2.75	3	.45	0	25	75	保留
		3-1-4 能考量學校對社會的責任。	2.50	2	.52	0	50	50	**刪除**
	3-2 正義倫理	3-2-1 能依法行政。	2.92	3	.29	0	8.3	91.7	保留
		3-2-2 能遵守行政中立原則。	2.83	3	.39	0	16.7	81.3	保留
		3-2-3 能遵守業務機密。	2.75	3	.45	0	25	75	保留

層面	向度	細目	統計結果			重要程度			保留與否
						不重要	普通	重要	
			M	Mo	SD	%	%	%	
3.行政倫理	3-2 正義倫理	3-2-4 能迴避不當關係。	2.92	3	.29	0	8.3	91.7	保留
		3-2-5 能包容他人不同的價值觀。	2.92	3	.29	0	8.3	91.7	保留
	3-3 關懷倫理	3-3-1 能適時給予學生關懷協助。	3.00	3	.00	0	0	100	保留
		3-3-2 能照顧弱勢學生。	2.83	3	.39	0	16.7	83.3	保留
		3-3-3 能協助同仁解決問題（如教學需求…）。	2.92	3	.29	0	8.3	91.7	保留
		3-3-4 能重視同仁間交流。	2.67	3	.49	0	25	75	保留
		3-3-5 能維持和諧的人際關係。	2.75	3	.45	0	25	75	保留
	3-4 批判倫理	3-4-1 能反省自己的言行。	3.00	3	.00	0	0	100	保留
		3-4-2 能勇於承擔錯誤。	3.00	3	.00	0	0	100	保留
		3-4-3 能對自我的缺失進行批判。	2.75	3	.45	0	25	75	保留
		3-4-4 能因應改變，適時調整行政作為。	2.92	3	.29	0	8.3	91.7	保留
		3-4-5 能對長官與同仁的錯誤勇於提醒與建言。	2.42	3	.67	8.3	45.7	50	**刪除**
	3-5 德行倫理	3-5-1 能知覺自己的角色定位，具有服務教學的信念。	2.92	3	.29	0	8.3	91.7	保留
		3-5-2 能具備良好的品格操守。	3.00	3	.00	0	0	100	保留
		3-5-3 能力行誠信原則。	2.92	3	.29	0	8.3	91.7	保留
		3-5-4 能維護教師尊嚴，維持專業形象。	2.83	3	.39	0	16.7	83.3	保留
		3-5-5 能注意自己的言行，成為學生的楷模與社會的榜樣。	2.92	3	.29	0	8.3	91.7	保留

附錄五

國民中學兼任行政教師行政專業能力指標問卷（預試）

蔡金田、趙上瑩　編製

敬愛的主任/組長您好：

　　兼任行政教師處理行政業務，與學科教學的性質，實為南轅北轍。教學有教學的專業，行政也有行政的專業，擔任兼任行政教師，在處理行政業務，必須具備哪些專業能力，實值得加以探討。本問卷旨在建構我國國民中學兼任行政教師行政專業能力指標，敬請各位教育先進撥冗並詳閱各指標後依填表說明，惠予填答。

　　本問卷純屬學術研究，研究結果不做其他用途，請您放心填寫，您的意見相當寶貴，將有助於本研究之指標建構，謝謝您的協助與合作。

壹、基本資料

一、性別：□(1)男　□(2)女

二、擔任行政年資：□(1)3年以下　□(2)4-9年　□(3)10-15年　□(4)16-20年

　　　　　　　　　□(5)21年以上

三、職務別：□(1)主任　□(2)組長

四、最高學歷：□(1)師大（含一般大學教育系）　□(2)一般大學　□(3)研究所以上（含40學分班）

五、學校班級數：□(1)6班以下　□(2)7-12班　□(3)13-24班　□(4) 25-48班

　　　　　　　　□(5)49班以上

六、學校所在縣市：□(1)苗栗縣　□(2)臺中市　□(3)南投縣　□(4)彰化縣

　　　　　　　　　□(5)雲林縣

七、學校所在地：□(1)偏遠地區　□(2)一般鄉鎮　□(3)都市地區（含省、縣轄市）

貳、填答說明

一、本問卷係經二次德懷術分析，透過學者專家諮詢、統計分析篩選後共同認為之重要指標，為了進一步決定指標的堪用程度，請各位主任/組長各指標內容之敘述，按照「非常重要」至「非常不重要」之強度，提出您的看法與感受，並於適當位置內打「v」。

二、本問卷採五點量表方式實施，勾選「非常重要」者表示該指標最重要，其得分也越高，反之則越少。

三、本問卷將以整體方式處理，不作個別分析，因此敬請放心據實填答。

參、問卷內容

指標	非常重要◄─► 非常不重要				
	5	4	3	2	1
1.行政歷程					
1-1 計畫					
1-1-1 能讓處室成員及相關人員參與計畫之擬定及相關會議。					
1-1-2 能做好計畫執行前的宣導。					
1-1-3 能訂定合乎教育法令與政策及學校需求之可行性計畫。					
1-1-4 能管控計畫之執行成效與問題。					
1-1-5 能在計畫需要改變時，適時調整。					

指標	非常重要◀▶ 非常不重要				
	5	4	3	2	1
1.行政歷程					
1-2 領導					
1-2-1 執行計畫時，能激勵處室成員的士氣。					
1-2-2 能兼顧組織目標達成及處室成員需要滿足。					
1-2-3 能善用非正式組織，有利於計畫的執行。					
1-2-4 能根據事情的輕重緩急，通權達變、因應制宜。					
1-3 溝通					
1-3-1 能提供暢通多元的正式與非正式溝通管道。					
1-3-2 能具有圓融的溝通技巧。					
1-3-3 能專注傾聽對方傳遞的訊息。					
1-3-4 能謹慎的選擇與組織溝通訊息的內容。					
1-3-5 能以同理心與他人做溝通，以利任務的達成。					
1-4 評鑑					
1-4-1 能在接受評鑑後，進行追蹤的工作。					
1-4-2 能針對該處室的評鑑缺失提出改進的方法。					
1-4-3 能針對評鑑內容資料，統整分析。					
2.經營管理					
2-1 品質管理					
2-1-1 能與其他處室的行政人員共同合作，提升該處室的品質。					
2-1-2 能對自己的行政工作提出改善計畫。					
2-1-3 能訂定學校教育品質發展願景與目標。					

指標	非常重要◀▶非常不重要				
	5	4	3	2	1
2.經營管理					
2-2 知識管理					
2-2-1 能利用各種管道取得行政所需要的資訊與知識。					
2-2-2 能將獲得的知識做有效分類並儲存。					
2-2-3 能參與專業發展社群，進行知識的傳遞與共享。					
2-2-4 能建立業務標準作業程序（SOP）供成員參考。					
2-3 E 化管理					
2-3-1能妥善建置行政檔案分類資料庫。					
2-3-2 能遵守資訊安全的規範。					
2-3-3 能善用資訊科技提升行政效能。					
2-4 創新經營					
2-4-1 能在行政流程上有創新的想法。					
2-4-2 能將創意具體寫成計畫並執行。					
2-4-3 能具備「好上求好」的經營態度。					
2-4-4 能具備激勵同仁創新的熱情，經常鼓勵同仁在行政上創新作法。					
3.行政倫理					
3-1 效益倫理					
3-1-1 能確保學生學習權益。					
3-1-2 能優先考量學生利益。					
3-1-3 能優先考量學校效益。					

指標	非常重要 ←→ 非常不重要				
	5	4	3	2	1
3.行政倫理					
3-2 正義倫理					
3-2-1 能依法行政。					
3-2-2 能遵守行政中立原則。					
3-2-3 能遵守業務機密。					
3-2-4 能迴避不當關係。					
3-2-5 能包容他人不同的價值觀。					
3-3 關懷倫理					
3-3-1能適時給予學生關懷協助。					
3-3-2 能照顧弱勢學生。					
3-3-3 能協助同仁解決問題（如教學需求…）。					
3-3-4 能重視同仁間交流。					
3-3-5 能維持和諧的人際關係。					
3-4 批判倫理					
3-4-1 能反省自己的言行。					
3-4-2 能勇於承擔錯誤。					
3-4-3 能對自我的缺失進行批判。					
3-4-4 能因應改變，適時調整行政作為。					
3-5 德行倫理					
3-5-1 能知覺自己的角色定位，具有服務教學的信念。					
3-5-2 能具備良好的品格操守。					
3-5-3 能力行誠信原則。					

指標	非常重要◄► 非常不重要				
	5	4	3	2	1
3.行政倫理					
3-5 德行倫理					
3-5-4 能維護教師尊嚴,維持專業形象。					
3-5-5 能注意自己的言行,成為學生的楷模與社會的榜樣。					

附錄六

「國民中學兼任行政教師行政專業能力指標」相對權重問卷

蔡金田、趙士瑩　編製

敬愛的教育先進您好：

　　本問卷旨在調查我國「國民中學兼任行政教師行政專業能力指標」之權重體系，素仰　先進熱心教育、學養豐富，為此一領域之專家，期盼藉由您的專業知識與實際見解，以評定本問卷內各項指標間之相對重要性。

　　本問卷歷經二次德懷術分析，已就指標之適切性與重要性進行修正和增刪，同時透過問卷預試，進行信度與效度分析並確立指標。

　　本問卷純屬學術研究，您的意見非常珍貴，對本研究指標之權重體系建構極為重要，請您填妥後，於 106 年 10 月 31 日以前，以所附之回郵信封寄回，謝謝您的協助與合作。

　　學者專家編號：＿＿＿＿＿＿＿＿

壹、國民中學兼任行政教師行政專業能力指標建構說明

一、名詞釋義

（一）、**國民中學兼任行政教師**：本研究之研究對象「國民中學兼任行政教師」係指，除人事及會計室主任外之各處室（教務處、學務處、總務處、輔導室）由專任教師兼任之主任，以及由專任教師兼任之各組組長。

（二）、**兼任行政教師行政專業能力**：係指兼任行任教師處理行政業務所應具備之專業能力，排除教務、學務、總務、輔導等處室各自專門業務工作，與其本職之教學能力有別。此處理行政業務所應具備之專業能力，包含行政歷程、經營管理與行政倫理。

二、指標架構內涵

國民中學兼任行政教師行政專業能力指標架構分為「層面－向度－細目」三個層次（如下圖），總共包括三個層面、十三個向度、四十九個細目。指標係從教育行政、學校行政、學校經營管理等專書、期刊、研討會、國家教育研究院專案研究、主任儲訓課程與國內碩博士論文等觸及研究主題之文獻歸納所得，其後歷經二次德懷術分析及問卷預試，以確立指標。

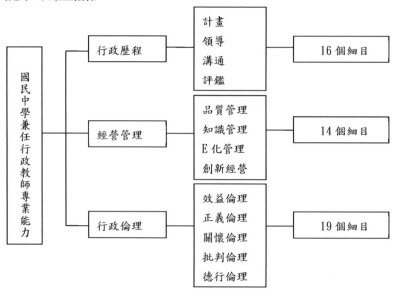

貳、問卷填答說明

一、「相對權重」係指各指標在本研究指標體系中的相對重要程度，它以層級分析法
　　(Analytic Hierarchy Process, AHP)，藉由各面向指標間的兩兩比較來決定。

二、本調查問卷採用九點量表，依序進行指標間之**兩兩成對**比較，評定左右兩邊評估指標
　　的相對重要性。

三、選填作答時請您注意同一組指標間邏輯的一致性，例如選填結果應符合「A>B、B>C，
　　則A>C」的邏輯；若填答結果違反一致性假設，將導致填答內容無效。

四、勾選之前請先按各分項指標的重要程度排列順序，以提高勾選時的一致性。

五、指標相對重要性之勾選，於分項指標重要程度排列順序完成後，依重要程度邏輯進
　　行指標間兩兩成對比較。

參、範例說明

茲以向度比較為例：

　　行政專業能力指標之「行政倫理」層面有五個向度：3-1 效益倫理、3-2 正義倫理、3-3 關懷倫理、3-4 批判倫理、3-5 德行倫理。您認為重要程度排序為何？各評估指標向度間相對重要性又為何？

　　您可先就您認為的重要性排列，例如：您認為的重要性是：3-1效益倫理≧3-3關懷倫理≧3-2正義倫理≧3-4批判倫理≧3-5德行倫理

　　重要程度的順序：（　3-1　）≧（3-3）≧（3-2）≧（3-4）≧（　3-5　）

　　接著再依相對重要的程度填入問卷：

例如：若依照重要程度順序，「效益倫理」比「關懷倫理」來的重要，即**指標A比指標B重要**，則在**左邊**的 2~9 等八個空格中填上一個您心目中這兩個指標重要性的比重，如：指標A「3-1 效益倫理」比指標B「3-3關懷倫理」重要，其重要性的比為3（稍為重要）。相對的，若您認為**指標B比指標A重要**，則請在**右邊**的 2~9 等八個空格中填上一個您心目中這兩個指標重要性的比重，如：指標B「3-3關懷倫理」比指標A「3-2正義倫理」重要，其重要性的比為3（稍為重要）。愈靠近左右兩邊，表示指標A或指標B 的重要性越大，中間的「同等重要」1，則表示兩個評估指標一樣重要。以下類推。**惟須注意應依重要程度排序，否則即違反重要程度邏輯概念。**

【向度相關權重】請在適當欄位打勾

← 強度 →

指標A	絕對重要 9	－ 8	相當重要 7	－ 6	重要 5	－ 4	稍微重要 3	－ 2	同等重要 1	－ 2	稍微重要 3	－ 4	重要 5	－ 6	相當重要 7	－ 8	絕對重要 9	指標B
3-1 效益倫理				✓														3-2 正義倫理
3-1 效益倫理							✓											3-3 關懷倫理
3-1 效益倫理			✓															3-4 批判倫理
3-1 效益倫理	✓																	3-5 德行倫理
3-2 正義倫理											✓							3-3 關懷倫理
3-2 正義倫理							✓											3-4 批判倫理
3-2 正義倫理					✓													3-5 德行倫理
3-3 關懷倫理					✓													3-4 批判倫理
3-3 關懷倫理			✓															3-5 德行倫理
3-4 批判倫理							✓											3-5 德行倫理

肆、相對權重調查

　　以下請就表列之各組指標，1.先依其**重要程度排列順序**，2.再分別評定**兩兩指標相對重要程度**，並於欄內打˘。

【開始填答】

【指標三個層面相關權重】

一、本研究「國民中學兼任行政教師行政專業能力指標」三個層面：1.行政歷程、2.經營管理、3.行政倫理，您認為重要程度排序為何？各指標層面間相對重要性又為何？

層面
1.行政歷程
2.經營管理
3.行政倫理

請填寫重要程度順序：（　　）≧（　　）≧（　　）

【層面相關權重】請在適當欄位打˘

指標A	絕對重要	-	相當重要	-	重要	-	稍微重要	-	同等重要	-	稍微重要	-	重要	-	相當重要	-	絕對重要	指標B
	9	8	7	6	5	4	3	2	1	2	3	4	5	6	7	8	9	
1.行政歷程																		2.經營管理
1.行政歷程																		3.行政倫理
2.經營管理																		3.行政倫理

（強度 ←　→）

【層面1:「行政歷程」之向度相關權重】

二、層面 1:行政歷程的四個向度:1-1 計畫、1-2 領導、1-3 溝通、1-4 評鑑,您認為重要程度排序為何?各指標向度間相對重要性又為何?

層面 1:行政歷程之向度
1-1 計畫
1-2 領導
1-3 溝通
1-4 評鑑

請填寫重要程度順序:(　　)≧(　　)≧(　　)≧(　　)

【向度相關權重】請在適當欄位打✓

指標A	絕對重要	–	相當重要	–	重要	–	稍微重要	–	同等重要	–	稍微重要	–	重要	–	相當重要	–	絕對重要	指標B
	9	8	7	6	5	4	3	2	1	2	3	4	5	6	7	8	9	
1-1 計畫																		1-2 領導
1-1 計畫																		1-3 溝通
1-1 計畫																		1-4 評鑑
1-2 領導																		1-3 溝通
1-2 領導																		1-4 評鑑
1-3 溝通																		1-4 評鑑

【層面2：「經營管理」之向度相關權重】

三、 層面 2：經營管理的四個向度：2-1 品質管理、2-2 知識管理、2-3 E 化管理、2-4 創新經營，您認為重要程度排序為何？各指標向度間相對重要性又為何？

層面 2：經營管理之向度
2-1 品質管理
2-2 知識管理
2-3 E 化管理
2-4 創新經營

<u>請填寫重要程度順序</u>： （　　）≧（　　）≧（　　）≧（　　）

【向度相關權重】請在適當欄位打˘

指標A	絕對重要	–	相當重要	–	重要	–	稍微重要	–	同等重要	–	稍微重要	–	重要	–	相當重要	–	絕對重要	指標B
	9	8	7	6	5	4	3	2	1	2	3	4	5	6	7	8	9	
2-1 品質管理																		2-2 知識管理
2-1 品質管理																		2-3 E 化管理
2-1 品質管理																		2-4 創新經營
2-2 知識管理																		2-3 E 化管理
2-2 知識管理																		2-4 創新經營
2-3 E 化管理																		2-4 創新經營

上方：← 強度 →

【層面3：「行政倫理」之向度相關權重】

四、 層面 3：行政倫理的五個向度：3-1 效益倫理、3-2 正義倫理、3-3 關懷倫理、3-4 批
　　 判倫理、3-5 德行倫理，您認為重要程度排序為何？各指標向度間相對重要性又為
　　 何？

層面 3：行政倫理之向度
3-1 效益倫理
3-2 正義倫理
3-3 關懷倫理
3-4 批判倫理
3-5 德行倫理

請填寫重要程度順序：（　　）≧（　　）≧（　　）≧（　　）≧（　　）

【向度相關權重】請在適當欄位打✓

指標A	絕對重要	-	相當重要	-	重要	-	稍微重要	-	同等重要	-	稍微重要	-	重要	-	相當重要	-	絕對重要	指標B
	9	8	7	6	5	4	3	2	1	2	3	4	5	6	7	8	9	
3-1 效益倫理																		3-2 正義倫理
3-1 效益倫理																		3-3 關懷倫理
3-1 效益倫理																		3-4 批判倫理
3-1 效益倫理																		3-5 德行倫理
3-2 正義倫理																		3-3 關懷倫理
3-2 正義倫理																		3-4 批判倫理
3-2 正義倫理																		3-5 德行倫理
3-3 關懷倫理																		3-4 批判倫理
3-3 關懷倫理																		3-5 德行倫理
3-4 批判倫理																		3-5 德行倫理

【向度1-1：「計畫」之細目相關權重】

五、向度 1-1：計畫的五個細目：1-1-1、1-1-2、1-1-3、1-1-4、1-1-5，您認為重要程度排
　　序為何？各指標細目間相對重要性又為何？

向度 1-1 之細目
1-1-1 能讓處室成員及相關人員參與計畫之擬定及相關會議。
1-1-2 能做好計畫執行前的宣導。
1-1-3 能訂定合乎教育法令與政策及學校需求之可行性計畫。
1-1-4 能管控計畫之執行成效與問題。
1-1-5 能在計畫需要改變時，適時調整。

請填寫重要程度順序：（　　）≧（　　）≧（　　）≧（　　）≧（　　）

【細目相關權重】請在適當欄位打ˇ

指標A	絕對重要	–	相當重要	–	重要	-	稍微重要	-	同等重要	-	稍微重要	-	重要	-	相當重要	-	絕對重要	指標B
	9	8	7	6	5	4	3	2	1	2	3	4	5	6	7	8	9	
1-1-1																		1-1-2
1-1-1																		1-1-3
1-1-1																		1-1-4
1-1-1																		1-1-5
1-1-2																		1-1-3
1-1-2																		1-1-4
1-1-2																		1-1-5
1-1-3																		1-1-4
1-1-3																		1-1-5
1-1-4																		1-1-5

【向度1-2：「領導」之細目相關權重】

六、 向度 1-2：領導的四個細目：1-2-1、1-2-2、1-2-3、1-2-4，您認為重要程度排序為何？
　　 各指標細目間相對重要性又為何？

向度 1-2 之細目
1-2-1 執行計畫時，能激勵處室成員的士氣。
1-2-2 能兼顧組織目標達成及處室成員需要滿足。
1-2-3 能善用非正式組織，有利於計畫的執行。
1-2-4 能根據事情的輕重緩急，通權達變、因應制宜。

請填寫重要程度順序： (　　) ≥ (　　) ≥ (　　) ≥ (　　)

【細目相關權重】請在適當欄位打˅

指標A	絕對重要	–	相當重要	–	重要	–	稍微重要	–	同等重要	–	稍微重要	–	重要	–	相當重要	–	絕對重要	指標B
	9	8	7	6	5	4	3	2	1	2	3	4	5	6	7	8	9	
1-2-1																		1-2-2
1-2-1																		1-2-3
1-2-1																		1-2-4
1-2-2																		1-2-3
1-2-2																		1-2-4
1-2-3																		1-2-4

【向度1-3：「溝通」之細目相關權重】

七、 向度 1-3：溝通的四個細目：1-3-1、1-3-2、1-3-3、1-3-4，您認為重要程度排序為何？
各指標細目間相對重要性又為何？

向度 1-3 之細目
1-3-1 能提供暢通多元的正式與非正式溝通管道。
1-3-2 能具有圓融的溝通技巧。
1-3-3 能專注傾聽對方傳遞的訊息。
1-3-4 能以同理心與他人做溝通，以利任務的達成。

請填寫重要程度順序：（　　）≧（　　）≧（　　）≧（　　）

【細目相關權重】請在適當欄位打˅

指標A	絕對重要	-	相當重要	-	重要	-	稍微重要	-	同等重要	-	稍微重要	-	重要	-	相當重要	-	絕對重要	指標B
	9	8	7	6	5	4	3	2	1	2	3	4	5	6	7	8	9	
1-3-1																		1-3-2
1-3-1																		1-3-3
1-3-1																		1-3-4
1-3-2																		1-3-3
1-3-2																		1-3-4
1-3-3																		1-3-4

【向度1-4：「評鑑」之細目相關權重】

八、 向度1-4：評鑑的三個細目：1-4-1、1-4-2、1-4-3，您認為重要程度排序為何？各指標細目間相對重要性又為何？

向度 1-4 之細目
1-4-1 能在接受評鑑後，進行追蹤的工作。
1-4-2 能針對該處室的評鑑缺失提出改進的方法。
1-4-3 能針對評鑑內容資料，統整分析。

請填寫重要程度順序：（　　）≧（　　）≧（　　）

【細目相關權重】請在適當欄位打˘

指標A	絕對重要	–	相當重要	–	重要	-	稍微重要	-	同等重要	-	稍微重要	-	重要	-	相當重要	-	絕對重要	指標B
	9	8	7	6	5	4	3	2	1	2	3	4	5	6	7	8	9	
1-4-1																		1-4-2
1-4-1																		1-4-3
1-4-2																		1-4-3

【向度2-1：「品質管理」之細目相關權重】

九、向度 2-1：品質管理的三個細目：2-1-1、2-1-2、2-1-3，您認為重要程度排序為何？
各指標細目間相對重要性又為何？

向度 2-1 之細目
2-1-1 能與其他處室的行政人員共同合作，提升該處室的品質。
2-1-2 能對自己的行政工作提出改善計畫。
2-1-3 能訂定學校教育品質發展願景與目標。

請填寫重要程度順序：（　　）≧（　　）≧（　　）

【細目相關權重】請在適當欄位打˘

指標A	絕對重要	–	相當重要	–	重要	-	稍微重要	-	同等重要	-	稍微重要	-	重要	-	相當重要	-	絕對重要	指標B
	9	8	7	6	5	4	3	2	1	2	3	4	5	6	7	8	9	
2-1-1																		2-2-2
2-1-1																		2-1-3
2-1-2																		2-1-3

【向度2-2：「知識管理」之細目相關權重】

十、 向度 2-2：知識管理的四個細目：2-2-1、2-2-2、2-2-3、2-2-4，您認為重要程度排序
　　 為何？各指標細目間相對重要性又為何？

向度 2-2 之細目
2-2-1 能利用各種管道取得行政所需要的資訊與知識。
2-2-2 能將獲得的知識做有效分類並儲存。
2-2-3 能參與專業發展社群，進行知識的傳遞與共享。
2-2-4 能建立業務標準作業程序（SOP）供成員參考。

請填寫重要程度順序：（　　）≧（　　）≧（　　）≧（　　）

【細目相關權重】請在適當欄位打ˇ

指標A	絕對重要 9	– 8	相當重要 7	– 6	重要 5	- 4	稍微重要 3	- 2	同等重要 1	- 2	稍微重要 3	- 4	重要 5	- 6	相當重要 7	- 8	絕對重要 9	指標B
2-2-1																		2-2-2
2-2-1																		2-2-3
2-2-1																		2-2-4
2-2-2																		2-2-3
2-2-2																		2-2-4
2-2-3																		2-2-4

【向度2-3：「E化管理」之細目相關權重】

十一、向度 2-3：E 化管理的三個細目：2-3-1、2-3-2、2-3-3，您認為重要程度排序為何？
各指標細目間相對重要性又為何？

向度 2-3 之細目
2-3-1能妥善建置行政檔案分類資料庫。
2-3-2 能遵守資訊安全的規範。
2-3-3 能善用資訊科技提升行政效能。

請填寫重要程度順序：（　　）≧（　　）≧（　　）

【細目相關權重】請在適當欄位打ˇ

指標A	絕對重要	–	相當重要	–	重要	-	稍微重要	-	同等重要	-	稍微重要	-	重要	-	相當重要	-	絕對重要	指標B
	9	8	7	6	5	4	3	2	1	2	3	4	5	6	7	8	9	
2-3-1																		2-3-2
2-3-1																		2-3-3
2-3-2																		2-3-3

【向度2-4：「創新經營」之細目相關權重】

十二、向度 2-4：創新經營的四個細目：2-4-1、2-4-2、2-4-3、2-4-4，您認為重要程度排
序為何？各指標細目間相對重要性又為何？

向度 2-4 之細目
2-4-1 能在行政流程上有創新的想法。
2-4-2 能將創意具體寫成計畫並執行。
2-4-3 能具備「好上求好」的經營態度。
2-4-4 能具備激勵同仁創新的熱情，經常鼓勵同仁在行政上創新作法。

請填寫重要程度順序：（　　）≧（　　）≧（　　）≧（　　）

【細目相關權重】請在適當欄位打ˇ

指標A	絕對重要	–	相當重要	–	重要	–	稍微重要	–	同等重要	–	稍微重要	–	重要	–	相當重要	–	絕對重要	指標B
	9	8	7	6	5	4	3	2	1	2	3	4	5	6	7	8	9	
2-4-1																		2-4-2
2-4-1																		2-4-3
2-4-1																		2-4-4
2-4-2																		2-4-3
2-4-2																		2-4-4
2-4-3																		2-4-4

【向度3-1：「效益倫理」之細目相關權重】

十二、向度 3-1：效益倫理的三個細目：3-1-1、3-1-2、3-1-3，您認為重要程度排序為何？
　　　各指標細目間相對重要性又為何？

向度 3-1 之細目
3-1-1 能確保學生學習權益。
3-1-2 能優先考量學生利益。
3-1-3 能優先考量學校效益。

<u>請填寫重要程度順序：（　　）≧（　　）≧（　　）</u>

【細目相關權重】請在適當欄位打✓

指標A	絕對重要	–	相當重要	–	重要	-	稍微重要	-	同等重要	-	稍微重要	-	重要	-	相當重要	-	絕對重要	指標B
	9	8	7	6	5	4	3	2	1	2	3	4	5	6	7	8	9	
3-1-1																		3-1-2
3-1-1																		3-1-3
3-1-2																		3-1-3

【向度3-2：「正義倫理」之細目相關權重】

十四、向度 3-2：正義倫理的五個細目：3-2-1、3-2-2、3-2-3、3-2-4、3-2-5，您認為重要
程度排序為何？各指標細目間相對重要性又為何？

向度 3-2 之細目
3-2-1 能依法行政。
3-2-2 能遵守行政中立原則。
3-2-3 能遵守業務機密。
3-2-4 能迴避不當關係。
3-2-5 能包容他人不同的價值觀。

<u>請填寫重要程度順序：（　　）≧（　　）≧（　　）≧（　　）≧（　　）</u>

【細目相關權重】請在適當欄位打˅

指標A	絕對重要	–	相當重要	–	重要	-	稍微重要	-	同等重要	-	稍微重要	-	重要	-	相當重要	-	絕對重要	指標B
	9	8	7	6	5	4	3	2	1	2	3	4	5	6	7	8	9	
3-2-1																		3-2-2
3-2-1																		3-2-3
3-2-1																		3-2-4
3-2-1																		3-2-5
3-2-2																		3-2-3
3-2-2																		3-2-4
3-2-2																		3-2-5
3-2-3																		3-2-4
3-2-3																		3-2-5
3-2-4																		3-2-5

← 強度 →

【向度3-3：「關懷倫理」之細目相關權重】

十五、向度 3-3：關懷倫理的四個細目：3-3-1、3-3-2、3-3-3、3-3-4，您認為重要程度排
　　　序為何？各指標細目間相對重要性又為何？

向度 3-3 之細目
3-3-1能適時給予學生關懷協助。
3-3-2 能協助同仁解決問題（如教學需求…）。
3-3-3 能重視同仁間交流。
3-3-4 能維持和諧的人際關係。

請填寫重要程度順序：（　　）≧（　　）≧（　　）≧（　　）

【細目相關權重】請在適當欄位打˅

指標A	絕對重要	–	相當重要	–	重要	-	稍微重要	-	同等重要	-	稍微重要	-	重要	-	相當重要	-	絕對重要	指標B
	9	8	7	6	5	4	3	2	1	2	3	4	5	6	7	8	9	
3-3-1																		3-3-2
3-3-1																		3-3-3
3-3-1																		3-3-4
3-3-2																		3-3-3
3-3-2																		3-3-4
3-3-3																		3-3-4

【向度3-4：「批判倫理」之細目相關權重】

十六、向度 3-4：批判倫理的四個細目：3-4-1、3-4-2、3-4-3、3-4-4，您認為重要程度排
　　　序為何？各指標細目間相對重要性又為何？

向度 3-4 之細目
3-4-1 能反省自己的言行。
3-4-2 能勇於承擔錯誤。
3-4-3 能對自我的缺失進行批判。
3-4-4 能因應改變，適時調整行政作為。

請填寫重要程度順序：（　　　）≧（　　　）≧（　　　）≧（　　　）

【細目相關權重】請在適當欄位打✓

指標A	絕對重要	–	相當重要	–	重要	–	稍微重要	–	同等重要	–	稍微重要	–	重要	–	相當重要	–	絕對重要	指標B
	9	8	7	6	5	4	3	2	1	2	3	4	5	6	7	8	9	
3-4-1																		3-4-2
3-4-1																		3-4-3
3-4-1																		3-4-4
3-4-2																		3-4-3
3-4-2																		3-4-4
3-4-3																		3-4-4

【向度3-5：「德行倫理」之細目相關權重】

十七、向度 3-5：德行倫理的三個細目：3-5-1、3-5-2、3-5-3，您認為重要程度排序為何？各指標細目間相對重要性又為何？

向度 3-5 之細目
3-5-1 能知覺自己的角色定位，具有服務教學的信念。
3-5-2 能具備良好的品格操守。
3-5-3 能注意自己的言行，成為學生的楷模與社會的榜樣。

請填寫重要程度順序：（　　）≧（　　）≧（　　）

【細目相關權重】請在適當欄位打ˇ

指標A	← 強度 →																	指標B
	絕對重要	-	相當重要	-	重要	-	稍微重要	-	同等重要	-	稍微重要	-	重要	-	相當重要	-	絕對重要	
	9	8	7	6	5	4	3	2	1	2	3	4	5	6	7	8	9	
3-5-1																		3-5-2
3-5-1																		3-5-3
3-5-2																		3-5-3

【問卷到此為止 感謝您的填答】

附錄七

國民中學兼任行政教師行政專業能力調查問卷

蔡金田、趙士瑩　編製

敬愛的主任/組長您好：

　　兼任行政教師處理行政業務，與學科教學的性質，實為南轅北轍。教學有教學的專業，行政也有行政的專業，擔任兼任行政教師，在處理行政業務，必須具備哪些專業能力，實值得加以探討。本問卷旨在瞭解國民中學兼任行政教師行政專業能力指標具備之現況，敬請各位教育先進撥冗並詳閱各指標後依填表說明，惠予填答。

　　本問卷純屬學術研究，研究結果不做其他用途，請您放心填寫，您的意見相當寶貴，將有助於本研究之指標實證研究。請於 106 年 10 月 31 日前，將填妥問卷利用回郵信封擲回，謝謝您的協助與合作。

壹、基本資料

一、性別：□(1)男 □(2)女

二、擔任行政年資：□(1)3年以下 □(2)4-9年 □(3)10-15年 □(4)16-20年

　　　　　　　　□(5)21年以上

三、職務別：□(1)主任 □(2)組長

四、最高學歷：□(1)師大（含一般大學教育系） □(2) 一般大學 □(3)研究所以上（含40

　　　　　　　學分班）

五、學校班級數：□(1)6班以下 □(2)7-12班 □(3)13-24班 □(4)25-48班

　　　　　　　　□(5)49班以上

六、學校所在區域：□(1)北區（臺北市、新北市、基隆市、桃園市、新竹縣市）

　　　　　　　　　□(2)中區（苗栗縣、臺中市、南投縣、彰化縣、雲林縣）

　　　　　　　　　□(3)南區（嘉義縣市、臺南市、高雄市、屏東縣、澎湖縣）

　　　　　　　　　□(4)東區（宜蘭縣、花蓮縣、台東縣）

七、學校所在地：□(1)偏遠地區 □(2)一般鄉鎮 □(3)都市地區（含省、縣轄市）

貳、填答說明

一、本問卷係經二次德懷術分析，透過學者專家諮詢、統計分析篩選後共同認為之重要指標，並透過預試問卷分析所得之結果。請您依各指標內容之敘述，檢視您目前對問卷內之能力，依照「完全具備」至「完全不具備」之強度，在適當位置內打「v」。

二、本問卷採取五點量表方式實施，勾選「完全具備」者，表示您完全具備該項指標之能力；往右得分越低，表示具備程度越少。

三、本問卷將以整體方式處理，不作個別分析，因此敬請您放心據實填答。

參、問卷內容

能力	完全具備 ←→ 完全不具備				
	5	4	3	2	1
1.行政歷程					
1-1 計畫					
1-1-1 能讓處室成員及相關人員參與計畫之擬定及相關會議。					
1-1-2 能做好計畫執行前的宣導。					
1-1-3 能訂定合乎教育法令與政策及學校需求之可行性計畫。					
1-1-4 能管控計畫之執行成效與問題。					
1-1-5 能在計畫需要改變時，適時調整。					

能力	完全具備 ◀━━▶ 完全不具備				
	5	4	3	2	1
1.行政歷程					
1-2 領導					
1-2-1 執行計畫時，能激勵處室成員的士氣。					
1-2-2 能兼顧組織目標達成及處室成員需要滿足。					
1-2-3 能善用非正式組織，有利於計畫的執行。					
1-2-4 能根據事情的輕重緩急，通權達變、因應制宜。					
1-3 溝通					
1-3-1 能提供暢通多元的正式與非正式溝通管道。					
1-3-2 能具有圓融的溝通技巧。					
1-3-3 能專注傾聽對方傳遞的訊息。					
1-3-4 能以同理心與他人做溝通，以利任務的達成。					
1-4 評鑑					
1-4-1 能在接受評鑑後，進行追蹤的工作。					
1-4-2 能針對該處室的評鑑缺失提出改進的方法。					
1-4-3 能針對評鑑內容資料，統整分析。					
2.經營管理					
2-1 品質管理					
2-1-1 能與其他處室的行政人員共同合作，提升該處室的品質。					
2-1-2 能對自己的行政工作提出改善計畫。					
2-1-3 能訂定學校教育品質發展願景與目標。					

能力	完全具備 ◀━━▶ 完全不具備				
	5	4	3	2	1
2.經營管理					
2-2 知識管理					
2-2-1 能利用各種管道取得行政所需要的資訊與知識。					
2-2-2 能將獲得的知識做有效分類並儲存。					
2-2-3 能參與專業發展社群，進行知識的傳遞與共享。					
2-2-4 能建立業務標準作業程序（SOP）供成員參考。					
2-3 E 化管理					
2-3-1能妥善建置行政檔案分類資料庫。					
2-3-2 能遵守資訊安全的規範。					
2-3-3 能善用資訊科技提升行政效能。					
2-4 創新經營					
2-4-1 能在行政流程上有創新的想法。					
2-4-2 能將創意具體寫成計畫並執行。					
2-4-3 能具備「好上求好」的經營態度。					
2-4-4 能具備激勵同仁創新的熱情，經常鼓勵同仁在行政上創新作法。					
3.行政倫理					
3-1 效益倫理					
3-1-1 能確保學生學習權益。					
3-1-2 能優先考量學生利益。					
3-1-3 能優先考量學校效益。					

能力	完全具備 ◀━━▶ 完全不具備				
	5	4	3	2	1
3.行政倫理					
3-2 正義倫理					
3-2-1 能依法行政。					
3-2-2 能遵守行政中立原則。					
3-2-3 能遵守業務機密。					
3-2-4 能迴避不當關係。					
3-2-5 能包容他人不同的價值觀。					
3-3 關懷倫理					
3-3-1 能適時給予學生關懷協助。					
3-3-2 能協助同仁解決問題（如教學需求…）。					
3-3-3 能重視同仁間交流。					
3-3-4 能維持和諧的人際關係。					
3-4 批判倫理					
3-4-1 能反省自己的言行。					
3-4-2 能勇於承擔錯誤。					
3-4-3 能對自我的缺失進行批判。					
3-4-4 能因應改變，適時調整行政作為。					
3-5 德行倫理					
3-5-1 能知覺自己的角色定位，具有服務教學的信念。					
3-5-2 能具備良好的品格操守。					
3-5-3 能注意自己的言行，成為學生的楷模與社會的榜樣。					

附錄八

國民中學兼任行政教師行政專業能力完整指標目錄

1.行政歷程
1-1 計畫
1-1-1 能讓處室成員及相關人員參與計畫之擬定及相關會議。
1-1-2 能做好計畫執行前的宣導。
1-1-3 能訂定合乎教育法令與政策及學校需求之可行性計畫。
1-1-4 能管控計畫之執行成效與問題。
1-1-5 能在計畫需要改變時，適時調整。
1-2 領導
1-2-1 執行計畫時，能激勵處室成員的士氣。
1-2-2 能兼顧組織目標達成及處室成員需要滿足。
1-2-3 能善用非正式組織，有利於計畫的執行。
1-2-4 能根據事情的輕重緩急，通權達變、因應制宜。
1-3 溝通
1-3-1 能提供暢通多元的正式與非正式溝通管道。
1-3-2 能具有圓融的溝通技巧。
1-3-3 能專注傾聽對方傳遞的訊息。
1-3-4 能以同理心與他人做溝通，以利任務的達成。
1-4 評鑑
1-4-1 能在接受評鑑後，進行追蹤的工作。
1-4-2 能針對該處室的評鑑缺失提出改進的方法。
1-4-3 能針對評鑑內容資料，統整分析。

2.經營管理
2-1 品質管理
2-1-1 能與其他處室的行政人員共同合作，提升該處室的品質。
2-1-2 能對自己的行政工作提出改善計畫。
2-1-3 能訂定學校教育品質發展願景與目標。
2-2 知識管理
2-2-1 能利用各種管道取得行政所需要的資訊與知識。
2-2-2 能將獲得的知識做有效分類並儲存。
2-2-3 能參與專業發展社群，進行知識的傳遞與共享。
2-2-4 能建立業務標準作業程序（SOP）供成員參考。
2-3 E 化管理
2-3-1 能妥善建置行政檔案分類資料庫。
2-3-2 能遵守資訊安全的規範。
2-3-3 能善用資訊科技提升行政效能。
2-4 創新經營
2-4-1 能在行政流程上有創新的想法。
2-4-2 能將創意具體寫成計畫並執行。
2-4-3 能具備「好上求好」的經營態度。
2-4-4 能具備激勵同仁創新的熱情，經常鼓勵同仁在行政上創新作法。

3.行政倫理
3-1 效益倫理
3-1-1 能確保學生學習權益。
3-1-2 能優先考量學生利益。
3-1-3 能優先考量學校效益。
3-2 正義倫理
3-2-1 能依法行政。
3-2-2 能遵守行政中立原則。
3-2-3 能遵守業務機密。
3-2-4 能迴避不當關係。
3-2-5 能包容他人不同的價值觀。
3-3 關懷倫理
3-3-1 能適時給予學生關懷協助。
3-3-2 能協助同仁解決問題（如教學需求…）。
3-3-3 能重視同仁間交流。
3-3-4 能維持和諧的人際關係。
3-4 批判倫理
3-4-1 能反省自己的言行。
3-4-2 能勇於承擔錯誤。
3-4-3 能對自我的缺失進行批判。
3-4-4 能因應改變，適時調整行政作為。

3-5 德行倫理
3-5-1 能知覺自己的角色定位，具有服務教學的信念。
3-5-2 能具備良好的品格操守。
3-5-3 能注意自己的言行，成為學生的楷模與社會的榜樣。

國家圖書館出版品預行編目(CIP) 資料

學校兼任行政教師行政專業能力指標建構與分析 /
蔡金田, 趙士瑩著. -- 初版. -- 臺北市：元華文創,
2019.04
　　面；　　公分

　ISBN 978-957-711-065-7 (平裝)

　1.教育行政　2.學校管理　3.國中

524.6　　　　　　　　　　　　　　108002982

學校兼任行政教師行政專業能力指標建構與分析

蔡金田　趙士瑩　著

發 行 人：賴洋助
出 版 者：元華文創股份有限公司
公司地址：新竹縣竹北市台元一街 8 號 5 樓之 7
聯絡地址：100 臺北市中正區重慶南路二段 51 號 5 樓
電　　話：(02) 2351-1607
傳　　真：(02) 2351-1549
網　　址：www.eculture.com.tw
E - m a i l：service@eculture.com.tw
出版年月：2019 年 04 月 初版
定　　價：新臺幣 480 元

ISBN：978-957-711-065-7 (平裝)

總 經 銷：易可數位行銷股份有限公司
地　　址：231 新北市新店區寶橋路 235 巷 6 弄 3 號 5 樓
電　　話：(02) 8911-0825　　傳　　真：(02) 8911-0801